法官说法丛书

全国“八五”普法推荐读物

CASE

# 诉讼立案审查典型案例解析

ANALYSIS

邵明艳 / 主编

中国法制出版社
CHINA LEGAL PUBLISHING HOUSE

# 《法官说法丛书》（第二辑）

## 总编委会

**主　编**

凌　斌　北京大学法学院教授、博士生导师

**编　委**（按姓氏拼音排序）

安凤德　北京市高级人民法院党组副书记、副院长

靳学军　北京知识产权法院党组书记、院长

李艳红　北京金融法院党组成员、副院长

廖春迎　北京市第二中级人民法院副院长

娄宇红　北京市房山区人民法院党组书记、院长

邵明艳　北京市海淀区人民法院党组书记、院长

张　雯　北京互联网法院党组书记、院长

张仲侠　北京市高级人民法院审监庭庭长

**执行主编**（按姓氏拼音排序）

韩君贵　北京市高级人民法院审判监督庭四级高级法官

贾　薇　北京市房山区人民法院审判管理办公室（研究室）主任

孙铭溪　北京互联网法院综合审判三庭庭长，四级高级法官

张金海　常务，中国音乐学院副教授

张　敏　北京市海淀区人民法院政治部工作组组长，一级主任科员

郑飞飞　北京市平谷区人民法院审判管理办公室（研究室）主任，四级高级法官

祝兴栋　北京市第二中级人民法院研究室副主任，二级高级法官助理

# 本册编委会


主　　编：邵明艳　北京市海淀区人民法院党组书记、院长

副 主 编：张钢成　北京市海淀区人民法院党组成员、副院长

　　　　　张　弓　北京市海淀区人民法院党组成员、副院长

执行主编：李　梅　北京市海淀区人民法院立案庭（诉讼服务中心）庭长

　　　　　张志富　北京市海淀区人民法院立案庭（诉讼服务中心）副庭长

# 作　者


刘艳新　北京市海淀区人民法院立案庭（诉讼服务中心）副庭长

张志富　北京市海淀区人民法院立案庭（诉讼服务中心）副庭长

李宏宇　北京市海淀区人民法院四季青人民法庭副庭长

范　芃　北京市海淀区人民法院立案庭（诉讼服务中心）审判员

李　霞　北京市海淀区人民法院立案庭（诉讼服务中心）审判员

胡美青　北京市海淀区人民法院立案庭（诉讼服务中心）副团队长

陈　璐　北京市海淀区人民法院立案庭（诉讼服务中心）法官助理

冯芸菲　北京市海淀区人民法院立案庭（诉讼服务中心）法官助理

邹阿琴　北京市海淀区人民法院立案庭（诉讼服务中心）法官助理

陈　晨　北京市海淀区人民法院立案庭（诉讼服务中心）法官助理

闫　双　北京市海淀区人民法院立案庭（诉讼服务中心）法官助理

杨　阳　北京市海淀区人民法院立案庭（诉讼服务中心）法官助理

王慧敏　北京市海淀区人民法院立案庭（诉讼服务中心）法官助理

杨　青　北京市海淀区人民法院立案庭（诉讼服务中心）法官助理

郑真真　北京市海淀区人民法院立案庭（诉讼服务中心）法官助理

# 序言

PREFACE

立案是诉讼程序启动的第一个环节，也是当事人行使诉权的必经程序。立案时，选择恰当的案由、准确的法律关系、适格的诉讼主体，有助于快速查明事实、减少诉讼中不必要的阻滞，保障当事人权益合法、快速实现，更能在诉讼初始，就让群众感受到人民法院的公平正义。

立案工作涉及法律广泛、程序事项众多、审查要点繁杂。一方面，一些当事人在事实和法律关系（案由）的对应等问题上难以精准把握，需要反复修改、调整，有的甚至因不符合立案条件而未能进入诉讼程序。立案过程不顺畅，诉讼群众易产生不满情绪。另一方面，一些案件立案规范不够明确、审查标准不够统一，不同地区法院的理解和做法存在差异，实践中法官和当事人也常感到无所适从。

因此，规范立案审查标准，加强对当事人的引导成为急需。所幸，从事立案工作的各位同志从未放弃努力。经过长期对常见问题的积累研讨，持续对类型化问题进行调研、总结，在实践中不断自我审视、矫正，我们对于常见问题的处理也逐步厘清了规范，明确了审查标准，很多意见和做法业已获得当事人和法律从业者的认可。我们认为，借本书编撰之机，推广公认的标准和成熟的做法，恰逢其时、意义深远。

本书的初衷，是将立案过程中较为成熟、一致的标准以及立案法官的工作经验和心得体会进行集中展示。本书的撰写者都是长期坚持在立案一线的工作人员，所选案例也主要集中于实践中争议较大而又有一定理论研讨价值的问题。在写作时，我们梳理了相关法律规定、司法解释、典型案例和实践中的常见做法，以期点面结合、系统阐述。

各位作者在独立完成初稿后，专门召开法官会议进行集体讨论修改，以确保观点尺度一致、内容协调统一。修改后再交副主编、主编审阅，各位作者按照审阅意见再次改进，如此反复数次，九易其稿，耗时七月有余，方得问世！所有的艰辛和努力，只为促进立案审查标准的规范，让当事人少走弯路、让法官间多一些共识。然毕竟水平有限，书中不足之处，也希望广大同仁们能够批评指正。

《诉讼立案审查典型案例解析》

2021 年 5 月

# 目录

CONTENTS

## 第一章 受案范围篇

## 第二章 立案管辖篇

## 第三章 诉讼主体篇

## 第四章　法律适用篇

第一章

# 受案范围篇

案例一

# 将业主“踢”出物业服务微信群侵害业主权利吗？

张志富[1]

## 案情回顾

辛欣[2]是北京市海淀区青青园小区的业主，青青园小区物业管理处成立了“物业服务群”微信群组，供业主和物业管理人员就小区的物业服务进行交流。业主进群前要经过物业公司指定的楼宇管家的严格审核。2018 年 7 月 24 日，辛欣所在单元楼的楼宇管家在核实了辛欣的业主身份后，将辛欣拉入了“物业服务群”。入群后，辛欣按照管理员的实名要求，改名“辛姐（1 号楼 1 门 601）”。2019 年 7 月 14 日上午，辛欣在没有收到任何口头警告的情况下，被物业公司的一个叫“霞”的工作人员移出了微信群。当日中午，辛欣前去物业公司解决此事，从物业公司工作人员那里得知，“霞”是物业公司的项目经理。辛欣多方联系物业公司负责人要求解决此事，均未得到回应。此后，辛欣又到物业公司前台，给物业公司叫“霞”的项目经理写了询问被移出物业服务群原因的“申请”，但未得到回复。之后，辛欣又多次联系物业公司，也一直没得到回应，向楼宇管家申请重新入群，对方也不予理睬。

辛欣认为，网络并非法外之地，进入“物业服务群”是作为业主的基本权利，自己进群后一直遵守群规，并且明确了家庭住址，已达到群主要求的实名制，但物业公司工作人员在一未告知、二未警告的情况下，突然将其移出该物业群，辛欣对此表示强烈不满，因此起诉至法院，要求判令物业公司：（1）在“物业服务群”里赔礼道歉并赔偿精神损失费 1000 元；（2）将辛欣重新拉入“物业服务群”，让辛欣能够享受物业服务需求报送之便利。

---

① 北京市海淀区人民法院立案庭（诉讼服务中心）。

② 本书所涉人名及单位名称均为化名。

在递交起诉材料的过程中，经法官询问，辛欣陆续讲述了事情的经过：青青园小区建的时间比较早，物业公司与业主虽然在20世纪90年代签过物业合同，但内容比较简单，对于业主反映问题的具体方式或途径双方并没有在合同中进行过约定，且当时并没有微信，所以不可能将微信纳入反映问题的方式里，平常业主有什么需求一般都是通过物业公司公布的电话向物业公司反映。近些年，微信作为一种社交沟通平台开始普及，“物业服务群”就是物业公司的工作人员近年新建立的，管理者也是物业公司的工作人员，因为小区比较大，业主太多，而微信群最多只能容纳500人，所以并不是所有业主都在这个群里，至于是不是还有其他“物业服务群”，辛欣就不是很清楚了。

辛欣称，平时业主都在群里讨论小区的各种事务，很多关于小区的信息也都是通过微信群得知的，通过微信群解决问题也比较方便，比如说谁占了别人车位了，只需拍照发到微信群里通知车主挪车就能解决，日常的物业服务需求通过微信群也能很快得到答复，而自己被移出微信群后，各种信息都无法获得了，没法通过微信群及时解决这些问题，遇到问题只能给物业公司打电话。因此，辛欣认为，自己被移出“物业服务群”，直接影响了自己享受物业服务需求报送的便利，与物业公司和其他业主的沟通交流也极为不便，所以，坚持要求物业公司将自己重新拉回“物业服务群”中，并赔偿自己被“踢”出微信群的损失。

## 法理分析

本案的焦点在于：将业主移出“物业服务群”是否违反物业服务合同或侵犯了业主的权利？

### （一）微信群组的自治

从微信群的性质来看，微信群组是公民基于某种社会关系通过网络组建的交流平台，微信群组的管理者对群组成员有自主选择权，进群、退群、移出群及进行相应的管理等行为均系成员间自治行为，这些行为都是微信群组自治规则的运用，并不产生民法意义上的法律关系，由此类行为产生的纠纷也不属于民事法律调整的范围。本案中，微信群组虽然由物业公司建立并由物业公司的工作人员进行管理，但组建微信群组并不是物业服务合同约定的内容，也不是物业公司官方受理业主投诉的法定途径，本质上仍然是基于某种社会关系上的民间自治行为，是否能够进入或留在特定微信群组取决于群组自治规则和群组管理者的意愿。因此，辛欣主张进入微信群组之权利于法无据，是否能将辛欣重新拉入"物业服务群"属于微信群组成员自治范畴，因此，辛欣要求重新入群的诉讼请求不属于人民法院受理民事诉讼的范围。

### （二）进入微信群与业主权利

从组建微信群组的行为与物业服务合同的关系来看，物业公司组建"物业服务群"微信群组是加强与业主沟通、提高服务质量的一种途径，但组建微信群组并非基于法律的强制性规定，组建微信群组及进行相应的管理不属于物业公司的法定义务，亦不是物业服务合同中约定的内容，不属于物业服务的范围。因此，是否组建微信群组与物业服务并没有本质联系，而是否进入该微信群组对业主依物业服务合同享有的权利并不产生实际影响。

是否在"物业服务群"里会对业主享受物业服务造成影响吗？即业主能否享受"物业服务需求报送之便利"？从物业服务合同的角度看，业主能否享受物业服务需求报送之便利，主要是基于物业公司受理业主需求的途径是否畅通，这主要取决于两点：一是合同约定了哪些途径？很明显，微信群既不是合同约定的业主反映问题的途径，也不是物业公司受理业主需求的正式途径，所以即便未进入或被移出该群组，其仍然可以通过物业服务合同约定的方式或物业公司公布的受理业主需求的正式途径享受物业服务需求报送之便利。二是反映问题的途径是否受到不当干扰？或给业主向物业公司反映问题造成不便？在本案中，未有证据显示因被移出微信群而使物业服务及物业服务需求报送途径受到影响，因此，将辛欣移出微信群组之行为并未排除其作为业主享有物业服务的权利，也未对其权利的行使构成妨碍，不构成承担赔礼道歉、赔偿精神损失的民事责任的法定事由，如辛欣认为物业公司提供的报送途径不畅，或在提供具体物业服务过程中存在违约行为或损害了自己的权利，可就该具体事实另行提起诉讼。

### （三）法律尊重自治也鼓励提供便利

法院同时认为，微信作为日常沟通的平台，微信群组为成员之间的交流提供了便利。一方面，网络空间要自由，更要秩序，微信群组里的各成员应恪守相应规则，文明互动、理性表达；微信群组管理者也应该依据法律和群组公约，规范群组网络行为和信息发布，确保群组管理依法、合规、文明有序。另一方面，虽然物业公司组建的“物业服务群”微信群组是物业公司与业主之间的自治性交流平台，但客观上有利于促进物业公司与业主之间、业主与业主之间的沟通、交流，对丰富业主需求之报送途径具有良好的促进作用，这种方式值得肯定。同时，物业公司作为物业服务的提供者以及微信群组的组建者、管理者，应当充分发挥微信群组沟通便捷的优势，尽可能为业主提供更多、更便利的权益表达途径，提供的物业服务或与业主的沟通、交流亦应尽可能做到无歧视、无差别，保障每一位业主都能平等地享受物业服务之便利。

最终，法院对辛欣的起诉裁定不予受理。

## 知识拓展

本案表面上看是一起业主被物业公司工作人员“踢”出微信群引发的纠纷，但深层次揭示的却是物业服务等传统民事行为在“互联网＋”背景下自我调整和适应过程中遇到的法律问题，或者说是微信等互联网公众平台与传统服务之间的深度融合及网络自治行为与法律规范之间的界限问题。

### （一）法律赋予和保障“群主”管理之责

2017年9月颁布的《互联网群组信息服务管理规定》第九条规定：“互

联网群组建立者、管理者应当履行群组管理责任，依据法律法规、用户协议和平台公约，规范群组网络行为和信息发布，构建文明有序的网络群体空间。互联网群组成员在参与群组信息交流时，应当遵守法律法规，文明互动、理性表达。互联网群组信息服务者应为群组建立者、管理者进行群组管理提供必要功能权限。”

这条规定对包括微信群组在内的各种互联网群组成员的权利义务以及责任进行了明确，微信群组的建立者和管理者对群组负有管理责任，且享有进行群组管理的“必要功能权限”，而群组成员有“遵守法律法规，文明互动、理性表达”的义务，这也就意味着管理者发现成员有违反此义务或有其他违背群组公约的行为时，可以利用互联网群组信息服务者赋予的“功能权限”予以处理，这点在“微信群主踢群第一案”中也予以了明确：

2018 年 5 月 31 日，山东省平度市人民法院立案庭法官建立信息咨询服务微信群，并邀请当地律师、法律工作者加入该群。柳某某由其他律师邀请入群。群主刘某某在群内发布公告并“@”所有人，主要内容为：……群宗旨主要交流与诉讼立案有关的问题……群内言论要发扬正能量，维护司法权威；违者，一次警告，二次踢群。随后，群成员柳某某多次在群内发布与该群主题无关的内容，经刘某某提醒后，柳某某仍继续发布相关言论。2019 年 1 月 22 日，刘某某将柳某某移出该群。柳某某遂诉至平度市人民法院，要求刘某某通过书面形式或视频形式赔礼道歉，并赔偿精神损害抚慰金 2 万元，该案由山东省青岛市中级人民法院指定莱西市人民法院审理。

莱西市人民法院经审理认为，互联网群组创建者、参与者在线交流信息，应坚持正确导向，积极向上，弘扬社会主义核心价值观，遵守互联网规则，构建文明有序的网络群体空间。刘某某使用互联网平台赋予群主的功能权限，将其认为违反群规、发言不当的柳某某移出群组，是互联网群组自治规则的运用，不产生民事法律关系，不属于人民法院受理民事诉讼的范围，故裁定驳回起诉。双方均未上诉，该案裁定已发生法律效力。

客观地说，法律不禁止“踢群”等管理行为，并不意味着将互联网管理放任成为“法外之地”，而是以强制性的保障和坚强的后盾托举自治，充分保障公民言论自由，尤其是在互联网和移动社交成为公民日常生活方式的背景下，以法律为后盾，通过明确规则为互联网行为提供指引。创建文明有序的网络环境，是时代的要求，《互联网群组信息服务管理规定》第九条提出了“谁建群谁负责，谁管理谁负责”的要求，同时也要求信息服务者赋予相应的权限，法律的“不管”恰恰充分表明了支持群主依法行使管理职责的态度，是对群组自治充分尊重的体现，法律保护网络空间信息依法有序流动，但同时也防范和抵制违法不良信息传播，为营造清朗的网络空间氛围提供法律保障。

### （二）法律“赋权”也规制“权力”

需要明确的是，网络并非法外之地，法律赋予管理权限的前提和底线是“依法”，组建微信群组并按照社交目的和规则进行自治管理是法律赋予的权利，但在组建和管理的过程中，不仅要遵守互联网的相关规则，也要遵守传统的法律法规，不得利用互联网从事非法活动，否则，要承担相应的法律责任，构成犯罪的，还要追究刑事责任。如今，随着互联网金融的兴起，支付方式更加多样化，方便了交易的同时，也为犯罪活动提供了“便利”，不少人打起了网络赌博的主意：

2017 年 4 月至 7 月间，顾勇、黄辉伙同他人建立“英雄本色诚信为本”微信群，以“重庆时时彩”开奖结果为投注对象，以押大小、押单双等方式组织他人进行赌博，参赌人员在海淀区等地通过手机转账、下注等方式参与赌博，赌资共计人民币 70 余万元。黄辉于 2018 年 5 月 21 日被公安机关抓获，顾勇于 2018 年 6 月 15 日主动向公安机关投案，两人到案后都如实供述了自己的犯罪事实。法院审理后认为，顾勇、黄辉利用网络组织他人赌博，情节严重，其行为已构成开设赌场罪，应予惩处。检察院指控被告人顾勇、黄辉犯开设赌场罪的事实清楚，证据确凿，指控罪名成立。同时考虑到二人系初犯，且顾勇犯罪后能够自动投案，并如实供述犯罪事实，系自首，依法从轻处罚，并宣告缓刑；黄辉当庭自愿认罪，对其酌予从轻处罚。最终法院分别判处黄辉有期徒刑三年一个月，罚金 5 万元；顾勇有期徒刑三年，缓刑三年，罚金 4 万元。

组建和管理微信群组是公民的权利和自由，但前提和底线是遵守法律规定和社会公德，法律赋予的权利是有边界的，这个边界就是在法律所允许的范围内，即便是法律所赋予的权利，在行使时也不能毫无节制、随心所欲，不逾矩的权利才是法律真正赋予的权利，而违背法律滥用权利将受到法律的惩罚。

### （三）法律上“网络行为”=“现实行为”

同样，群组成员也应该遵守法律法规和社会公德，尽管微信群只是网络营造的虚拟空间，但它作为言论表达的一种载体，其语境与现实生活中的公共场所并无差异。不能因为微信群属于虚拟空间而肆意妄言，在微信群组里的言论表述，与在现实生活中并无本质区别。

38 岁的洛佳以其本人照片作为头像加入了小区的多个微信群，并使用真实姓名与其他群成员进行交流。洛佳在小区管理、业委会选任等事项上与一些邻居产生了矛盾，因此在小区微信群中先是上传邻居的照片，紧跟着又上传“每天发条狗上来”等相关的字眼进行描述。四名邻居相继将洛佳告上法庭。四名邻居认为，洛佳的侵权行为明确，在侮辱行为发生之前，都会先将他们的私人照片发到微信群里再进行言语侮辱，这种行为是公然损害他们的人格，毁坏名誉，并通过微信群向众多的第三人传播，其侮辱行为主观上是故意的，心理是希望通过贬损他们的人格与名誉，影响他们日后参与业委会的选任。四名邻居认为，洛佳的行为使他们精神上受到折磨，心理上遭受创伤，已经侵犯他们的名誉权，为此请求法院判令洛佳立即停止侵权，在小区内以公告的方式及当面向他们本人赔礼道歉，赔偿每人精神损害金 1 万元。

然而，洛佳认为自己不构成侵权。洛佳称，作为聊天工具的微信，不是实名制，任何人都可以下载个人头像和修改名称，四名邻居没有提供任何证据证明该微信用户是洛佳本人，且所提供证据仅仅是聊天截图，而微信聊天记录可以随便删除后再截图。四名邻居所提供的侵权证据不完整，所有截图均未出现“×××是狗”的辱骂字句，无任何证据证明四名邻居有名誉被损害的事实以及同他的行为有因果关系，四名邻居主观上的名誉感即自认为社会评价降低不能构成侵权。

法院审理后认为，该微信用户使用了洛佳的私人照片作为微信头像，部分微信昵称中还包括洛佳所住楼房的编号、手机号码等信息，且该微信在不同业主群中的发言内容，大多是从业主角度出发，就小区管理发表意见，符合洛佳的身份及立场特征。且无证据证实有他人以洛佳的名义和立场角度对小区管理发表意见。法院据此认定涉案微信的使用人就是洛佳本人。

法院认为，在汉语语境中，称某人为狗是明显辱骂他人的行为。洛佳在业主微信群中，先上传邻居的照片，并随之发送信息：“大家警惕这条狗……”“每天发条狗上来”。虽未列姓名，但辱骂对象已经非常明显，该行为明显侵犯了邻居的名誉权。鉴于洛佳实施侵害邻居名誉权的行为情节较为轻微，仅限于业主微信群范围内，影响范围较小，给邻居造成的损害程度较轻，综合考虑后，法院最终判决洛佳在涉案小区公告栏内以书面形式对被辱骂的四名邻居赔礼道歉，道歉内容需由法院审核；如逾期不履行上述义务，法院将在小区内或法院公告栏公告判决主要内容，相关费用由洛佳承担。

网络空间是虚拟的，但并不是法外之地，从本质上讲，网络行为在本质上与现实行为并无二致，同样应受到法律的约束。在实施网络行为时，不能因其虚拟性而忽略其在现实中的影响和法律后果。而且，“虚拟”不等于“无痕”，网络违法行为一样逃不脱法律的追查和制裁。

### （四）“互联网+”背景下的法律关系

微信等新网络工具的出现，深刻影响着社会生活的方方面面，给传统行业带来巨大便利的同时也带来了新的问题和挑战。传统行业与新科技相结合会大大促进自身功能的提升，但对于在结合的过程中产生的纠纷，应厘清相关的法律关系，不能简单地将在微信群等网络工具中的交流行为与基础服务合同中的履行行为混为一谈。

网络工具与服务合同有着本质的区别，从性质上讲，微信只是一个网络交流工具，客观上有利于提高沟通效率、改进服务质量、提高服务水平。但应该明确的是，微信等网络工具本身不会影响传统服务的内容和质量，也就是说，工具所带来的便利性并不会对合同的履行产生本质的影响，即便合同双方因为在微信等网络工具的使用过程中产生了纠纷，但从法律角度，应回归到双方之间的基础合同上进行评定，即双方的行为是否违反了合同的约定，或者是否对履行合同义务造成了影响。如果通过微信群进行的行为违反了合同约定的义务，此时，应该以基础合同的法律关系起诉；如果认为对方通过微信实施的行为侵犯了自己的权利，例如辱骂、人身攻击等，则应就侵权行为（例如侵犯名誉权）相对应的法律关系进行起诉。

微信群虽然是基于一定的社会关系组建，但两者并不等同，微信群本质上仍然是组成该社会关系的成员之间的交流工具，对于微信群成员之间的纠纷也同样应该回溯到行为本身和社会关系上来进行判定，一方面，除侵权行为等违反法律规定的情形外，其他行为一定程度可以视为社会关系在互联网空间的反映；另一方面，也应该认识到该行为的性质不能完全脱离软件本身的交流属性，以"踢出群聊"为例，微信群虽然是基于物业服务交流便利等目的所建立，"踢出群聊"的行为只是不想再通过微信群这种方式进行交流而已，并不代表不履行物业服务合同的相关义务，如物业服务方面出现质量等问题，则是基础法律关系问题，即物业服务合同纠纷。

## 普法提示

微信群是社会关系在互联网空间的体现，但社会关系本身不等于法律关系，不是所有的社会关系都归法律调整，法律一方面充分尊重社会关系自治，允许社会关系成员之间自我管理、自我约束，另一方面以强制力为后盾保障自治权的行使，当有外力不当影响或侵害自治权力时，法律以其特有的强制力予以排除和惩罚。同时，社会关系自治也是有边界的，这个边界就是不能违反法律规定，即"依法"自治。

无论是基于哪种社会关系、无论是在微信群中居于什么地位，都应该严格遵循法律的规定，在充分享有言论自由的前提下，严格依法、依规表达。特别是微信群组的建立者和管理者（微信群主），要按照“谁建立谁负责，谁管理谁负责”的要求，切实负起管理责任，规范群组成员的网络言行；群组成员也应遵守法律法规和公共道德，文明互动、理性表达，共同构建文明有序的网络空间。

案例二

# 以一起服务合同为例浅析司法鉴定意见的可诉性

## ——兼论司法鉴定意见争议的解决途径

李霞[①]

## 案情回顾

### （一）案情简介

这是一起因对司法鉴定意见结论不服，起诉要求确认司法鉴定意见无效的案件。

唐乐因病先后在中国人民解放军总医院第一附属医院、唐山市第二医院、遵化市人民医院就诊，但都未能治愈，唐乐认为自己的伤病后果是医院的治疗行为造成的，遂向北京市海淀区人民法院提起诉讼，要求上述三家医院共同赔偿损失。诉讼中，经唐乐申请，法院委托司法鉴定中心就医院的诊疗行为是否存在过错，以及唐乐的损害后果与医疗机构的诊疗行为之间是否存在因果关系进行鉴定。后司法鉴定中心出具了鉴定意见，鉴定结论为医院的诊疗行为并不存在过错，法院在审理后最终采纳了鉴定意见，判决驳回唐乐的诉讼请求。败诉的唐乐对判决结果极为不满，认为在鉴定过程中司法鉴定中心存在欺诈行为，鉴定意见是导致自己败诉的根源，遂以服务合同纠纷为由将司法鉴定中心诉至法院，要求法院判决确认司法鉴定中心出具的鉴定意见无效，并判决司法鉴定中心退还自己支付的鉴定费及其他合理支出。

### （二）裁决结果

法院经审查认为，当事人提起民事诉讼应当符合民事案件的受理条件。

---

① 北京市海淀区人民法院立案庭（诉讼服务中心）。

司法鉴定是在诉讼过程中人民法院为查明案件事实，委托鉴定人利用科学技术或者专门知识对诉讼涉及的专门性问题进行鉴别和判断并提供鉴定意见的活动。鉴定机构的鉴定结论是否合法有效，应由案件审理法院在该案件的审理结果中作出认定。原审法院在审理原告唐乐与被告中国人民解放军总医院第一附属医院、唐山市第二医院、遵化市人民医院医疗损害赔偿纠纷一案中，委托司法鉴定中心进行司法过错鉴定，司法鉴定中心的鉴定结论是否合法有效，应由原审法院在该医疗损害案件的审理中作出认定。对该鉴定结论，法院经过审理后予以了采信，并进行了相应判决。该案件经二审审理后，二审法院亦认定："原审法院判决认定的证据真实有效，据此认定的事实无误，本院予以确认"，并判决驳回上诉，维持原判。现起诉人唐乐要求另行提起民事诉讼，主张司法鉴定中心鉴定结论无效并赔偿损失，不符合民事案件的受理条件，最终法院裁定对唐乐的起诉不予受理。唐乐不服并提出上诉，二审法院裁定维持。

该起案件是司法鉴定机构涉诉的一起典型案例，人民法院在审理案件的过程中，为查明案件事实，往往会委托专业性鉴定机构对一些专业问题进行鉴定，当事人如果对该司法鉴定意见不服，能否直接起诉鉴定机构请求法院判决鉴定结论无效？答案是否定的，下面就对这个问题进行具体分析。

## 法理分析

司法鉴定是指在诉讼活动中鉴定人运用科学技术或者专门知识，对诉讼涉及的专门性问题进行鉴别和判断并提供鉴定意见的活动。司法鉴定意见是人民法院司法行为的延伸，鉴定意见本身带有证据属性，这些直接导致了其不能够纳入诉讼标的范畴，也从根本上决定了它的不可诉性。下面从司法鉴定程序的启动、司法鉴定意见的性质以及诉的构成要素三个方面全面分析司法鉴定意见的不可诉性。

### （一）司法鉴定程序的启动

#### 1. 司法鉴定的启动

《最高人民法院关于适用〈中华人民共和国民事诉讼法〉的解释》第

一百二十一条规定："当事人申请鉴定，可以在举证期限届满前提出。申请鉴定的事项与待证事实无关联，或者对证明待证事实无意义的，人民法院不予准许。人民法院准许当事人鉴定申请的，应当组织双方当事人协商确定具备相应资格的鉴定人。当事人协商不成的，由人民法院指定。符合依职权调查收集证据条件的，人民法院应当依职权委托鉴定，在询问当事人的意见后，指定具备相应资格的鉴定人。"《最高人民法院关于民事诉讼证据的若干规定》第三十条第二款规定："符合《最高人民法院关于适用〈中华人民共和国民事诉讼法〉的解释》第九十六条第一款规定情形的，人民法院应当依职权委托鉴定。"第三十一条规定："当事人申请鉴定，应当在人民法院指定期间内提出，并预交鉴定费用……"第三十二条规定："人民法院依职权委托鉴定的，可以在询问当事人的意见后，指定具备相应资格的鉴定人。"依据上述法律规定可以看出，一方面，如果待证的事实需要通过鉴定意见证明，当事人可以向人民法院提出司法鉴定的申请，人民法院准许的，经法定程序选定鉴定机构后，由人民法院对司法鉴定机构进行委托；另一方面，符合依职权调查取证的情形时，法院亦可依职权主动委托司法鉴定机构进行鉴定。但无论是何种启动缘由，都需要通过人民法院的委托才能启动司法鉴定程序，这充分体现出司法鉴定是法院司法行为的延伸，是法院司法行为的一部分。

**2. 司法鉴定的种类**

根据司法部 2000 年发布的《司法鉴定执业分类规定（试行）》，司法鉴定主要划分为以下 13 类：法医病理鉴定；法医临床鉴定；法医精神病鉴定；法医物证鉴定；法医毒物鉴定；司法会计鉴定；文书司法鉴定；痕迹司法鉴定；微量物证司法鉴定；计算机司法鉴定；建筑工程司法鉴定；声像资料司法鉴定；知识产权司法鉴定。同时，根据上述文件第十七条规定，尚未确定具体类别称谓的司法鉴定由省级司法行政机关确定，报司法部备案。

**3. 司法鉴定的委托主体**

2016 年 5 月 1 日实施的《司法鉴定程序通则》第十一条规定："司法鉴定机构应当统一受理办案机关的司法鉴定委托。"第四十八条规定："本通则所称办案机关，是指办理诉讼案件的侦查机关、审查起诉机关和审判机关。"由此可知，能够委托司法鉴定机构进行司法鉴定的，必须是公安、检察院、法院等办案机关。

在法院诉讼过程中，根据委托鉴定的主体不同，鉴定意见分为两种：其一，当事人自行委托鉴定机构鉴定，把鉴定结论作为支持其请求的证据。例如：业主装修房屋后，发现室内甲醛超标，造成家人身体健康受到损害，业主为了向装修公司起诉维权，先自行委托有关鉴定机构对室内空气质量进行鉴定，并以此作为起诉赔偿的依据。其二，法院委托鉴定，即司法鉴定，是指在诉讼过程中，为查明案件事实，人民法院依据职权，或者应当事人及其他诉讼参与人的申请，指派或者委托具有专门知识的人，对专门性问题进行检验、鉴别和评定的活动。

法院委托鉴定不同于当事人自行委托鉴定。两者的区别主要在于：（1）委托的主体不同。前者是法院，后者是当事人。司法鉴定是由人民法院作为委托人按照法定程序委托司法鉴定机构开展鉴定活动，而后者是当事人自行委托鉴定机构进行鉴定。（2）发生的阶段不同。法院委托鉴定只能是案件正式立案受理后，作出裁判前，当事人自行委托鉴定一般发生在起诉前。（3）鉴定机构的选择程序不同。法院委托的鉴定机构首先必须具备司法鉴定资质，根据《全国人民代表大会常务委员会关于司法鉴定管理问题的决定》第六条规定："申请从事司法鉴定业务的个人、法人或者其他组织，由省级人民政府司法行政部门审核，对符合条件的予以登记，编入鉴定人和鉴定机构名册并公告。"2005 年司法部发布的《司法鉴定机构登记管理办法》第五条规定："全国实行统一的司法鉴定机构及司法鉴定人审核登记、名册编制和名册公告制度。"此外，鉴定机构的选择也要遵循法定程序，即诉讼双方达成合意后在鉴定人名册中选取鉴定机构，如果双方不能达成合意，则由法院随机选择鉴定机构。而当事人自行委托的鉴定机构则由当事人一方选定，选定的鉴定机构通常只需具备鉴定资质即可。（4）鉴定资料提供的程序要求不同。法院委托鉴定材料的提供、收集较为规范，并经法院组织当事人质证、认证程序，再交鉴定机构，未经质证的材料，不得作为鉴定的依据。当事人自行委托鉴定的材料通常由委托的当事人单方提供，未经法院组织质证、认证程序。（5）证明力不同。《最高人民法院关于民事诉讼证据的若干规定》第四十条第一款规定："当事人申请重新鉴定，存在下列情形之一的，人民法院应当准许：（一）鉴定人不具备相应资格的；（二）鉴定程序严重违法的；（三）鉴定意见明显依据不足的；（四）鉴定意见不能作为证据使用的其他情形。"该条第三款规定："对鉴定意见的瑕疵，可以通过补正、补充鉴定或者补充质证、重新质证等方法解决的，人民法院不予准许重新鉴定的申请。"第四十一条规定："对于一方当事人就专门性问题自行委托有关机构或者人员出具的意见，另一方当事人有证据或者理由足以反驳并申请鉴定的，人民法院应予准许。"比较这几条规定可知，当事人对两种鉴定结论不服而欲申请重新鉴定的条件和启动程序都不相同，当事人自行委托鉴定机构得出的鉴定意见，只要对方当事人有证据或有理由足以反驳并申请重新鉴定的，法院就可以不予采纳并准许重新鉴定。而法院依职权委托司法鉴定机构作出的鉴定结论，只有在符合特定条件时，法院才不予采纳，否则将作为有效证据予以采信。

### （二）司法鉴定意见的性质

司法鉴定机构接受法院委托出具鉴定意见书是一项辅助证明活动，是法院司法行为的延伸，鉴定意见是法定证据的一种，司法鉴定人员在鉴定活动中应遵循科学、客观、独立、公正的原则。司法鉴定的这些属性直接决定了它的不可诉性。

**1. 司法鉴定行为及鉴定意见具有客观性、中立性**

由于司法鉴定是一种服务诉讼活动的技术性活动，是从科学的角度帮助司法机关发现案件真相和明确证据真伪，因此并不与当事人双方发生一般意义上的民事法律关系，具有中立性。具体体现在：第一，鉴定机构独立于各诉讼主体存在，只有法院决定启动鉴定程序时，司法鉴定机构才会进入诉讼程序，不经申请不主动参与诉讼，这一特点决定其具有先天的中立性。第二，鉴定人的中立性。鉴定人并非专家证人，不是原被告双方任何一方的诉讼帮手，鉴定人依法履职出具鉴定意见后，依照法定程序平等地接受双方及法院的质询，包括书面回复鉴定异议、出庭接受质询。鉴定人在诉讼中不偏不倚，利用其自身的专业技术知识，对鉴定材料进行分析和判断后客观地出具鉴定意见，其只需对鉴定意见的科学性、真实性负责，并不需要对任何一方当事人单独负责。第三，审判后果与鉴定机构及鉴定人不存在利益关系，鉴定机构提供鉴定服务、收取鉴定费用、出具鉴定意见、接受双方质询之后，便完成了鉴定活动，审判结果为何，与其鉴定费用的收取及其履职行为并无任何关系，这也保证了鉴定意见的中立性。

**2. 司法鉴定行为是科学性和法律性的统一**

第一，科学性。司法鉴定行为是一种运用科技方法、专门知识、职业技能和执业经验为审判活动提供专业化服务的司法证明活动，旨在补充司法人员专门领域知识的不足，以达到正确判断之目的。第二，法律性。司法鉴定由法院依法启动，司法鉴定的过程亦由法律约束，鉴定人作为诉讼参与人，受到法律的规制，因此具有法律性。司法鉴定行为可以视作法律向科学求助，而科学的鉴定意见是否被采纳，还需要法官依法律决定。由此可以看出，司法鉴定行为既不是行政行为，也不是司法行为和一般的科学技术行为，更不能简单称为法律服务行为，它是法院司法行为的延伸，鉴定行为在一定意义上构成了法院司法行为的组成部分。当事人对此类司法行为不服而提起诉讼，实际是将国家的司法证明行为纳入民事案件的受案范围，这显然是不恰当的，其不具有可诉性。

**3. 司法鉴定意见不属于诉讼标的范围，是一种法定证据**

鉴定意见是法院或者一方当事人在诉讼中就专门性问题委托鉴定机构进行鉴定而得出的意见，此鉴定行为是一种辅助法院查明案件事实的证明行为，出具的意见属于证据类别之一，我国现行的三大诉讼法都将鉴定意见作为法定证据种类之一。[①] 证据是证明案件事实的材料，不属于诉讼标的范围，

---

① 《民事诉讼法》第六十三条第一款规定："证据包括：（一）当事人的陈述；（二）书证；（三）物证；（四）视听资料；（五）电子数据；（六）证人证言；（七）鉴定意见；（八）勘验笔录。"《刑事诉讼法》第五十条第二款规定："证据包括：（一）物证；（二）书证；（三）证人证言；（四）被害人陈述；（五）犯罪嫌疑人、被告人供述和辩解；（六）鉴定意见；（七）勘验、检查、辨认、侦查试验等笔录；（八）视听资料、电子数据。"《行政诉讼法》第三十三条第一款规定："证据包括：（一）书证；（二）物证；（三）视听资料；（四）电子数据；（五）证人证言；（六）当事人的陈述；（七）鉴定意见；（八）勘验笔录、现场笔录。"

不是人民法院审理和裁判的对象，当事人不得针对证据单独提起诉讼。如果鉴定意见是可诉的，那么任何诉讼都可以派生出许多案件，每个证据都通过单独诉讼来认定，那么法庭调查和质证程序将失去意义，更会造成现有法律架构、制度体系的混乱。《民事诉讼法》第七十八条规定："当事人对鉴定意见有异议或者人民法院认为鉴定人有必要出庭的，鉴定人应当出庭作证。经人民法院通知，鉴定人拒不出庭作证的，鉴定意见不得作为认定事实的根据……"依据上述法律规定，当事人如果对鉴定意见有异议，应当申请鉴定人出庭接受质询，通过法庭质证环节来论证鉴定意见的客观性和真实性，而不是通过对鉴定意见另行提起诉讼的方式来获得救济。同时根据《最高人民法院关于民事诉讼证据的若干规定》第四十条第一款及第四十一条的规定，符合法定情形时，法律还赋予了当事人申请重新鉴定的权利。

**4. 鉴定机构与异议当事人之间不存在直接的民事权利义务关系**

我国《民事诉讼法》第三条明确规定，人民法院受理公民之间、法人之间、其他组织之间以及他们相互之间因财产关系和人身关系提起的民事诉讼。鉴定机构接受法院的委托，运用自己的专业知识、技术、设备独立开展鉴定活动，鉴定的过程是辨别事物的真伪性和客观性、还原和分析出事物的本质。鉴定意见本身并不能直接确定当事人具体的权利义务，也不是对当事人的人身权、财产权进行直接处理，鉴定意见是否有效并发挥作用、是否被采信、对当事人的利益能否产生影响，均取决于委托的法院后续的审理活动。如果鉴定意见被法院认定为有效证据并被采用，法院则将以裁判的形式明确双方的权利义务，因此影响当事人利益的是法院的司法裁判结果，并非鉴定意见本身。所以尽管鉴定意见与当事人的利益息息相关，但鉴定机构依法履行职责，只对委托法院负责，与当事人之间并不存在直接的民事权利义务关系。

### （三）诉的构成要素

谈论完鉴定意见的分类及其性质，我们可以重回起诉的核心——诉的构成要素来分析司法鉴定意见的不可诉性。一切诉讼，必须具备诉讼标的。所谓诉讼标的，就是指当事人诉争的内容，也就是法院审理和裁判的对象。因此，诉讼标的也称作“诉讼对象”。在大陆法系，诉讼标的理论有新、旧实体法说之分。目前，德国、日本、我国台湾地区和大陆，均采用赫尔维希的旧实体法说诉讼标的理论，认为诉讼标的是“原告请求法院通过审判加以保护的法律关系和实体权利”。诉讼标的根据诉的种类不同而有所区别，给付之诉的诉讼标的是原告在诉讼中主张的请求权，形成之诉的诉讼标的是原告在诉讼中主张的形成权，确认之诉的诉讼标的则是原告在诉讼中主张的民事法律关系。人民法院在诉讼中就专门性问题委托鉴定机构鉴定，鉴定行为是一种辅助法院查明案件事实的证明行为，作出的鉴定结论属于诉讼证据之一，证据是证明案件事实的材料，不是人民法院审理和裁判的对象，因此，司法鉴定意见不属于诉讼标的范围，当事人不得针对司法鉴定意见提起诉讼。

综上所述，鉴定机构受法院委托出具鉴定意见书，是一项辅助证明活动，是法院司法行为的延伸。在诉讼活动过程中，鉴定意见的合法性、真实性是由人民法院通过审查、质证及重新鉴定、补充鉴定等程序设置来实现。当事人如持有异议，应通过举证来证明鉴定意见存在错误进而申请法院重新鉴定或不采信，而不能就鉴定意见或鉴定行为单独提起诉讼。对鉴定意见不服而起诉鉴定机构要求确认鉴定意见无效，实质上是将国家的司法行为纳入民事审判范围，不符合诉讼法的精神和要求。因此，该类起诉不属于民事案件的受理范围，应裁定不予受理，如果已经受理的，则应裁定驳回起诉。

## 知识拓展

谈到可诉性，除了司法鉴定意见外，还有两类法律文书在司法实践中常涉及可诉性的判断，一类是交通事故认定书；另一类是公证债权文书，以下分别讲述：

## （一）交通事故认定书的不可诉性

公安机关交通管理部门制作的交通事故认定书在交通事故刑事案件及民事赔偿案件中对明确事故原因、判断责任承担具有举足轻重的作用，但关于交通事故认定书是行政行为还是技术鉴定行为，却一直存在争议。2004 年 5 月 1 日《道路交通安全法》实施之前，公安交通管理部门依据《道路交通管理条例》对交通事故的基本事实、成因和当事人的责任所作出的综合评判被称为“交通事故责任认定书”，本质上是一种行政执法行为，而且根据《道路交通管理条例》的规定，如果当事人对责任认定书不服，可以要求复议、复核。因此，交通事故责任认定书解决的是法律问题，而不是证据问题，具有可诉性。但《道路交通安全法》颁布实施以后，将公安交通管理部门所作的事故认定书称为“交通事故认定书”，删除了“责任”二字。该法第七十三条还明确了交通事故认定书的性质，规定公安机关交通管理部门应当根据交通事故现场勘验、检查、调查情况和有关的检验、鉴定结论，及时制作交通事故认定书，作为处理交通事故的证据。与此同时，《道路交通安全法》还把《道路交通管理条例》里规定的“复议和复核”相关内容删除，说明了交通事故认定书不是一种行政确认，而只是一种“证据”，因而不具有可诉性。

为进一步明确这点，《全国人大常委会法制工作委员会关于交通事故责任认定行为是否属于具体行政行为，可否纳入行政诉讼受案范围的意见》（法工办复字〔2005〕1 号）答复如下：“根据道路交通安全法第七十三条的规定，公安机关交通管理部门制作的交通事故认定书，作为处理交通事故案件的证据使用。因此，交通事故责任认定行为不属于具体行政行为，不能向人民法院提起行政诉讼。”

## （二）公证债权文书的可诉性

公证债权文书是指公证机关依照国家赋予的权力和法律规定的程序，对于追偿债款、物品的文书进行审查，认为事实清楚，双方没有争议并经当事人申请，依法制作的证明该项文书具有强制执行力的法律文书。关于具有强制执行效力的公证债权文书是否排除当事人诉权的问题，最高人民法院于2008年12月26日发布了《最高人民法院关于当事人对具有强制执行效力的公证债权文书的内容有争议提起诉讼人民法院是否受理的批复》（法释〔2008〕17号，已失效），该批复规定：“经公证的以给付为内容并载明债务人愿意接受强制执行承诺的债权文书依法具有强制执行效力。债权人或者债务人对该债权文书的内容有争议直接向人民法院提起民事诉讼的，人民法院不予受理。但公证债权文书确有错误，人民法院裁定不予执行的，当事人、公证事项的利害关系人可以就争议内容向人民法院提起民事诉讼。”《最高人民法院关于适用〈中华人民共和国民事诉讼法〉的解释》第四百八十条第三款亦规定：“公证债权文书被裁定不予执行后，当事人、公证事项的利害关系人可以就债权争议提起诉讼。”依据上述规定，当事人对公正债权文书的内容有争议的，不可以直接就争议内容向人民法院提起诉讼，只有在人民法院认定公正债权文书确有错误而裁定不予执行后，当事人、公证事项的利害关系人方可向人民法院提起民事诉讼。

然而，2018年《最高人民法院关于公证债权文书执行若干问题的规定》（法释〔2018〕18号）第二十二条第一款明确规定：“有下列情形之一的，债务人可以在执行程序终结前，以债权人为被告，向执行法院提起诉讼，请求不予执行公证债权文书：（一）公证债权文书载明的民事权利义务关系与事实不符；（二）经公证的债权文书具有法律规定的无效、可撤销等情形；（三）公证债权文书载明的债权因清偿、提存、抵销、免除等原因全部或者部分消灭。”第二十四条规定：“有下列情形之一的，债权人、利害关系人可以就公证债权文书涉及的民事权利义务争议直接向有管辖权的人民法院提起诉讼：（一）公证债权文书载明的民事权利义务关系与事实不符；（二）经公证的债权文书具有法律规定的无效、可撤销等情形。”第二十五条规定：“本规定自2018年10月1日起施行。本规定施行前最高人民法院公布的司法解释与本规定不一致的，以本规定为准。”根据新法优于旧法的原则，只要是在符合法律规定的情形下，无需法院对原公证债权文书出具不予执行的裁定，当事人、利害关系人即可直接就公证债权文书涉及的民事权利义务争议向人民法院提起诉讼，但需要指出的是，针对公证债权文书提起的诉讼应当限于公证债权文书所涉及的民事权利义务争议，诉讼类别为民事诉讼，被告为民事权利义务相对方，并非公证机构。

## 普法提示

司法鉴定意见作为司法鉴定人个人的认识和判断，表达的只是司法鉴定人的一种意见，而且也会受到一些客观因素的影响，对于同一专门性问题可能出现不同的鉴定意见，当事人对法院委托的鉴定机构出具的鉴定意见有异议时，应当如何救济呢？

首先是认真对待法庭质证环节。司法鉴定意见的质证是指双方当事人及其辩护人、诉讼代理人对鉴定意见向司法鉴定人询问、质疑以及专家辅助人对司法鉴定人的询问和司法鉴定人针对鉴定意见作出回答、说明等一系列诉讼活动的总称。对于同一专门性问题的不同鉴定意见，当事人双方或者一方存在争议的，首先应当通过法庭质证程序来解决。因为鉴定意见属于证据的一种，《民事诉讼法》规定“证据必须查证属实，才能作为认定事实的根据”，“证据应当在法庭上出示，并由当事人互相质证”。另外，《民事诉讼法》和《全国人民代表大会常务委员会关于司法鉴定管理问题的决定》都规定了当事人对鉴定意见有异议的，鉴定人应当出庭作证；《司法鉴定人登记管理办法》和《司法鉴定程序通则》也规定了司法鉴定人依法出庭作证，回答与鉴定有关的询问；《民事诉讼法》规定“经人民法院通知，鉴定人拒不出庭作证的，鉴定意见不得作为认定事实的根据”。可见，当事人如果对鉴定意见有异议，首先可以在法庭质证环节通过对鉴定人的询问来解决，双方当事人都可以通过询问鉴定人进一步充分辨析鉴定意见的真实性和客观性，也只有经过双方的质证，经得起推敲的鉴定意见才有可能作为证据被法官采信；而存在瑕疵、违反鉴定程序或错误的鉴定意见，才会在质证环节被揭示出来。因此，认真对待法庭质证环节，用足用好法律赋予的诉讼权利，对保障当事人的权利至关重要。

其次是申请重新鉴定。对鉴定意见的争议通过质证程序仍存在疑问，法院不能采纳或者排除的，如果这种分歧不是因现有鉴定技术不足造成的，则可以委托鉴定能力较强、技术力量雄厚等资质条件较高的司法鉴定机构进行重新鉴定。根据《民事诉讼法》第六十三条第一款第七项、第七十六条规定，法院委托鉴定机构作出的鉴定结论，仍然属于法定的七种证据之一，根据《最高人民法院关于民事诉讼证据的若干规定》第四十条第一款规定，当事人申请重新鉴定，存在下列情形之一的，人民法院应当准许：（1）鉴定人不具备相应资格的；（2）鉴定程序严重违法的；（3）鉴定意见明显依据不足的；（4）鉴定意见不能作为证据使用的其他情形。该条第三款规定，对鉴定意见的瑕疵，可以通过补正、补充鉴定或者补充质证、重新质证等方法解决的，人民法院不予准许重新鉴定的申请。第四十一条规定："对于一方当事人就专门性问题自行委托有关机构或者人员出具的意见，另一方当事人有证据或者理由足以反驳并申请鉴定的，人民法院应予准许。"可见，对鉴定结论不服，应当依据《最高人民法院关于民事诉讼证据的若干规定》第四十条、第四十一条之规定，在质证环节指出该证据在程序上或实体上存在的问题，请求审理法院依法委托重新鉴定或补充鉴定。同时，法院在审判过程中，通过对鉴定的程序和实体进行审查发现原鉴定程序严重违法、鉴定方法存在严重错误、鉴定意见与案件的其他证据明显不符等情形，也可以直接决定委托重新鉴定。

综上所述，司法鉴定意见作为法院为查明案件事实，委托专业鉴定机构和鉴定人对特定事项出具的结论意见，属于法定诉讼证据的一种，不具有可诉性，当事人如果对该意见不服的，可以通过质证和申请重新鉴定的方式来维护自己的合法权利。

案例三

# 对公证书有异议怎么办?

冯芸菲[①]

## 案情回顾

### (一)继承老伴儿遗产时惊现公证遗嘱

王小丽与刘志杰于2010年12月20日登记结婚。2016年1月23日刘志杰去世，刘志杰与前妻所生之子刘小强突然带人闯入王小丽住处，扬言让王小丽滚出家门，并扔下了一份遗嘱。王小丽一看遗嘱内容，才得知是海潮公证处于2010年12月15日给其老伴儿办理的公证遗嘱，遗嘱内容为刘志杰生前所有遗产均由刘小强继承。看到这份公证书，王小丽非常震惊，她没想到老伴儿和自己结婚前就已经在公证处办了遗嘱公证。仔细查看这份公证书后，王小丽发现了问题，公证书上老伴儿的签字无法识别，而且她清楚地记得公证书中的落款日期即立遗嘱当日老伴儿高烧40多度，自己正陪他去医院看病，老伴儿根本没有时间去公证处办理公证。因此，她认为这份公证遗嘱并非老伴儿本人所立。同时，她向人咨询得知，根据《遗嘱公证细则》，年老体弱者在公证过程中必须录音录像，而刘志杰当时已69周岁，这份公证遗嘱中却没有刘志杰的录音录像，且公证材料中填写了三个不同的地址，公证书上刘志杰的配偶一栏亦填写错误，因此，这份公证遗嘱的设立不符合公证程序，而眼下刘小强却要凭借这份疑点重重的遗嘱，剥夺王小丽对刘志杰遗产的继承权。为此，王小丽决定将海潮公证处诉至法院，请求判令海潮公证处违法违规，所办理的公证遗嘱无效。

---

① 北京市海淀区人民法院立案庭（诉讼服务中心）。

### （二）起诉确认公证书无效，法院未予受理

王小丽起诉称，海潮公证处公证员不具备相应资质，不按公证程序办理公证遗嘱，且公证的遗嘱内容与事实不符，老伴儿刘志杰年老体弱，在公证书所示当天身体及时间上均不可能进行遗嘱公证，因而该公证处所公证的遗嘱应属无效。但是，起诉书递交到法院后，却被告知不符合立案条件，这让王小丽很感意外。经过法官解释，王小丽这才明白，原来《最高人民法院关于审理涉及公证活动相关民事案件的若干规定》第二条明确规定："当事人、公证事项的利害关系人起诉请求变更、撤销公证书或者确认公证书无效的，人民法院不予受理，告知其依照公证法第三十九条规定可以向出具公证书的公证机构提出复查。"因此，王小丽的起诉不符合《民事诉讼法》第一百一十九条第四项之规定，即本案不属于人民法院受理民事诉讼的范围，不符合民事案件的受理条件。但法官同时告知王小丽，她可以依照《公证法》第三十九条的规定向出具公证书的公证机构提出复查。

那么，经公证处公证的文书，法院能否对公证事项进行审理？能否对公证书作出确认无效的裁判？如果公证事项存在违法违规情形，甚至侵犯他人权益，法院能否处理？当事人或利害关系人若对公证书有异议，有哪些救济途径？

## 法理分析

### （一）诉请确认公证书无效的，不属于人民法院受理民事诉讼的范围

不予受理，是人民法院根据《民事诉讼法》的规定，对原告提交的起诉材料进行审查后，对不符合法定受理条件的起诉，从程序上书面裁定不予立案的司法行为。《民事诉讼法》第一百一十九条规定："起诉必须符合下列条件：（一）原告是与本案有直接利害关系的公民、法人和其他组织；（二）有明确的被告；（三）有具体的诉讼请求和事实、理由；（四）属于人民法院受理民事诉讼的范围和受诉人民法院管辖。"第一百二十三条规定："人民法院

应当保障当事人依照法律规定享有的起诉权利。对符合本法第一百一十九条的起诉，必须受理。符合起诉条件的，应当在七日内立案，并通知当事人；不符合起诉条件的，应当在七日内作出裁定书，不予受理；原告对裁定不服的，可以提起上诉。”简言之，凡当事人提交的诉讼材料符合起诉条件的，法院应受理当事人的起诉；反之，则可要求当事人进一步补充材料，起诉人不予补充或补充后依然不符合条件的，则依法裁定不予受理。

《民事诉讼法》第一百二十四条第三项规定：“依照法律规定，应当由其他机关处理的争议，告知原告向有关机关申请解决”。《最高人民法院关于审理涉及公证活动相关民事案件的若干规定》第二条规定：“当事人、公证事项的利害关系人起诉请求变更、撤销公证书或者确认公证书无效的，人民法院不予受理，告知其依照公证法第三十九条规定可以向出具公证书的公证机构提出复查。”因此，当事人、公证事项利害关系人若认为公证书存在错误或对公证书内容有异议，欲诉至法院请求变更、撤销或确认公证书无效的，不属于人民法院受理民事诉讼的范围。本案中，王小丽认为海潮公证处为其老伴儿刘志杰办理的遗嘱不符合公证程序，遗嘱内容与事实不符，诉请法院确认公证处违法违规并确认该公证处所办理的公证遗嘱无效，根据上述规定，该项起诉不符合法定起诉条件，因而法院根据《民事诉讼法》第一百一十九条第四项、第一百二十三条之规定，对本案裁定不予受理。但王小丽可向出具公证书的公证机构提出复查，经复查，公证书的内容违法或与事实不符的，公证机构应当撤销公证书并予以公告，该公证书自始无效，公证书有其他错误的，公证机构应当予以更正。

### （二）公证书的法律性质分析

#### 1. 公证书的作用

根据《公证法》规定，公证是公证机构根据自然人、法人或者其他组织的申请，依照法定程序对民事法律行为、有法律意义的事实和文书的真实性、合法性予以证明的活动。公证机构可办理的公证事项涉及社会生活的方方面面，如合同类、继承类、涉及身份关系类乃至有无违法犯罪记录等均可公证。经相关人员申请，公证机构如认为该申请符合法律规定则依法出具公证书。

公证书内容不同，性质就会存在些许差别。根据《民事诉讼法》规定可知，公证书具有三大法定效力，即法定证据效力、强制执行效力和法律要件效力。[①]（1）法定证据效力，指经过法定程序公证证明的法律事实和文书，人民法院应当作为认定事实的根据，但有相反证据足以推翻公证证明的除外。（2）强制执行效力，指对公证机构依法赋予强制执行效力的债权文书，一方当事人不履行的，对方当事人可以向有管辖权的人民法院申请执行，受申请的人民法院应当执行。（3）法律要件效力，指某些行为只有经过公证后方成立和有效，如涉外诉讼中当事人的委托代理手续，根据《民事诉讼法》第二百六十四条规定："在中华人民共和国领域内没有住所的外国人、无国籍人、外国企业和组织委托中华人民共和国律师或者其他人代理诉讼，从中华人民共和国领域外寄交或者托交的授权委托书，应当经所在国公证机关证明，并经中华人民共和国驻该国使领馆认证，或者履行中华人民共和国与该所在国订立的有关条约中规定的证明手续后，才具有效力。"

**2. 公证书的证据属性**

证据是认定案件事实的依据。公证书的三大法定效力中，法定证据效力是基础性效力。《公证法》第三十六条规定："经公证的民事法律行为、有法律意义的事实和文书，应当作为认定事实的根据，但有相反证据足以推翻该项公证的除外。"《民事诉讼法》第六十九条规定："经过法定程序公证证明的法律事实和文书，人民法院应当作为认定事实的根据，但有相反证据足以推翻公证证明的除外。"同时，《最高人民法院关于民事诉讼证据的若干规定》第十条规定："下列事实，当事人无须举证证明：……（七）已为有效公证文书所证明的事实。"从上述法律规定可以看出，公证书是一项证明力较强的证据，其证明力要强于一般书证。而关于人民法院应当如何审查证据作出裁判，《最高人民法院关于民事诉讼证据的若干规定》第八十五条作出了规定：

---

① 参见詹爱萍：《公证书之法定证据效力研究》，西南政法大学 2015 年博士学位论文。

“人民法院应当以证据能够证明的案件事实为根据依法作出裁判。审判人员应当依照法定程序，全面、客观地审核证据，依据法律的规定，遵循法官职业道德，运用逻辑推理和日常生活经验，对证据有无证明力和证明力大小独立进行判断，并公开判断的理由和结果。”因此，法官要对证据有无证明力及证明力大小根据自身经验进行判断。根据以上法律规定，法官对于具有法定证据效力的公证书，可直接将其作为判断事实的重要依据，除非有相反证据足以推翻公证证明。简言之，公证书作为证据的一种，法院应按照证据的一般审查和认证原则对待，即对于合法有效的公证书，法院认可其证明效力，反之，则不认可其证明效力，但并不能直接对公证书进行变更、撤销或确认无效。

## 知识拓展

因《公证法》的规定较为原则性，最高人民法院出台《关于审理涉及公证活动相关民事案件的若干规定》，以进一步规范公证活动，为法院审理涉公证类纠纷提供法律依据。但实践中，公民对于法院与公证机构间的关系，以及对公证书内容有争议时应该如何解决并不十分清楚，从而导致发生纠纷时一味诉至法院处理。以下将具体分析这些问题，为公众解惑。

### （一）《最高人民法院关于审理涉及公证活动相关民事案件的若干规定》出台背景

为规范公证活动，保障公证机构和公证员依法履行职责，预防纠纷，保障自然人、法人或其他组织的合法权益，2005 年 8 月 28 日第十届全国人大常委会通过了《公证法》，2006 年 3 月 1 日起施行。《公证法》的实施使公证活动有法可依，公证过程变得更加规范化，但由于《公证法》规定得较为原则，在实施过程中遇到了一些问题。在公证活动中，当事人或公证事项的利害关系人对公证书内容有异议或认为公证机构出具的公证书存在错误时，因不了解相应救济途径而一概诉诸法院，要求法院判决公证书无效、撤销公证书以及要求公证机构承担赔偿责任，这成为公证执业活动中最常见的纠纷，且为数不少。即便公证协会、公证主管部门告知该公证当事人或利害关系人应向公证机构申请复查，或公证机构主动启动复查程序，当事人却依旧认为公证机构并未充分履职进而引发二次诉讼的案例仍不在少数。因此，明确涉公证案件的诉讼范围，引导当事人选择合适、恰当的方式解决纠纷，变得日益迫切。

为更好地贯彻执行《公证法》的有关规定，预防纠纷、促进和谐，最高人民法院及时启动了《关于审理涉及公证活动相关民事案件的若干规定》的制定工作。2014 年 4 月 28 日，最高人民法院审判委员会第 1614 次会议讨论通过了该规定，以司法解释的形式明确了法院审理涉及公证活动相关民事案件的标准，集中梳理了在公证活动中可能产生的民事争议和相应救济途径，厘清了法院的审理权限，为法院依法审理涉及公证的民事案件提供了法律依据，同时也为当事人和公证事项的利害关系人规范自身行为、维护自身合法权益提供了充分、明确的法律指引。

### （二）法院与公证机构的关系

根据《宪法》《人民法院组织法》的相关规定，法院作为国家司法机关、审判机关，主要行使的是裁判权，通过审判刑事案件、民事案件、行政案件等，惩罚犯罪，保障无罪的人不受刑事追究，解决民事、行政纠纷，保护个人和组织的合法权益，监督行政机关依法行使职权，维护国家安全和社会秩序。公证处，是依法设立，不以营利为目的，根据自然人、法人或其他组织的申请，依照法定程序对民事法律行为、有法律意义的事实和文书的真实性、合法性予以证明并出具公证书。公证机构依法独立行使公证职能，承担民事责任。我们身边的许多事情，基本上都能找公证处解决，例如，合同问题、继承问题、委托、声明、保全证据、赠与、公司章程等。简言之，法院的职责是对案件进行居中裁判，系裁判机关，而公证机构系证明机构。

可见，法院与公证机构两者性质不同、职能不同，两者相互独立但又存在紧密关联。公证制度是我国社会主义法律制度的重要组成部分，是预防性司法证明制度。实践中，经公证机构出具的一些公证书可直接作为证据使用，且相较于一般证据而言，具有较高的效力和可信度，因而法院直接将其作为认定事实的根据，实践中，由公证机构对具有法律意义的事实进行公证的情况不胜枚举。

同时，公证机构还具有解决社会纠纷的功能，如前文提到的遗嘱公证，被继承人通过对其遗嘱进行公证，其遗嘱只要不被撤销，则被继承人死亡后，继承人就应遵照公证后的遗嘱执行。公证书在平复纠纷，厘清社会关系方面具有重要的作用。现今，社会纠纷不断增多，且更加多样化、复杂化，法院内部“案多人少”矛盾日益突出，基于公证机构所具有的准司法性特点，2019 年，最高人民法院联合司法部出台《关于扩大公证参与人民法院司法辅助事务试点工作的通知》，提出公证助力司法的理念并指出实践可行性。该通知指出，公证活动可以为人民法院审判和执行工作提供裁判依据，促进审判活动依法高效进行，公证制度所具有的服务、沟通、证明、监督等功能，是社会纠纷多元化解决的基础性司法资源，可以成为法院司法辅助事务的重要承接力量，公证机构对社会纠纷的助力解决将进一步深化多元化纠纷解决机制改革，推动社会解纷资源的合理配置和高效利用。

### （三）撤销、变更或确认公证书无效不属于法院主管范围

诉讼，指纠纷当事人通过向具有管辖权的法院起诉另一方当事人解决纠纷的形式。人民法院受理民事纠纷，针对的是平等主体当事人之间因人身关系和财产关系的民事权利义务产生的争议。正如前文所述，法院系居中裁判机关，就案件所涉争议进行判定，而公证机构是证明机构，公证的实质是对具有法律意义的事实和文书的真实性、合法性进行证明，证明活动不同于民事行为，其本身不涉及具体的民事权利和义务。在诉讼过程中，法院对证据材料所证明的内容进行全面审核认定，对有效证据予以采纳，从而作出支持该证据提供一方诉讼主张的裁判结果，并非对某个证据本身进行裁判，法院只需选择采信或不采信证据，但并不存在单独裁判维持或撤销某项证据的问题。公证只是一项证明活动，基于公证书的法定证据效力，法院一般认为公

证书在诉讼中是一项证明力较强的证据，除非有相反证据导致该公证书不足以被采信。由于公证行为本身并不设立、变更或终止公证书所涉当事人、利害关系人之间的民事权利义务关系，因此，法院审理案件不必直接判决撤销公证书，而只决定采信或不采信。根据《公证法》及《公证程序规则》相关法律规定，对公证书的复查、撤销和变更由公证机构行使。

### （四）对公证书内容有异议时的有效救济途径

**1. 申请公证机构进行复查，对复查结果不满可向公证协会投诉**

通过前文所述可知，法院不能直接变更、撤销公证书或确认公证书无效，那么，谁有权进行此类处理呢？对此，《公证法》有明确规定。《公证法》第三十九条规定："当事人、公证事项的利害关系人认为公证书有错误的，可以向出具该公证书的公证机构提出复查。公证书的内容违法或者与事实不符的，公证机构应当撤销该公证书并予以公告，该公证书自始无效；公证书有其他错误的，公证机构应当予以更正。"因此，若当事人、公证事项利害关系人对公证书内容有异议，想要撤销公证书内容，则应向出具公证书的公证机构提出复查申请，由公证机构自身来决定是否撤销。

此外，当事人、公证事项的利害关系人又应在何时以何种方式提出复查申请呢？为进一步指导当事人、利害关系人维护自身权益，《公证程序规则》规定，要在法定期限内以书面形式向作出公证书的公证机构提出复查申请。《公证程序规则》第六十一条规定："当事人认为公证书有错误的，可以在收到公证书之日起一年内，向出具该公证书的公证机构提出复查。公证事项的利害关系人认为公证书有错误的，可以自知道或者应当知道该项公证之日起一年内向出具该公证书的公证机构提出复查，但能证明自己不知道的除外。提出复查的期限自公证书出具之日起最长不得超过二十年。复查申请应当以书面形式提出，载明申请人认为公证书存在的错误及其理由，提出撤销或者更正公证书的具体要求，并提供相关证明材料。"

再者，当事人、公证事项利害关系人若对公证机构复查结果不满，则可依据《公证程序规则》第六十七条的规定向地方公证协会投诉。该条规定：

"当事人、公证事项的利害关系人对公证机构作出的撤销或者不予撤销公证书的决定有异议的，可以向地方公证协会投诉。"而公证协会系公证业的自律性组织，依据章程开展活动，对公证机构、公证员的执业活动进行监督。因此，当事人、公证事项的利害关系人认为公证书内容有错误的，可向作出该公证书的公证机构申请复查，对公证机构作出的复查决定仍有异议的，可依法向地方公证协会投诉处理。

**2. 向司法行政部门投诉或举报**

根据《公证法》第四十二条规定，公证机构及其公证员为不真实、不合法的事项出具公证书的，由省、自治区、直辖市或者设区的市人民政府司法行政部门对公证机构给予警告，并处2万元以上10万元以下罚款，并可以给予一个月以上三个月以下停业整顿的处罚；对公证员给予警告，并处2000元以上1万元以下罚款，并可以给予三个月以上十二个月以下停止执业的处罚；有违法所得的，没收违法所得；情节严重的，由省、自治区、直辖市人民政府司法行政部门吊销公证员执业证书；构成犯罪的，依法追究刑事责任。因此，实践中，若当事人、公证事项的利害关系人认为公证机构或公证员存在上述行为，可向公证机构所属司法行政部门投诉或举报，由司法行政部门依法进行查处。

**3. 对公证书所涉及的争议内容提起民事诉讼**

除以上救济途径外，《公证法》第四十条规定，"当事人、公证事项的利害关系人对公证书的内容有争议的，可以就该争议向人民法院提起民事诉讼。"为进一步明确诉讼主体，指导相关人员更好地维护自身合法权益，《北京市高级人民法院关于涉公证纠纷受理问题指导意见》第二条规定："当事人、公证事项的利害关系人对公证书所涉及的实体权利义务有争议的，可以以其他当事人或利害关系人为被告提起民事诉讼。"因此，此类诉讼的被告应当是就公证事项与原告之间存在民事权利义务关系的当事人而非公证机构，且案件的形式为民事诉讼，而非行政诉讼。当事人亦可选择在公证机构作出撤销、不予撤销公证书的决定后再行起诉。

实践中，此类案件较为常见，如杨清水、高胜利与被告杨天、郭小龙，第三人北京市某公证处确认合同无效纠纷一案。杨清水与高胜利系夫妻，杨天为二人的独生子。2013 年，杨清水与高胜利夫妇因继承取得海淀区某处房屋的所有权。2016 年，杨天在二人不知情的情况下指使郭小龙虚假办理了杨清水、高胜利二人的委托公证，并以买受人的身份就二人名下的房屋与郭小龙签订《存量房屋买卖合同》，虚假购买了该房屋，并将房屋登记在自己名下。后杨清水、高胜利二人诉至法院，请求确认该《存量房屋买卖合同》无效。被告杨天辩称，对原告的诉讼请求没有意见，公证委托书是找他人冒充自己父母办理的。被告郭小龙未作出答辩。第三人公证处辩称，公证委托书已经被我公证处撤销。经审理，法院认为，行为人没有代理权、超越代理权或者代理权终止后以被代理人名义订立的合同，未经被代理人追认，对被代理人不发生效力，由行为人承担责任。本案中，郭小龙持公证委托书作为杨清水及高胜利代理人与杨天签订《存量房屋买卖合同》，该公证委托书后被公证处撤销，而杨天与郭小龙签订《存量房屋买卖合同》的行为正是公证委托书中载明的内容，现公证委托书已被撤销，故郭小龙没有代理权，且杨清水、高胜利对其行为亦不予追认，故房屋买卖合同不具有法律效力。因此，最终判决确认《存量房屋买卖合同》无效。在此案中，杨天指使郭小龙冒用杨清水、高胜利夫妇之名，办理了虚假的公证委托书，并进而以买受人身份虚假购买了杨清水夫妇名下的房产，对此，杨清水夫妇并非以诉讼方式要求确认公证委托书无效，而是直接针对双方的民事法律关系争议即杨天的无效买房行为提起诉讼。在案件中，郭小龙所持有的公证委托书仅仅是一份证据，且公证处表示，该公证委托书已被公证处撤销。法院最终以公证委托书为无效证据为由，认定郭小龙为无权代理，从而判决双方的房屋买卖合同无效。最终杨清水、高胜利夫妇的民事权利得到了有效维护。

**4. 对公证机构提起损害赔偿之诉**

《公证法》第四十三条规定："公证机构及其公证员因过错给当事人、公证事项的利害关系人造成损失的，由公证机构承担相应的赔偿责任；公证机构赔偿后，可以向有故意或者重大过失的公证员追偿。当事人、公证事项的利害关系人与公证机构因赔偿发生争议的，可以向人民法院提起民事诉讼。"

《最高人民法院关于审理涉及公证活动相关民事案件的若干规定》第一条规定："当事人、公证事项的利害关系人依照公证法第四十三条规定向人民法院起诉请求民事赔偿的，应当以公证机构为被告，人民法院应作为侵权责任纠纷案件受理。"

因此，当事人、公证事项利害关系人若认为公证机构或公证员在公证过程中存有过错，可直接向法院起诉要求公证机构承担赔偿责任，此时，被告主体为公证机构。实践中，此类案件较为多发，如杨双双诉公证处财产损害赔偿纠纷一案。杨双双与赵安于 1979 年 3 月登记结婚，赵安与前妻生有一子赵小。1995 年 6 月 19 日，杨双双与丈夫赵安到公证处做了遗嘱公证，写明赵安去世后，所有财产均由杨双双继承，公证处出具公证书一份。赵安于 2008 年 5 月 18 日去世。2008 年 10 月 21 日，赵小向公证处申请复查，指出赵安提交的国内公证申请表并非赵安本人填写，而是由遗嘱受益人杨双双代为填写并签名，违反了 1991 年 4 月 1 日起施行的《公证程序规则（试行）》的规定。基于此，公证处经过复查，出具了公证复查决定书，决定撤销该公证书。为此，杨双双向北京市公证协会投诉，公证协会于 2009 年 1 月 4 日作出决定书，认为公证复查决定证据不足，建议公证处重新复查并作出决定。2009 年 2 月 11 日公证处最终决定维持原复查决定书。杨双双认为公证处作为专门的公证机关，应告知其办理公证时不允许代书的相关程序规定，但公证处并未履行上述义务，现今丈夫赵安已去世，因没有公证遗嘱，法院按照法定继承处理了赵安的遗产，这导致其产生财产损失 1125199 元，故向人民法院提起侵权赔偿之诉，请求判令公证处赔偿 1125199 元。法院依法受理了杨双双的起诉。审理中，公证处辩称，其撤销公证书是因杨双双自身的行为造成的，公证书被撤销并非公证处在办理公证的过程中存在过错。法院经审理认为，办理公证时当事人有责任如实说明有关情况，提供真实合法充分的证明材料，而公证机构则有责任和义务根据不同公证事项的办证规则审查公证。在办理公证过程中，若公证申请表的填写不符合公证规则，公证员完全可以及时制止，并要求由赵安本人填写，但公证机构既未能在当时指出此事，事后又依据该申请表出具了公证书，其对公证书此后被撤销一事应承担过错责任。由于公证处在赵安去世后基于程序问题撤销该公证书的行为客观上损害了杨双双的利益，使杨双双不能按赵安的遗嘱继承全部遗产，而只能按法律继承一半的遗产。因此，法院最终判决公证处赔偿杨双双 968398 元。

## 普法提示

公证制度，历史悠久，早在 20 世纪初，我国就从国外引进了公证制度，它的主要作用是在发生民事争议之前，对法律行为和有法律意义的文书、事实的真实性和合法性予以证明，借以防止纠纷，减少诉讼。根据《公证法》第十一条的规定，可进行公证的事项涵盖社会生活的方方面面，包含合同、继承乃至涉及身份关系类的均可进行公证，因此，越来越多的公民选择对相关事项进行公证，也越来越感受到公证的高效、便捷。实践中，当事人或公证事项利害关系人对公证书内容有异议，由于对公证活动的不了解或对公证机构自查的不信任，通常选择起诉至法院以实现撤销或确认公证书无效的诉求。但是，根据《民事诉讼法》《最高人民法院关于审理涉及公证活动相关民事案件的若干规定》等规定，当事人、公证事项的利害关系人请求法院变更、撤销或者确认公证书无效的，因所诉事项不属于人民法院受理民事诉讼的案件范围，不符合法定起诉条件，因而对此类案件人民法院不予受理。此外，公证机构在作出复查决定后，当事人、利害关系人对复查结果不满，亦不能诉至法院解决，而如果当事人、公证事项利害关系人认为公证书有错误或对公证书内容存有异议，可选择以下四种方式维权：

第一，可在法定期限内（当事人在收到公证书之日起一年内，公证事项的利害关系人自知道或者应当知道该项公证之日起一年内，最长不得超过自公证书出具之日起二十年）向出具公证书的公证机构书面申请复查，对复查结果不满的，可向公证协会投诉；

第二，若认为公证机构及其公证员为不真实、不合法的事项出具公证书的，可向公证机构所属司法行政部门投诉或举报，由司法行政部门进行查处；

第三，对公证书中涉及的实体权利义务有争议的，可以其他当事人或利害关系人为被告，对具体争议的民事法律关系提起民事诉讼；

第四，公证机构及其公证员在公证活动中若存在过错，可以公证机构为被告提起侵权赔偿之诉。

案例四 | # 出租车司机与网约车公司的“诉讼之战”

张志富[①]

## 案情回顾

2005年，看到出租车市场比较火，年近五旬的荣发也动了心，想尽办法自筹资金22万元从天津市的出租汽车公司购买了一辆出租车，后又陆续取得《出租车驾驶员职业资格证书》《天津市客运出租汽车驾驶员岗前培训合格证书》等运营所需证件，正式成为一名“的哥”。开出租车虽然辛苦，但由于市场准入门槛高，出租车公司和出租车司机相对较少，竞争没那么激烈，生意一直还算不错，尤其是近几年经济高速发展之后，打车的人越来越多，市场需求越来越大，荣发的生意也逐渐“火”了起来。

然而，情况在网约车出现之后逐渐发生了变化。2015年开始，网约车逐渐流行了起来，最开始网约车平台通过给司机补贴的方式进行平台推广，司机除正常收取打车费外还可以得到网约平台的补贴，这让不少出租车司机得到了实惠，用网约平台接单成了首选。于是，网约车平台迅速蹿红，但让很多出租车司机没想到的是，网约车最后竟成了自己最大的竞争者。网约车平台发展壮大起来后，逐步取消了补贴，又大量招募私家车充实网约车队伍，与出租车公司和出租车司机展开了激烈竞争。荣发日渐感到工作强度“注水”，而收入“缩水”，生意大不如前。

荣发认为，以新星公司为代表的网约车公司，利用网约车平台大量招募没有取得国家准许运营资格的车辆和司机从事网约车运营，其经营行为涉嫌组织、参与、策划、支持违法运营，已构成违反商业非法经营罪。网约车公司在网约平台中利用“双向补贴”的手段从事网约车经营，导致市场竞争异

---

① 北京市海淀区人民法院立案庭（诉讼服务中心）。

常激烈，在残酷的竞争事实面前，出租车司机只有疲于奔命，延长工作时间，超负荷工作，整天穿梭在生死时速之间，结果给其本人身体和精神都造成了严重的伤害，新星公司的违法经营行为严重侵害了自己的合法权益。

2016年4月，荣发在天津将新星公司和两家大型互联网公司一并诉至法院，要求判令对方赔偿自己经济损失及精神伤害费180万元。一审法院以不属于人民法院受理民事诉讼的范围裁定不予受理。荣发不服裁定结果并提起上诉，二审法院以上诉理由缺乏法律依据裁定驳回上诉，维持原裁定。不甘心的荣发继续申请再审，再审法院以再审申请不符合相关法律规定的情形裁定驳回。荣发一看在天津诉讼不成，便转战北京，2017年，荣发将新星公司诉至北京市海淀区人民法院，要求判令新星公司赔偿出租车转让损失费80万元和身体、精神伤害补偿100万元。

## 法理分析

荣发作为出租车司机，以新星公司所开展的网约车经营给其本人所从事的出租车运营造成损失为由先后在天津、北京两次提起民事侵权之诉，据此，本案产生两个争议焦点：程序上，荣发第二次起诉是否构成重复起诉？实体上，新星公司究竟有没有侵权？出租车司机与网约车公司之间存在什么法律关系？

### （一）“同一事由”再次起诉构成重复起诉

关于是否构成重复起诉的问题，荣发认为，这是一个还在进行的侵权行为，自己有权进行合法维权，所以不构成重复起诉。

法院经审查后认为，根据《最高人民法院关于适用〈中华人民共和国民事诉讼法〉的解释》第二百四十七条之规定：“当事人就已经提起诉讼的事项在诉讼过程中或者裁判生效后再次起诉，同时符合下列条件的，构成重复起诉：（一）后诉与前诉的当事人相同；（二）后诉与前诉的诉讼标的相同；（三）后诉与前诉的诉讼请求相同，或者后诉的诉讼请求实质上否定前诉裁判结果。当事人重复起诉的，裁定不予受理；已经受理的，裁定驳回起诉，但法律、司法解释另有规定的除外。”

本案中，荣发曾以相同事由向天津市的法院递交起诉材料，起诉要求新星公司和两家大型互联网公司赔偿其经济损失，该案经天津法院一审、二审以及再审程序，以荣发起诉不属于人民法院受理民事诉讼的范围为由，先后对其起诉裁定不予受理；此次荣发仍以新星公司为被告，以相同事由诉至一审法院，要求赔偿损失，属法律意义上的重复起诉，故根据相关法律规定，本案不应再次受理。

### （二）市场竞争不必然产生法律上的利害关系

荣发与网约车平台在法律上究竟构成什么样的法律关系？根据法律规定，构成侵权的前提是双方存在法律上的利害关系，而荣发与新星公司之间是否具有法律上的利害关系呢？

荣发认为自己是挂靠在天津市出租车公司的个体经营者，从事合法出租汽车业务，与本案有直接利害关系。而法院认为，本案纠纷系网约车与传统出租车行业在共同参与市场竞争过程中所引发，网约车与传统出租车行业之间本质上是新旧两种经营模式的竞争，这种竞争是市场经济发展的正常规律和必然要求，一种经营模式给其他经营模式及经营者、劳动者造成收入等方面积极或消极的影响，都是自由竞争的必然结果。新的模式及新的经营者、从业者的出现，必然加剧经营模式乃至经营者、从业者之间的竞争，但这种市场经济下的自由竞争关系不能简单等同于法律上的利害关系，网约车与出租车之间的竞争是两个行业之间的竞争，这种竞争并不直接导致一个行业的经营者与另一个行业的从业者之间产生法律上的利害关系。

最终，一审法院裁定不予受理。荣发不服，提起上诉，二审法院裁定驳回上诉，维持原裁定。

## 知识拓展

本案系因出租车司机与网约车平台之间的矛盾而引发，这一矛盾实质上是传统的出租车行业与新兴的网约车行业之间竞争白热化的产物，它更深层次揭示的是：在“互联网 +”背景下，面对共享经济等新经济模式的迅速发展和壮大，法律作为体现国家意志的社会规范，对自由竞争下市场主体之间的冲突应发挥何种规制作用以及规制范围。

### （一）法律为竞争划定范围并提供保护

法律为经济提供服务，竞争是市场经济的题中之义和必然产物，不同从业者乃至不同行业的可持续发展都离不开有效的市场竞争，以法律、法规和执法部门为代表的政府公权力在经济领域的目标之一就是建立公平竞争的市场机制。为实现这一目标，法律主要从三个方面发挥作用：（1）以促进行业发展的竞争性为导向，激发市场主体和行业发展的内在积极因素，制定和维护行业准入的标准，确保准入的开放、有序、合规，利用强制力确保行业之间及不同行业之间的流通和市场的有序竞争。（2）鼓励、规范竞争。公权力机关制定政策为市场竞争划定范围和标准，而法律以强制力保障这些政策的实施，营造积极的市场竞争环境，促进和保障有序竞争，保障市场主体和资金流通的安全，同时，明确不正当竞争的具体行为和后果，打击不正当竞争行为和实施者，净化市场环境。（3）自我约束，尊重市场、尊重竞争。在鼓励、规范竞争的同时，法律尤要注重保持谦抑性，防止对市场的不当干预，如果对市场和竞争进行过多的不当干预，其后果可能不亚于没有法律规范，规范和干预的界限在于市场是否能通过本身的能力和规则解决该问题，对于市场和竞争本身能解决的，则应完全交给市场和竞争来解决，法律在允许的范围内要给予市场和主体充分的自主权，制止外来干预的同时也要杜绝自身的不当干预。

市场经济下，法律的重心在于促进和维护市场竞争，防范每个市场内的社会性风险。目前，我国各城市出租车行业基本采取特许经营模式，高门槛、高准入制度使得出租车行业面临垄断的窘境。一方面，出租车司机普遍反映待遇低、工作辛苦；另一方面则是消费者对出租车行业服务的各种不满，尤其是在一线城市，“打车难”几乎成了城市治理的顽疾，政府虽然也陆续出台了相关措施，例如北京曾抬高出租车收费的起步价，但收效甚微。随着城市的发展和居民收入的提高，打车占出行方式的比重也日益增大，出租车行业远无法满足日益增长的市场需求，但受政策限制，出租车行业运力与市场多元化、高标准的需求矛盾一直无法得到妥善解决。

其实，即便在严格的市场准入机制下，国家也一直鼓励竞争。例如，交通运输部在 2013 年发布的《关于改进提升交通运输服务的若干指导意见》确立了建立“多层次、差异化的运输服务体系”“公平竞争市场机制”的发展目标。国家发展改革委员会在 2017 年发布的《关于促进分享经济发展的指导性意见》中也强调着力营造“新旧业态、各类市场主体公平竞争的环境”。在这种情况下，法律应该扮演双重角色，既要为新的经营模式提供和拓展法律空间，保护新的经济模式顺利开展；又要推动传统行业的升级改造，直观地说，就是要通过协调和统筹网约车和出租车的共同发展，促进二者的良性竞争。

网约车的出现是对传统行政许可管制的突破，也是市场竞争的必然产物。虽然相关法律法规曾试图对网约车和出租车市场作出区分，以期减少二者的纷争及避免不必要的竞争，例如要求“网络预约出租汽车不得巡游揽客”等，但相同的市场需求使得双方的利益竞争不可避免。这种竞争不但有助于出租车改进运行模式，也促使网约车不断升级服务质量，最终缓解甚至彻底解决“打车难”这一城市顽疾，只有在充分竞争的前提下，才能维护消费者的议价能力，从根本上保障消费者在服务价格和服务质量上都能获益。

### （二）构成不正当竞争的核心在于行为，并非行业

竞争是不是局限于行业内部？竞争不限于行业内部，不同行业的经营主体之间也可能构成不正当竞争，这在最高人民法院公布的北京百度网讯科技有限公司诉青岛奥商网络技术有限公司、联通青岛公司不正当竞争案（指导案例 45 号）中予以了明确：

案件基本情况为：百度公司经营范围为互联网信息服务业务，核准经营网址为 www.baidu.com 的百度网站，主要向网络用户提供互联网信息搜索服

务。奥商网络公司经营范围包括网络工程建设、网络技术应用服务、计算机软件设计开发等，其网站为www.og.com.cn。奥商网络公司与联通青岛公司合作，在青岛地区利用网通的互联网接入网络服务，在百度公司的搜索结果页面强行增加广告进行推广宣传，使其不能正常向互联网用户提供服务，大量网民误以为广告是百度公司故意设置的，造成了网民和流量的大量流失。百度公司起诉要求判令确认奥商网络公司、联通青岛公司的行为构成不正当竞争及赔偿损失等。

法院审理后认定，判断经营者的行为构成不正当竞争，应当考虑以下方面：一是行为实施者是反不正当竞争法意义上的经营者；二是经营者从事商业活动时，没有遵循自愿、平等、公平、诚信原则，违反了反不正当竞争法律规定和公认的商业道德；三是经营者的不正当竞争行为损害正当经营者的合法权益。根据《反不正当竞争法》第二条有关经营者的规定，经营者的确定并不要求原、被告同属同一行业或服务类别，只要是从事商品经营或者营利性服务的市场主体，就可成为经营者。联通青岛公司、奥商网络公司与百度公司均属于从事互联网业务的市场主体，属于反不正当竞争法意义上的经营者。虽然联通青岛公司是互联网接入服务经营者，百度公司是搜索服务经营者，服务类别上不完全相同，但是联通青岛公司实施的在百度搜索结果出现之前弹出广告的商业行为，与百度公司的付费搜索模式存在竞争关系。在市场竞争中存在商业联系的经营者，违反诚信原则和公认商业道德，不正当地妨碍了其他经营者正当经营，并损害其他经营者合法权益的，可以依照《反不正当竞争法》第二条的原则性规定，认定为不正当竞争。最终，法院在判决中认定奥商公司的行为构成不正当竞争。

这就说明，一方面，构成不正当竞争不局限于行业内部，跨行业也可能存在竞争关系，构成不正当竞争，即构成不正当竞争的关键在于经营主体的经营行为之间是否具有竞争关系，而不是取决于双方是否属于同一行业；另一方面，构成不正当竞争的核心要素是行为，即市场主体的行为是否违反诚信原则和公认商业道德，妨碍他人正当经营，损害他人合法权益。

从该案例可以看出，“不正当竞争行为”指的应该是行为本身，而不是新兴的行业或经营模式，行业之间的竞争应该与个体区分开来，当一个行业出现占据市场份额较大的“巨无霸”企业时，虽然这个企业可能代表了整个行业较为成熟的运作模式，但不能当然地将其等同于整个行业。行业之间的竞争显然会波及经营者个体，但这并不能改变行业间竞争的本质，行业间的竞争与经营者个体不存在法律上的利害关系，行业间的竞争关系或运行模式亦不属于法律应规制的范围。如果认为对方的具体经营行为构成垄断或不正当竞争，则亦应由经营者针对该具体经营行为提起相应的诉讼，而非行业之间的竞争关系，被告也不应是另一个行业里的某个代表性的经营者。

### （三）竞争失利≠被侵权

新的事物出现往往会突破一些旧的规定和制度，新事物出现初期也没有既定的、完全合适的规范去约束，法律只能通过修订、补充去完善自身，以将新事物纳入规制范围之内。在法律自我完善之前，只能通过法律的基本原理、原则和精神去处理新事物的法律定位及其在发展过程中产生的各种纠纷。新事物是否应被法律允许或禁止，都应从法律角度对整个事物整体进行审视，并按照法律规定的范围和程序进行处理。例如，网约车的出现就突破了出租车行业的准入制度，这种突破是否违反法律规定，应从法律的角度进行审视，并按照相应的法律制度进行解决，如果出租车公司或司机以及其他公民认为网约车公司及平台的设立违反既有的准入制度或法律相关规定，可以向相关部门举报，通过政府市场监管等方式解决。网约车的地位是否合法与是否对其他交通运输从业者构成侵权不是一个法律层面的问题，应通过相应的机制解决，而客观上因之形成竞争关系是市场经济范畴，不应由法律调整。

新技术的出现会导致旧技术的淘汰，新的商业模式会给旧的商业模式造成冲击，导致旧模式的衰落甚至消失。出租车司机通过购买车辆、参加培训等方式可以获得市场准入并合法运营，但这不应该成为排斥其他竞争者出现的理由。新兴行业、新的经营模式乃至新的经营主体的出现，必然会加剧竞争，可能会给原有的市场参与者带来不利影响，虽然竞争的加剧与从业者收入降低之间存在一定的因果关系，但这种现象属于市场经济竞争的自然结果，在行业竞争中失利不能简单将其等同于法律意义上的侵权。

竞争与侵权的区别不在于后果，而在于行为方式，即构成侵权的前提不是一方是否遭受了损失，而是另一方的行为是否正当，评价标准是基于法律、法规以及大众认可的商业规则和商业道德。是否构成侵权同样不能简单从因果关系上进行考量，即一方的出现导致另一方的收入降低，而应从具体经营行为上去评价，看其经营行为是否不当，或者说侵权的标准只能是不当经营行为与受损之间存在因果关系，而正常的竞争行为显然不属于不当经营行为。

## 普法提示

网约车的出现给传统出租车行业的经营和发展带来了挑战，客观上也加剧了包括传统出租车行业及出租车司机在内的租车行业的竞争，增加出租车司机的劳动强度、降低出租车司机的收入，这本质上是新旧两种经营模式之间竞争的产物，一种经营模式给其他经营模式及经营者、劳动者造成收入等方面积极或消极的影响，都是自由竞争的必然结果，而竞争不能被视为侵权。从社会经济发展的长远角度来看，原有的经营模式受到新的经营理念和经营模式的冲击和挑战，尤其是那些借助更有竞争力的现代科技力量的经营模式的出现更会对从事传统经营模式的经营者带来工作强度增加、收益减少等多方面的冲击，一些旧的经营模式（尤其是垄断型的经营模式）也必将被不断打破，这是市场经济发展的正常规律和必然要求，也是社会和经济发展的进步和趋势。面对新的挑战和竞争，传统经营者应从打破垄断式的传统思维、改革自身经营模式、提升竞争力等角度出发，努力适应新环境和新要求，以此来提高收入、平衡工作强度等，而不是通过诉讼方式来限制竞争或变相限制竞争，以此弥补损失、增加收入。

法律的本质目的是保障公民合法权益，同时也为经济发展保驾护航，法律和市场经济本身鼓励自由竞争，诉讼不应成为限制竞争或变相限制竞争的手段，这不符合立法的目的，亦不应为法律所保护和提倡。法律构建有序竞争的法治环境，促进和保护市场公平竞争，最终实现对经营者和消费者合法权益的保护。

案例五

# 重复起诉的认定

## ——对生效裁判不服能否重新起诉？

邹阿琴①

## 案情回顾

### （一）对生效判决不服，再次提起诉讼

许云与王强是夫妻关系，1995年两人共同承租了位于海淀区×街50号的房屋（以下简称50号房），在租赁期间，还共同在50号房旁边建了两间房。之后，两人经法院调解离婚，但未就50号房及自建房屋进行处理，离婚后许云继续居住在50号房内，户口也在50号房。2007年7月22日，王强与房地产开发公司签订《拆迁货币补偿协议》，同年8月2日房地产开发公司拆除了50号房屋，没有对许云进行货币补偿或提供回迁安置房。许云到法院起诉，要求房地产开发公司向她提供面积不小于30平方米的拆迁安置房。经过审理，法院判决房地产开发公司向许云支付补助费15万元，许云不服，提出上诉，二审维持原判。判决生效后，许云认为，房地产开发公司的拆除行为造成其无房可住，根据当时《限价商品房住房管理办法》，无房户、住房困难家庭可以优先配售购买两限房，因此再次到法院起诉要求房地产开发公司按照当年两限商品房的价格卖给其一套60平方米的房屋，如超出两限房的面积可按当年商品房的价格购买，诉讼费由房地产开发公司承担。

### （二）构成重复起诉，法院裁定不予受理

经过审查，法院认为，许云就其所诉房屋的补偿安置问题，已于2013

① 北京市海淀区人民法院立案庭（诉讼服务中心）。

年2月向法院提起过诉讼，法院已经进行审理并作出判决，该判决已生效并执行完毕。现在许云就相同事由再次起诉，构成重复起诉，不符合民事案件的受理条件，故依据《民事诉讼法》第一百一十九条、第一百二十三条，《最高人民法院关于适用〈中华人民共和国民事诉讼法〉的解释》第二百四十七条的规定，对许云的起诉裁定不予受理。

结合本案，我们要分析的法律问题是：如何认定是否构成重复起诉？

## 法理分析

### （一）禁止重复起诉的立法沿革

"禁止重复起诉"是民事诉讼中的重要原则，又称"一事不再理"原则，起源于罗马法的诉权消耗理论，意思是对于已经裁判并发生法律效力的案件，当事人的诉权已经消耗，不得再行提起诉讼，否则构成重复起诉。"禁止重复起诉"的原因主要有三个：一是出于司法资源有效利用考虑，司法机关对当事人之间的争议多次审理，会造成司法资源的重复浪费；二是重复起诉可能造成法院就同一事实作出相互矛盾的裁判，影响裁判的权威性；三是民事诉讼中当事人诉讼地位平等，享有平等的程序性权利，重复起诉行为会耗费对方当事人不必要的人力、物力。①

以2015年《最高人民法院关于适用〈中华人民共和国民事诉讼法〉的解释》为界限，禁止重复起诉原则在我国的建立和发展经历了一个从隐性禁止到显性禁止的过程。

之前，我国《民事诉讼法》一直遵循一事不再理原则，但在相关法律条文中并没有明确使用"禁止重复起诉"的表述：1982年《民事诉讼法（试行）》第八十四条第三项规定，"对判决、裁定已经发生法律效力的案件，当事人又起诉的，告知原告按申诉处理"。1991年《民事诉讼法》第

---

① 参见张卫平：《重复诉讼规制研究：兼论"一事不再理"》，载《中国法学》2015年第2期。

一百一十一条第五项规定，“对判决、裁定已发生法律效力的案件，当事人又起诉的，告知原告按申诉处理，但人民法院准许撤诉的裁定除外”。1992年《最高人民法院关于适用〈中华人民共和国民事诉讼法〉若干问题的意见》第一百四十二条规定：“裁定不予受理、驳回起诉的案件，原告再次起诉的，如果符合起诉条件，人民法院应予受理。”第一百四十四条规定：“当事人撤诉或人民法院按撤诉处理后，当事人以同一诉讼请求再次起诉的，人民法院应予受理。原告撤诉或者按撤诉处理的离婚案件，没有新情况、新理由，六个月内又起诉的，可比照民事诉讼法第一百一十一条第（七）项的规定不予受理。”2012年《民事诉讼法》第一百二十四条第五项规定：“对判决、裁定、调解书已经发生法律效力的案件，当事人又起诉的，告知原告申请再审，但人民法院准许撤诉的裁定除外。”

2015年《最高人民法院关于适用〈中华人民共和国民事诉讼法〉的解释》出台，明确禁止重复起诉，并对重复起诉的构成要件和处理原则作出了规定。《最高人民法院关于适用〈中华人民共和国民事诉讼法〉的解释》第二百四十七条规定：“当事人就已经提起诉讼的事项在诉讼过程中或者裁判生效后再次起诉，同时符合下列条件的，构成重复起诉：（一）后诉与前诉的当事人相同；（二）后诉与前诉的诉讼标的相同；（三）后诉与前诉的诉讼请求相同，或者后诉的诉讼请求实质上否定前诉裁判结果。当事人重复起诉的，裁定不予受理；已经受理的，裁定驳回起诉，但法律、司法解释另有规定的除外。”

### （二）重复起诉的适用情形

从《最高人民法院关于适用〈中华人民共和国民事诉讼法〉的解释》第二百四十七条的内容可以看出，我国禁止重复起诉制度适用于两种情况，一是当事人不得就法院已经受理且正在审理中的法律关系再次起诉；二是法院作出生效裁判后，出于生效裁判所具有的既判力约束，当事人不得就同一法律关系再次起诉。

在第一种情况下，如果原告就相同法律关系对被告再行提起一个诉讼请求相同的诉讼，将构成重复起诉；如果被告就同一法律关系对原告提起诉讼（包括反诉或独立之诉），若其在该法律关系上享有独立的诉的利益，则不属于重复起诉，应予受理。例如，买卖合同的卖方起诉买方要求依约给付货款，买方如果认为货物存在质量问题造成自身损失，提起反诉或独立之诉，要求卖方赔偿损失，这时因买方就同一法律关系享有独立的诉的利益，其起诉就不构成重复起诉。而且根据《最高人民法院关于适用〈中华人民共和国民事诉讼法〉的解释》第二百二十一条的规定，基于同一事实发生的纠纷，当事人分别向同一人民法院起诉的，人民法院可以合并审理。

在第二种情况下，当事人的争议一经法院作出实体裁判，对双方均产生拘束力，原告不得就同一争议另行起诉，被告同样不得另行起诉。

### （三）重复起诉的判断标准

#### 1. 后诉与前诉的当事人相同

当事人是进行民事诉讼的主体，法院所作出的终局判决对其有约束力，因而当事人是否相同是判断前后诉是否重复的当然要件。而根据《最高人民法院关于适用〈中华人民共和国民事诉讼法〉的解释》第二百四十九条、第二百五十条的相关规定①，除了判决效力所及的最直接的当事人不能重复起诉外，因民事法律行为导致民事权利转移时，转移后的受让人也要受原当事人已经完成的诉讼行为的约束，不能重复起诉。转移后的受让人包括诉讼担当人和当事人的继受人。诉讼担当人是指就他人的诉讼标的享有当事人的诉讼

---

① 《最高人民法院关于适用〈中华人民共和国民事诉讼法〉的解释》第二百四十九条规定：“在诉讼中，争议的民事权利义务转移的，不影响当事人的诉讼主体资格和诉讼地位。人民法院作出的发生法律效力的判决、裁定对受让人具有拘束力。受让人申请以无独立请求权的第三人身份参加诉讼的，人民法院可予准许。受让人申请替代当事人承担诉讼的，人民法院可以根据案件的具体情况决定是否准许；不予准许的，可以追加其为无独立请求权的第三人。”第二百五十条规定：“依照本解释第二百四十九条规定，人民法院准许受让人替代当事人承担诉讼的，裁定变更当事人。变更当事人后，诉讼程序以受让人为当事人继续进行，原当事人应当退出诉讼。原当事人已经完成的诉讼行为对受让人具有拘束力。”

实施权，从而为他人担当诉讼的人，例如破产管理人。当事人的继受人是指通过继受诉讼标的权利义务关系，从而承受当事人地位的人，包括因自然人当事人死亡或者法人、非法人团体当事人合并而发生的法定继受情形，也包括债权转让等引发的约定继受情形。在判断是否构成重复起诉时，转移后的受让人与原当事人具有同一性，受原当事人已经完成的诉讼行为的约束。

此外，有独立请求权的第三人因参加到他人的诉讼之中并提出了与他人不同的独立诉讼请求，故在诉讼中具有当事人的地位，也应受到禁止重复起诉规定的约束。而无独立请求权的第三人在诉讼中仅为辅助地位，其没有提出独立诉讼请求，故不属于禁止重复起诉的约束范围。

**2. 后诉与前诉的诉讼标的相同**

诉讼标的是当事人之间发生争议，请求法院予以审理的民事法律关系。诉讼标的不同于诉讼标的物，后者是指当事人双方权利义务指向的对象。例如，在房屋租赁合同纠纷中，诉讼标的是房屋租赁关系，而诉讼标的物是所租赁的房屋。诉讼标的也不同于诉讼请求，后者是向法院提出的，要求法院予以裁判的具体请求。诉讼标的是法院判定当事人是否重复起诉的重要根据。如果当事人前诉与后诉两者的起诉原因及诉讼请求所依据的基础法律关系完全不同，则不构成重复起诉。例如，甲从乙处借款5万元，同时甲又从乙处购买汽车，故又欠乙购车款5万元。对此，乙分别提起两个诉讼，诉讼请求都是要求甲给付5万元人民币。对于乙来说，这两个案件的当事人相同，诉讼请求相同，但这两个案件所依据的基础法律关系一个是借款合同关系，一个是买卖合同关系，法律关系不相同，故不构成重复起诉。

**3. 后诉与前诉的诉讼请求相同，或者后诉的诉讼请求实质上否定前诉裁判结果**

无论是正在进行的诉讼，还是已经发生法律效力的裁判，如果原告基于相同的基础法律关系，针对相同的被告再行提起诉讼，判断它是否属于重复起诉，就需要审查后诉与前诉的诉讼请求是否相同或者相排斥。“诉讼请求相同”是指后诉与前诉的具体诉讼请求全部相同或部分相同。只要诉讼请求存在相同部分，就构成重复起诉。“诉讼请求相排斥”是指后诉的诉讼请求实质上否定前诉的裁判结果。例如，对一份合同，甲方先起诉乙方要求确认合同无效，在合同被判定无效后，甲方又起诉乙方要求其继续履行合同，两者是相互矛盾的，从而构成重复起诉。如果当事人提起的后诉与前诉是基于相同的基础法律关系，但是两个诉的诉讼请求既不相同也不相排斥，就不构成重复起诉，人民法院对其后诉应予受理。例如，在房屋租赁合同纠纷中，出租人起诉要求承租人支付拖欠的房屋租金，判决生效后，出租人又起诉要求解除该房屋租赁合同，虽然两次起诉是基于相同的法律关系，但是两者的诉讼请求既不相同也不相排斥，因此不构成重复起诉。

### （四）重复起诉的例外情形

**1. 被裁定不予受理、驳回起诉的案件，可以再次起诉**

《最高人民法院关于适用〈中华人民共和国民事诉讼法〉的解释》第二百一十二条规定："裁定不予受理、驳回起诉的案件，原告再次起诉，符合起诉条件且不属于民事诉讼法第一百二十四条规定情形的，人民法院应予受理。"当事人提起诉讼后，如果因不符合立案条件被裁定不予受理、驳回起诉，因法院并未对当事人的民事纠纷进行实体审判，当事人的诉权未被消耗，实体权利未被处置，如果后续满足受理条件，仍然可以再次起诉。

**2. 一审撤诉的案件，可以再次起诉**

《最高人民法院关于适用〈中华人民共和国民事诉讼法〉的解释》第二百一十四条第一款规定："原告撤诉或者人民法院按撤诉处理后，原告以同一诉讼请求再次起诉的，人民法院应予受理。"一审原告提起诉讼后在审理终结前申请撤诉，被法院裁定准予的，或经传票传唤，无正当理由拒不到庭或未经法庭许可中途退庭，按撤诉处理的，因为不涉及对案件实体问题的处理，争议的民事法律关系并未获得最终确定，所以对于该类案件再行起诉应予以受理。

与之相比，在第二审人民法院判决宣告前，当事人可以申请撤回上诉，人民法院裁定准予撤回上诉的，原一审判决即生效，具有强制执行效力，双方当事人不得再就同一争议再次起诉。而根据《最高人民法院关于适用〈中华人民共和国民事诉讼法〉的解释》第三百三十八条的规定："在第二审程序中，原审原告申请撤回起诉，经其他当事人同意，且不损害国家利益、社会公共利益、他人合法权益的，人民法院可以准许。准许撤诉的，应当一并裁定撤销一审裁判。原审原告在第二审程序中撤回起诉后重复起诉的，人民法院不予受理。"第二审程序中，原审原告还可以申请撤回起诉，但因第一审法院已经对案件进行过审理和裁判，若允许当事人自由地因撤诉而使该判决及此前所有程序都归于无效，将造成司法资源的浪费，所以原审原告在第二审程序中撤回起诉后，重复起诉的，人民法院不予受理。

此外，劳动争议案件撤诉后也无法再次起诉。《最高人民法院关于人民法院对经劳动争议仲裁裁决的纠纷准予撤诉或驳回起诉后劳动争议仲裁裁决从何时起生效的解释》第一条规定："当事人不服劳动争议仲裁裁决向人民法院起诉后又申请撤诉，经人民法院审查准予撤诉的，原仲裁裁决自人民法院裁定送达当事人之日起发生法律效力。"如果劳动争议案件中当事人撤诉之后可以再起诉，会造成仲裁裁决的效力长期处于一种不确定的状态，极易产生恶意诉讼，且不能及时有效地保护当事人的合法权益。所以，劳动争议案件作出准予撤诉裁定后，原仲裁裁决发生法律效力，原告不能对已生效的仲裁裁决向人民法院起诉，再次起诉的，法院将不予受理。

**3. 涉及人身关系的民事案件，可以视情况重新起诉**

按照《民事诉讼法》的相关规定，原告撤诉或者按撤诉处理的离婚案件、判决不准离婚和调解和好的离婚案件，以及判决、调解维持收养关系的案件，在没有新情况、新理由的情况下，原告在六个月内又起诉的，人民法院不予受理。但如果有新情况、新理由，原告可以不受六个月期限的限制。赡养费、扶养费、抚育费案件，裁判发生法律效力后，如果有新情况、新理由，例如被赡养人、被扶养人、被抚育人突发疾病有大额医疗费支出，或产生了大额的合理的教育开支，需要赡养人、扶养人、抚育人分担的，或赡养人、扶养人、抚育人因自身经济情况发生突变，致使无力承受原判确定的赡养费、扶养费、抚育费金额的，当事人起诉要求增加或者减少费用的，不属于重复起诉。[①]

**4. 裁判发生法律效力后，发生新的事实，可以再次起诉**

《最高人民法院关于适用〈中华人民共和国民事诉讼法〉的解释》第二百四十八条规定："裁判发生法律效力后，发生新的事实，当事人再次提起诉讼的，人民法院应当依法受理。""新发生的事实"不等于"新发现的事实"。以2018年最高人民法院审理的一起建设工程施工合同纠纷案件为例[②]，上诉人中建八局第四建设有限公司（以下简称中建八局）因建设工程施工合同纠纷一案，对辽宁省高级人民法院认定其重复起诉并裁定不予受理不服，向最高人民法院提起上诉，请求撤销不予受理民事裁定书，指令一审法院立案受理。中建八局主张，该案的前诉经过一审、二审程序，两审法院以其未提供工程造价鉴定相关证据为由判决驳回诉讼请求。现其调取了《工程造价鉴定报告》，新的证据能够证明案件事实，本诉应依法作为新的案件受理，不违背一事不再理的原则。对此，最高人民法院认为，关于中建八局提交的《工程造价鉴定报告》是否属于"新的事实"的问题，《最高人民法院关于适用〈中华人民共和国民事诉讼法〉的解释》第二百四十八条规定："裁判发生法律效力后，发生新的事实，当事人再次提起诉讼的，人民法院应当依法受理。"本案中，中建八局以《工程造价鉴定报告》属于本条中规定的"新的事实"为由提起上诉，但是"新的事实"应为生效判决发生法律效力后发生的事实，本案中的《工程造价鉴定报告》是在生效判决发生法律效力以前作出的，故不属于"新的事实"。并认定一审法院不

---

① 《最高人民法院关于适用〈中华人民共和国民事诉讼法〉的解释》第二百一十四条第二款规定："原告撤诉或者按撤诉处理的离婚案件，没有新情况、新理由，六个月内又起诉的，比照民事诉讼法第一百二十四条第七项的规定不予受理。"《民事诉讼法》第一百二十四条第七项规定："判决不准离婚和调解和好的离婚案件，判决、调解维持收养关系的案件，没有新情况、新理由，原告在六个月内又起诉的，不予受理。"《最高人民法院关于适用〈中华人民共和国民事诉讼法〉的解释》第二百一十八条规定："赡养费、扶养费、抚育费案件，裁判发生法律效力后，因新情况、新理由，一方当事人再行起诉要求增加或者减少费用的，人民法院应作为新案受理。"

② 参见最高人民法院（2018）最高法民终1130号中建八局第四建设有限公司建设工程施工合同纠纷二审民事裁定书。

予受理中建八局的本次起诉并无不当，裁定驳回上诉，维持原裁定。

“新的事实”指的是生效判决发生法律效力后新发生的事实。发生于裁判生效之后的事实，因未被生效判决所确认，所以再次起诉不受重复起诉禁止的约束。如果是生效判决发生法律效力之前就存在的事实，但判决生效后才发现的，当事人可以通过提起再审的方式对判决内容予以纠正。

## 知识拓展

### （一）当事人对法院的生效判决不服该如何救济？

**1. 申请再审**

《民事诉讼法》第一百九十九条规定：“当事人对已经发生法律效力的判决、裁定，认为有错误的，可以向上一级人民法院申请再审；当事人一方人数众多或者当事人双方为公民的案件，也可以向原审人民法院申请再审。当事人申请再审的，不停止判决、裁定的执行。”

**2. 申请检察院抗诉**

《民事诉讼法》第二百零九条规定：“有下列情形之一的，当事人可以向人民检察院申请检察建议或者抗诉：（一）人民法院驳回再审申请的；（二）人民法院逾期未对再审申请作出裁定的；（三）再审判决、裁定有明显错误的。人民检察院对当事人的申请应当在三个月内进行审查，作出提出或者不予提出检察建议或者抗诉的决定。当事人不得再次向人民检察院申请检察建议或者抗诉。”

### （二）禁止重复起诉的延伸：对仲裁裁决不服能否起诉？

仲裁和诉讼是解决争议的两种不同的途径。仲裁裁决分为两种：一是民商事仲裁，主要受《仲裁法》及相关法律规范的调整；二是劳动仲裁，主要受《劳动法》及相关法律规范的调整。

**1. 民商事仲裁**

《仲裁法》第二条规定：“平等主体的公民、法人和其他组织之间发生的合同纠纷和其他财产权益纠纷，可以仲裁。”第三条规定：“下列纠纷不能仲裁：（一）婚姻、收养、监护、扶养、继承纠纷；（二）依法应当由行政机关处理的行政争议。”第七十七条规定：“劳动争议和农业集体经济组织内部的农业承包合同纠纷的仲裁，另行规定。”可见，民商事仲裁的适用范围是平等主体的公民、法人和其他组织之间发生的合同纠纷和其他财产纠纷。婚姻、收养、监护、抚养、继承纠纷，依法应当由行政机关处理的行政争议、劳动争议与农业集体经济组织内部的农业承包合同纠纷不适用仲裁法。

《最高人民法院关于适用〈中华人民共和国民事诉讼法〉的解释》第二百一十五条规定：“……当事人在书面合同中订有仲裁条款，或者在发生纠纷后达成书面仲裁协议，一方向人民法院起诉的，人民法院应当告知原告向仲裁机构申请仲裁，其坚持起诉的，裁定不予受理，但仲裁条款或者仲裁协议不成立、无效、失效、内容不明确无法执行的除外。”《仲裁法》第九条第一款规定：“仲裁实行一裁终局的制度。裁决作出后，当事人就同一纠纷再申请仲裁或者向人民法院起诉的，仲裁委员会或者人民法院不予受理。”因此，如果当事人事先选择了仲裁解决纠纷，仲裁裁决作出之后，就不能再就该纠纷向法院起诉。

但《仲裁法》第五十八条同时规定：“当事人提出证据证明裁决有下列情形之一的，可以向仲裁委员会所在地的中级人民法院申请撤销裁决：（一）没有仲裁协议的；（二）裁决的事项不属于仲裁协议的范围或者仲裁委员会无权仲裁的；（三）仲裁庭的组成或者仲裁的程序违反法定程序的；（四）裁决所根据的证据是伪造的；（五）对方当事人隐瞒了足以影响公正裁决的证据的；（六）仲裁员在仲裁该案时有索贿受贿，徇私舞弊，枉法裁决行为的。”

因此，如果当事人有证据证明裁决有上述情形的，可以先向法院申请撤销仲裁结果，如果法院撤销了仲裁结果，则可以根据双方当事人重新达成的仲裁协议申请重新进行仲裁，也可以直接向人民法院起诉。[①]

---

① 《仲裁法》第九条第二款规定：“裁决被人民法院依法裁定撤销或者不予执行的，当事人就该纠纷可以根据双方重新达成的仲裁协议申请仲裁，也可以向人民法院起诉。”

### 2. 劳动仲裁

根据《劳动争议调解仲裁法》第五条“发生劳动争议，当事人不愿协商、协商不成或者达成和解协议后不履行的，可以向调解组织申请调解；不愿调解、调解不成或者达成调解协议后不履行的，可以向劳动争议仲裁委员会申请仲裁；对仲裁裁决不服的，除本法另有规定的外，可以向人民法院提起诉讼”的规定，劳动争议属于仲裁前置案件。一般情况下，发生劳动纠纷后要先经过劳动争议仲裁委员会的仲裁，劳动者或用人单位如果对劳动争议仲裁委员会作出的仲裁裁决不服，可以自收到仲裁裁决书之日起十五日内向人民法院提起诉讼。[①] 在某些特定情况下，劳动者也可以不经过仲裁而直接向法院提起诉讼追索劳动报酬。[②]

但《劳动争议调解仲裁法》第四十七条规定：“下列劳动争议，除本法另有规定的外，仲裁裁决为终局裁决，裁决书自作出之日起发生法律效力：（一）追索劳动报酬、工伤医疗费、经济补偿或者赔偿金，不超过当地月最低工资标准十二个月金额的争议；（二）因执行国家的劳动标准在工作时间、休息休假、社会保险等方面发生的争议。”因此，针对上述一裁终局的劳动争议案件，劳动者一方可以自收到仲裁裁决书之日起十五日内向人民法院提起诉讼，但用人单位不能以不服裁决为由再向法院提起诉讼。

当然，一裁终局的劳动争议案件也存在用人单位可以向法院提起诉讼的例外情况：在发现仲裁裁决适用法律、法规确有错误、违反法定程序等六种法定情形下，用人单位可以自收到仲裁裁决书之日起三十日内向劳动争议仲

---

① 《劳动争议调解仲裁法》第四十八条规定：“劳动者对本法第四十七条规定的仲裁裁决不服的，可以自收到仲裁裁决书之日起十五日内向人民法院提起诉讼。”

② 《最高人民法院关于审理劳动争议案件适用法律若干问题的解释（一）》第十五条规定：“劳动者以用人单位的工资欠条为证据直接提起诉讼，诉讼请求不涉及劳动关系其他争议的，视为拖欠劳动报酬争议，人民法院按照普通民事纠纷受理。”

裁委员会所在地的中级人民法院行使撤销权。[①]如果仲裁裁决被人民法院裁定撤销的，劳动者和用人单位任何一方都可以自收到撤销裁决的裁定书之日起十五日内就该劳动争议事项向人民法院提起诉讼。

## 普法提示

禁止重复起诉是我国民事诉讼法的重要原则。当事人就已经提起诉讼的事项在诉讼过程中或者裁判生效后再次起诉，同时符合下列条件的，构成重复起诉：（1）后诉与前诉的当事人相同；（2）后诉与前诉的诉讼标的相同；（3）后诉与前诉的诉讼请求相同，或者后诉的诉讼请求实质上否定前诉裁判结果。当事人重复起诉的，法院将裁定不予受理；已经受理的，将裁定驳回起诉。

被裁定不予受理、驳回起诉的案件，以及一审程序中准予撤诉或者按撤诉处理的案件，当事人可以再次起诉。但原告撤诉或者按撤诉处理的离婚案件、判决不准离婚和调解和好的离婚案件，以及判决、调解维持收养关系的案件，在没有新情况、新理由的情况下，原告在六个月内又起诉的，人民法院不予受理。如果有新情况、新理由，原告可以不受六个月期限的限制。赡养费、扶养费、抚育费案件，裁判发生法律效力后，如果有新情况、新理由，当事人起诉要求增加或者减少费用的，不属于重复起诉。当事人对法院的生效裁判不服，不可以重复起诉，而应通过申请再审、申请检察院抗诉的方式

---

① 《劳动争议调解仲裁法》第四十九条规定："用人单位有证据证明本法第四十七条规定的仲裁裁决有下列情形之一，可以自收到仲裁裁决书之日起三十日内向劳动争议仲裁委员会所在地的中级人民法院申请撤销裁决：（一）适用法律、法规确有错误的；（二）劳动争议仲裁委员会无管辖权的；（三）违反法定程序的；（四）裁决所根据的证据是伪造的；（五）对方当事人隐瞒了足以影响公正裁决的证据的；（六）仲裁员在仲裁该案时有索贿受贿、徇私舞弊、枉法裁决行为的。人民法院经组成合议庭审查核实裁决有前款规定情形之一的，应当裁定撤销。仲裁裁决被人民法院裁定撤销的，当事人可以自收到裁定书之日起十五日内就该劳动争议事项向人民法院提起诉讼。"

进行救济。但对裁判发生法律效力后，又发生新的事实的案件，还可以再次提起诉讼。

仲裁和诉讼是解决争议的两种不同的途径。当事人对民商事仲裁结果不服的，可以先向法院申请撤销仲裁结果，如果法院撤销了仲裁结果，则可以根据双方当事人重新达成的仲裁协议申请重新进行仲裁，也可以直接向人民法院起诉；对劳动争议案件的仲裁结果不服的，当事人一般可以自收到仲裁裁决书之日起十五日内向人民法院提起诉讼，若属于一裁终局的劳动争议案件，用人单位一方只有在符合特定条件的情况下，先向法院申请撤销仲裁裁决，等仲裁裁决被人民法院裁定撤销后，才可以自收到裁定书之日起十五日内就该劳动争议事项向人民法院提起诉讼。

案例六

# 对单位间的往来函件能否提起行政诉讼？

刘艳新　杨阳[①]

## 案情回顾

### （一）考试卷雷同成绩被取消

2017年9月，林天天报名参加了2017年一级建造师执业资格考试，考试科目为建设工程法规及相关知识、专业工程管理与实务（机电工程）。2017年9月16日和17日，林天天参加了考试。成绩公布后，林天天考得121.5分。2018年1月12日，H省人事考试局依据人力资源和社会保障部人事考试中心《关于2017年度一级建造师资格考试雷同答卷认定和处理有关问题的通知》，取消了林天天的一科考试成绩。

这个处理结果令林天天难以接受。2018年3月7日，林天天向H省人力社会保障厅提起行政复议。他在复议中得知，住房和城乡建设部执业资格注册中心于2018年1月4日向人力资源和社会保障部人事考试中心发送了《关于交付2017年度全国一级建造师执业资格考试证务科目主观题雷同卷筛查结果的函》，函件中认定林天天实务科目主观题涉违规雷同试卷，并附有林天天的信息和成绩。据此，人力资源和社会保障部人事考试中心于2018年1月12日下发《关于2017年度一级建造师资格考试雷同答卷认定和处理有关问题的通知》，认定林天天专业工程管理与实务（机电工程）试卷考试成绩无效。

### （二）要求认定函件错误法院裁定不予立案

林天天认为，自己正常参加考试，遵守考场考试纪律，不存在任何违法

① 刘艳新，北京市海淀区人民法院立案庭（诉讼服务中心）。杨阳，北京市海淀区人民法院立案庭（诉讼服务中心）。

违纪违规行为，考试成绩系自己刻苦努力的结果。现住房和城乡建设部执业资格注册中心向人力资源和社会保障部人事考试中心发函认定自己试卷涉违规雷同，没有事实和证据，属于认定错误，应予以纠正。因此，林天天以住房和城乡建设部执业资格注册中心为被告，向法院提起行政诉讼，请求法院判决：（1）住房和城乡建设部执业资格注册中心对林天天机电工程考试试卷作出的主观题涉违规雷同试卷的认定行为错误；（2）要求住房和城乡建设部执业资格注册中心限期发函人力资源和社会保障部人事考试中心认定起诉人专业工程管理与实务（机电工程）试卷正常成绩有效。

一审法院经审查认为，公民、法人或者其他组织认为行政机关和行政机关工作人员的行政行为侵犯其合法权益，有权依法向人民法院提起行政诉讼，其起诉应当属于人民法院受案范围和受诉人民法院管辖，符合法定的起诉条件。本案中住房和城乡建设部执业资格注册中心向人力资源和社会保障部人事考试中心出具的《关于交付 2017 年度全国一级建造师执业资格考试实务科目主观题雷同卷筛查结果的函》及复核回函，上述函件系住房和城乡建设部执业资格注册中心对雷同卷进行调查核实的内部行为，并非针对林天天作出的行政行为，该行为不产生外部法律效力，因此，林天天所诉事项不属于行政诉讼受案范围。依照《行政诉讼法》第四十九条第四项之规定，裁定对林天天的起诉不予立案。

林天天不服一审裁定，上诉至中级人民法院。中级人民法院经审查认为，根据《最高人民法院关于适用〈中华人民共和国行政诉讼法〉的解释》第一条第二款第五项规定，行政机关作出的不产生外部法律效力的行为不属于人民法院行政诉讼受案范围。本案中，《关于交付 2017 年度全国一级建造师执业资格考试实务科目主观题雷同卷筛查结果的函》及复核回函是住房和城乡建设部执业资格注册中心向人力资源和社会保障部人事考试中心出具的，系住房和城乡建设部执业资格注册中心对雷同卷进行调查核实的内部行为，不产生外部法律效力，对上诉人林天天产生法律效力的行为已由其他主管行政机关作出，故林天天所诉事项不属于行政诉讼受案范围，对其上诉请求不予支持，一审法院对林天天的行政起诉裁定不予立案的处理正确。据此，根据《行政诉讼法》第八十九条第一款第一项之规定，裁定驳回上诉，维持原裁定。

本案是因考生不服住房和城乡建设部执业资格注册中心向人力资源和社会保障部人事考试中心发送的《关于交付2017年度全国一级建造师执业资格考试实务科目主观题雷同卷筛查结果的函》而引发，其引出的法律问题是，单位之间发送函件的行为是否属于可以被诉的行政行为？

## 法理分析

2018年2月8日，《最高人民法院关于适用〈中华人民共和国行政诉讼法〉的解释》正式施行。相较于2000年3月10日起施行的《最高人民法院关于执行〈中华人民共和国行政诉讼法〉若干问题的解释》，2018年《最高人民法院关于适用〈中华人民共和国行政诉讼法〉的解释》第一条扩大了行政诉讼不予立案的范围，对不属于人民法院行政诉讼受案范围的情形进行了列举，明确规定行政机关作出的不产生外部法律效力的行为不属于人民法院行政诉讼的受案范围。[①] 上述案例中，住房和城乡建设部执业资格注册中心向人力资源和社会保障部人事考试中心发送的《关于交付2017年度全国一级建造师执业资格考试实务科目主观题雷同卷筛查结果的函》即属于不产生

---

① 《最高人民法院关于适用〈中华人民共和国行政诉讼法〉的解释》第一条规定："公民、法人或者其他组织对行政机关及其工作人员的行政行为不服，依法提起诉讼的，属于人民法院行政诉讼的受案范围。下列行为不属于人民法院行政诉讼的受案范围：（一）公安、国家安全等机关依照刑事诉讼法的明确授权实施的行为；（二）调解行为以及法律规定的仲裁行为；（三）行政指导行为；（四）驳回当事人对行政行为提起申诉的重复处理行为；（五）行政机关作出的不产生外部法律效力的行为；（六）行政机关为作出行政行为而实施的准备、论证、研究、层报、咨询等过程性行为；（七）行政机关根据人民法院的生效裁判、协助执行通知书作出的执行行为，但行政机关扩大执行范围或者采取违法方式实施的除外；（八）上级行政机关基于内部层级监督关系对下级行政机关作出的听取报告、执法检查、督促履责等行为；（九）行政机关针对信访事项作出的登记、受理、交办、转送、复查、复核意见等行为；（十）对公民、法人或者其他组织权利义务不产生实际影响的行为。"

外部法律效力的行为。下文进行具体分析。

### （一）住房和城乡建设部执业资格注册中心的主体资格分析

住房和城乡建设部执业资格注册中心于1996年4月经中央机构编制委员会办公室批准成立，正式组建于1996年12月，是建设部直属事业单位，其职能包括组织实施全国一级建造师执业资格考试工作；负责全国一级建造师的注册管理工作；负责二级建造师执业资格考试命题工作；负责二级建造师注册信息备案工作；协助建设行政主管部门检查、监督一级建造师注册人员的执业行为。

从住房和城乡建设部执业资格注册中心的性质分析，其是建设部直属事业单位。《行政诉讼法》第二条规定：“公民、法人或者其他组织认为行政机关和行政机关工作人员的行政行为侵犯其合法权益，有权依照本法向人民法院提起诉讼。前款所称行政行为，包括法律、法规、规章授权的组织作出的行政行为。”从法律规定可以看出，能够成为行政诉讼被告的应为行政机关，或经法律、法规、规章授权后实施行政行为的有关组织。而住房和城乡建设部执业资格注册中心并非行政机关，其成为行政诉讼被告的前提条件，是实施相应法律、法规、规章授权的行为，如并非法律、法规、规章授权而作出的行为，不属于可以被诉的行政行为，其本身亦不能成为行政诉讼的被告。那么，本案中，该中心出具《关于交付2017年度全国一级建造师执业资格考试实务科目主观题雷同卷筛查结果的函》的行为是不是法律、法规、规章授权而作出的行为呢？

### （二）住房和城乡建设部执业资格注册中心作出的行为分析

2018年2月22日，H省人事考试局作出《专业技术人员资格考试成绩无效处理决定书》，决定给予林天天专业工程管理与实务科目考试成绩无效的处理。实际上，上述决定书是对林天天产生法律效力的行为。林天天对该处理决定不服，以H省人事考试局为被申请人向H省人力资源和社会保障厅提起行政复议，经H省人力资源和社会保障厅作出行政复议决定予以维持。后林天天以H省人事考试局、H省人力资源和社会保障厅为共同被告，向当地人民法院提起行政诉讼，当地人民法院受理了林天天的起诉，并经审理作出了行政判决书，因此，林天天对其成绩被H省人事考试局认定为无效的行政行为已通过司法途径解决。

该行政判决书显示，林天天于2017年9月17日报名参加2017年度全国一级建造师资格考试主观题《专业工程管理与实务（机电工程）》科目。2018年1月22日，H省人事考试局作出《专业技术人员资格考试成绩无效处理告知书》。2018年1月23日，林天天向H省人事考试局提出申辩。2018年2月22日，H省人事考试局作出陈述申辩答复，同日作出《专业技术人员资格考试成绩无效处理决定书》。2018年1月4日，住房和城乡建设部执业资格注册中心向人社部考试中心出具《关于交付2017年度全国一级建造师执业资格考试实务科目主观题雷同卷筛查结果的函》，载明："……就一级建造师考试疑似泄题事件后续工作，根据公安部门提供的涉案检材，组织命审题专家制定了与涉案检材作答高度一致、有明显错误特征点以及同错点的雷同卷认定标准。筛查方式实行了评分员初步筛选、专家逐题进行甄别及复核的两步筛选工作程序，最终确定三个实务科目主观题涉违规雷同试卷共计2525份……"等内容，并附具名单。2018年1月12日，人力资源和社会保障部人事考试中心作出《关于2017年度一级建造师资格考试雷同答卷认定和处理有关问题的通知》（人考中心函〔2018〕2号）。2018年2月6日，住房和城乡建设部执业资格注册中心向人力资源和社会保障部人事考试中心复函，称：经复核，430名申辩人员的雷同认定结果无变化，并出具情况汇总表。当地法院认为，H省人事考试局作出处理决定行为事实清楚，证据确凿，适用法律、法规正确，符合法定程序，应予以维持。H省人力资源和社会保障厅在法定期限内作出《行政复议决定书》，事实清楚，适用法律正确，应予维持，最终判决驳回林天天的诉讼请求。二审法院对一审判决予以维持。

据此可知，住房和城乡建设部执业资格注册中心根据公安部门提供的相关材料，对2017年一级建造师执业资格考试三个实务科目主观题涉违规雷同试卷作出复查、复核，向人力资源和社会保障部人事考试中心出具《关于交付 2017 年度全国一级建造师执业资格考试实务科目主观题雷同卷筛查结果的函》及复核回函。上述函件系住房和城乡建设部执业资格注册中心对雷同卷进行调查核实的内部行为，并非根据法律、法规、规章授权而针对具体的考试人员作出的行政行为，该行为不产生外部效力，不属于可诉的行政行为。

## 知识拓展

内部行政行为，是指行政主体针对行政组织系统内部的机构或公务员所作的具体行政行为。[①] 如行政机关内部的沟通、报批、人事任免等行为。外部行政行为，则是指行政主体针对行政组织系统以外的公民、法人或其他组织所作的具体行政行为。[②] 一般来说，内部行政行为不产生外部效力，不属于可诉的行政行为。《最高人民法院关于适用〈中华人民共和国行政诉讼法〉的解释》第一条第二款第五项明确规定，行政机关作出的不产生外部法律效力的行为，不属于人民法院行政诉讼的受案范围。下文将介绍几种常见的不属于人民法院行政诉讼受案范围的内部行为。

### （一）行政机关内部请示批复行为

行政机关内部请示批复行为是一种典型的内部行政行为，不可提起行政诉讼。下面介绍一则相关案例。

林小霞以某镇政府为被告，向法院提起行政诉讼。林小霞诉称，2006 年她与区政府的直属办公室签订甲村房屋的购房协议，其中第六条中办公室承诺为申请人办理核发商品房房屋所有权证。但十几年过去了，经林小霞了解，办公室并没有为她办理商品房房屋所有权证的相关手续。2018 年 3 月 22 日，

---

① 姜明安主编：《行政法与行政诉讼法》（第五版），北京大学出版社、高等教育出版社 2011 年版，第 199–200 页。

② 姜明安主编：《行政法与行政诉讼法》（第五版），北京大学出版社、高等教育出版社 2011 年版，第 199 页。

林小霞以快递方式向镇政府提交政府信息公开申请，要求获取镇政府《关于实施〈甲村遗留问题统筹解决方案〉的批复》。2018 年 5 月 4 日，林小霞收到镇政府的政府信息公开告知书，得到上述批复。后林小霞得知，2012 年 12 月 4 日，镇政府、甲村党支部、甲村村民委员会联合制作出《甲村遗留问题统筹解决方案》，并且加盖了甲村村民委员会印章。2012 年 12 月 24 日，甲村村民委员会组织村民代表对《甲村遗留问题统筹解决方案》进行了表决通过，并作出甲村村民委员会《关于实施〈甲村遗留问题统筹解决方案〉的请示》，将其提交给镇政府。2012 年 12 月 26 日，镇政府作出《关于实施〈甲村遗留问题统筹解决方案〉的批复》。之后，甲村村民委员会依据镇政府《关于实施〈甲村遗留问题统筹解决方案〉的批复》对甲村村民的房屋进行拆除。

林小霞认为，镇政府参加、指挥、制作《甲村遗留问题统筹解决方案》工作，并且自我批复，干预甲村拆迁的行为，已严重侵害了林小霞的合法权益，故将镇政府作为被告诉至法院，请求确认镇政府于 2012 年 12 月 26 日作出的《关于实施〈甲村遗留问题统筹解决方案〉的批复》违法，并对该批复所依据的规范性文件的合法性进行审查。

一审法院经审查认为，公民、法人或者其他组织认为行政机关和行政机关工作人员的行政行为侵犯其合法权益，有权依法向人民法院提起行政诉讼，其起诉应当属于人民法院受案范围和受诉人民法院管辖，符合法定的起诉条件。起诉人所诉《关于实施〈甲村遗留问题统筹解决方案〉的批复》，系镇政府对甲村村委会所报请的《甲村遗留问题统筹解决方案》的批复，该批复系行政机关内部请示批复行为，对林小霞的权利义务不产生实际影响。因此，林小霞所诉事项不属于人民法院行政诉讼的受案范围，对其起诉裁定不予立案。后林小霞对一审裁定不服，上诉至中级人民法院。中级人民法院最终裁定驳回上诉，维持原裁定。

### （二）单位内部人事管理行为

单位对内部人员的人事管理行为，亦不属于可以被诉的行政行为。下面介绍一则相关案例。

曹一一以A部某研究所人事处为被告，向法院提起行政起诉。曹一一诉称：其早期由A部某局（后并入A部某研究所）外派工作，其于2006年5月30日向A部某研究所人事处提出了退休的书面申请，但研究所人事处以曹一一档案里有《退职登记表》为由不履行职责。曹一一认为，该《退职登记表》系伪造，且曹一一对此并不知情。研究所人事处违反法律规定剥夺了其依法退休并享有相关待遇的权利。现其起诉要求：（1）依法确认曹一一申请退休时符合法定退休条件；（2）依法确认《退职登记表》违法、无效，应予撤销；（3）依法确认研究所人事处行为违反相关法律规定；（4）依法判令研究所人事处撤销《退职登记表》及相关材料；（5）依法判令研究所人事处及时为曹一一办理退休等报批手续，并逐月发放规定的退休金；（6）研究所人事处赔偿退休金及利息损失，并赔偿精神损害抚慰金。

一审法院经审查认为，公民、法人或者其他组织提起行政诉讼，应当属于人民法院受案范围和受诉人民法院管辖。起诉人曹一一因其与单位人事处之间的退休争议诉至法院，其所诉请求均不属于人民法院行政案件的受案范围。据此，裁定对曹一一的起诉不予立案。后曹一一不服，上诉至中级人民法院。中级人民法院裁定驳回上诉，维持原裁定。

该案是一起较为典型的对单位内部人事管理行为提起行政诉讼的案例。《行政诉讼法》第二条规定："公民、法人或者其他组织认为行政机关和行政机关工作人员的行政行为侵犯其合法权益，有权依照本法向人民法院提起诉讼。前款所称行政行为，包括法律、法规、规章授权的组织作出的行政行为。"本案中，研究所人事处本身并非行政机关，其对曹一一的退休事项的审批行为虽然对曹一一本人产生实际影响，但该行为属于单位内部的人事管理行为，并非基于法律、法规、规章授权作出的行政行为，不产生外部效力，对该行为的起诉不属于行政诉讼的受案范围。

近些年来，高等院校由于学位授予、学籍管理等行为成为行政诉讼的被告已不是新鲜事。尽管高等院校的性质是事业单位，并非国家行政机关，但根据法律规定，若高等院校实施了《教育法》《高等教育法》等法律、法规、规章授权的行政行为，这类行为属于可诉的行政行为，高等院校亦可成为行政诉讼的被告。但是，并非高等院校作出的所有行为均可纳入行政诉讼的受理范围，例如，高等院校对内作出的人事管理行为，不属于行政诉讼受案范围。下面介绍一则相关案例。

孙苗苗以B大学为被告，向法院提起行政诉讼。孙苗苗诉称：其从1999年应聘到B大学附属小学担任教师工作，人事档案被调到B大学单位至今。其在2016年9月20日参加与B大学附属小学之间的劳动人事争议案件庭审时，从B大学提交的证据中首次看到B大学于2015年4月8日出具《B大学劳动能力鉴定表》《干部退休审核表》。孙苗苗认为，B大学在未通知其做劳动能力鉴定和批准被办理退休的情况下出具《B大学劳动能力鉴定表》《干部退休审核表》是违法行使行政机关职权的具体行政行为，故诉至法院，请求撤销B大学于2015年4月8日作出的《B大学劳动能力鉴定表》《干部退休审核表》。

一审法院经审查认为，B大学并非国家行政机关，其对起诉人作出的劳动能力鉴定及提前退休决定属于学校内部人事管理行为而非行政行为，起诉人所诉事项不属于行政诉讼受案范围，不符合起诉条件。据此裁定对孙苗苗的起诉不予立案。孙苗苗不服一审法院裁定，向中级人民法院提起上诉。中级人民法院裁定驳回上诉，维持原裁定。

### （三）行政机关内部会议纪要

行政机关内部会议纪要也是一种典型的内部行政行为。会议纪要本身不是具体行政行为，尚需要其他职能部门作出具体行政行为才能实现，并未直接对外产生法律效力，故对行政机关内部会议纪要提起的诉讼不属于人民法院行政诉讼的受案范围。下面介绍一则典型案例。

孙小天、刘小雨向法院申请再审称，某县政府《关于A区域安置点规划调整的纪要》系具有强制力的行政决定，虽以内部公文形式作出，但从内容上看，是针对特定主体和事项，明确取消了A区域自建安置点，并要求必须贯彻执行，已经外化并对孙小天、刘小雨权益产生实际影响。一审、二审裁定驳回起诉，认定事实不清，适用法律错误。请求撤销二审裁定，依法再审本案。

法院经审查认为，《最高人民法院关于适用〈中华人民共和国行政诉讼法〉的解释》第一条第二款第五项规定，行政机关作出的不产生外部法律效力的行为，不属于人民法院行政诉讼的受案范围。本案中，县政府就A区域拆迁安置点规划调整事宜作出《县人民政府关于A区域安置点规划调整的纪要》，县住房和城乡建设局、镇政府根据《县人民政府关于A区域安置点规划调整的纪要》，先后作出通知，停止A区域安置点自建安置房的审批，已审批的自建安置房停止建设。县规划建设管理委员会就A区域安置点自建拆迁户安置问题向县政府上报请示后，镇政府重新制定了《房屋征收与补偿协议之补充协议》范本合同，自建拆迁户可在四种方式中择一安置。故《县人民政府关于A区域安置点规划调整的纪要》仅系行政机关内部会议决定，尚需各职能部门作出具体行政行为才能实现，并未直接对外产生法律效力。孙小天、刘小雨诉请撤销《县人民政府关于A区域安置点规划调整的纪要》中"取消A区域自建安置点"的决定，不属于人民法院行政诉讼受案范围。一审、二审裁定驳回起诉，并无不当。孙小天、刘小雨申请再审的理由不能成立，法院不予支持。最终法院裁定驳回孙小天、刘小雨的再审申请[①]。

## 普法提示

《行政诉讼法》第二条规定，公民、法人或者其他组织认为行政机关和行政机关工作人员的行政行为侵犯其合法权益，有权依照本法向人民法院提起诉讼。前款所称行政行为，包括法律、法规、规章授权的组织作出的行政行为。

该条规定是行政诉讼受案范围的原则性规定。从该条规定可知，成为行政诉讼被告的前提条件，是行政机关和行政机关工作人员实施了行政行为，或法律、法规、规章授权的组织实施了行政行为。《最高人民法院关于适用

① 详见最高人民法院（2019）最高法行申11399号行政裁定书。

〈中华人民共和国行政诉讼法〉的解释》第一条对不属于行政诉讼受案范围的行为进行了列举。

在许多老百姓朴素的法律观念中，行政诉讼就是“民告官”，只要是某个机关作出的特定行为，就可以对此行为提起行政诉讼。但是，某个特定行为是否属于可诉的行政行为，需要具体分析。本文几个案例均表明，对外性是可诉的行政行为重要特征之一。是否属于可诉的行政行为，应当考察该行为是否具有对外性、是否属于行政主体作出的行为、是否具有处分性等。[①] 非行政机关依据法律、法规、规章授权作出的行政行为，是否具有可诉性，也要考察上述因素。

① 最高人民法院行政审判庭编著:《最高人民法院行政诉讼法司法解释理解与适用》（上），人民法院出版社 2018 年版，第 53 页。

案例七

# 街道办事处可以担任监护人吗？

杨阳[①]

## 案情回顾

今年40岁的李娟娟，出生后即因遗传问题被诊断出大脑发育迟缓，2009年10月被残疾人联合会确认为精神残疾二级。李娟娟的母亲患有精神疾病，二十年前走失，至今下落不明。李娟娟没有结婚，也没有兄弟姐妹，父亲是她唯一的亲人，两人一直相依为命。李娟娟因精神疾病，无法正确表达自己的意思，生活不能自理，无奈之下，年迈的父亲只好带着她一起住进养老院。父女俩入住养老院期间，由于没有其他亲属，连李娟娟的父亲住院做手术，都是由街道办事处和养老院的工作人员出面签字。2015年，李娟娟的父亲去世，无人帮忙料理后事，最后由街道办事处工作人员出面办理了火化骨灰寄存等事宜。由于李娟娟完全丧失劳动能力，街道办事处给她上了城镇无医疗保障老年人和学生儿童大病医疗保险。除此之外，李娟娟日常生活只享受无固定性收入重残无业人员生活补助。

李娟娟父亲去世后，李娟娟的监护问题成了难题，而李娟娟在世上已无其他亲属，依照相关法律规定，居民在无配偶、父母、子女或其他近亲属的前提下，可由居民委员会等有关组织出面申请认定居民无民事行为能力并担任其监护人。但李娟娟居住地的居民委员会向法院表示，因其人手紧张且调动频繁，无力承担监护义务。因街道办事处具有监护能力并有监护意愿，居民委员会希望由街道办事处作为申请人向法院申请确认李娟娟为无民事行为能力人并对其承担监护责任。

为保护李娟娟的权益，避免其长期处于无人监护的状态，街道办事处

---

① 北京市海淀区人民法院立案庭（诉讼服务中心）。

向法院申请认定李娟娟为无民事行为能力人并指定街道办事处为李娟娟的监护人。

法院立案庭经研究认为，虽然街道办事处并非《民法典》明确列明的可以作为申请人的组织，但其在无前序顺序申请人时，经被申请人所在地居民委员会同意后，应当认定其具有申请人资格。本案中，因被申请人李娟娟无配偶、父母、子女或其他近亲属，且其所在地居民委员会明确表示同意街道办事处担任其监护人，根据《民法典》第二十四条的规定，街道办事处具备申请人的主体资格，故对此案予以登记立案。

后法院经审理认为，根据相关证据能够确认，现李娟娟无民事行为能力，依法应宣告其为无民事行为能力人。李娟娟未婚，无配偶、子女，其父亲已去世，母亲下落不明，亦无从查证其有其他近亲属。李娟娟所在地居民委员会明确表示不适宜作为李娟娟之监护人并同意由街道办事处担任李娟娟之监护人，事实上街道办事处也长期履行了对李娟娟的监护职责。鉴于此，本着有利于保护李娟娟的自身健康、维护社会秩序的原则，法院判决宣告李娟娟为无民事行为能力人，并指定街道办事处作为李娟娟的监护人。

本案的焦点问题是街道办事处的申请人主体资格问题，街道办事处并非法律明确规定的可申请认定公民民事行为能力的“有关组织”，其是否具备申请认定辖区居民无民事行为能力并担任其监护人的主体资格呢？

## 法理分析

### （一）《民法典》对民事行为能力认定及监护的规定

在自然人民事行为能力方面，2009 年修正的《民法通则》第十三条规定，“不能辨认自己行为的精神病人是无民事行为能力人”“不能完全辨认自己行为的精神病人是限制民事行为能力人”，将成年无民事行为能力人或限制民事行为能人范围限定为不能辨认或不能完全辨认自己行为的“精神病人”。而《民法典》第二十一条、第二十二条将无民事行为能力人或限制民事行为能力人的范围扩大到“不能辨认或不能完全辨认自己行为的成年人”。在申请人主体方面，《民法通则》第十九条规定：“精神病人的利害关系人，可以向人民法院申请宣告精神病人为无民事行为能力人或者限制民事行为能力人”，而《民法典》第二十四条对申请宣告的主体，除利害关系人外，又增加规定“有关组织”也可向人民法院申请宣告公民无民事行为能力。

在监护制度方面，《民法典》第十七条规定：“无民事行为能力或者限制民事行为能力的精神病人，由下列人员担任监护人：（一）配偶；（二）父母；（三）成年子女；（四）其他近亲属；（五）关系密切的其他亲属、朋友愿意承担监护责任，经精神病人的所在单位或者住所地的居民委员会、村民委员会同意的。”《民法典》第二十八条规定：“无民事行为能力或者限制民事行为能力的成年人，由下列有监护能力的人按顺序担任监护人：（一）配偶；（二）父母、子女；（三）其他近亲属；（四）其他愿意担任监护人的个人或者组织，但是须经被监护人住所地的居民委员会、村民委员会或者民政部门同意。”与《民法通则》相比，《民法典》对监护制度作了完善，规定了在必要的情况下由相关机构、民政部门担任临时监护人或者监护人，强化了政府的监护职能。

### （二）街道办事处能否作为申请人？

虽然《民法典》第二十四条并未将街道办事处列为可申请认定公民为无民事行为能力人或限制民事行为能力人的“有关组织”，但从立法目的、组织职能划分、居民委员会同意三个角度来考量，街道办事处应具备申请人主体资格。

第一，从立法目的角度分析，《民法典》的立法理念是以人为中心[①]。《民法典》的一大特征是进一步凸显了“以人为本”的立法理念，而其重要表现

① 杨立新：《我国民法典立法思想的选择和坚守——从〈民法总则〉制定中的立法思想冲突谈起》，载《法制与社会发展（双月刊）》2018年第4期。

便是在监护制度建设上明确了“最有利于被监护人”的原则地位[①]。《民法典》第二十四条与《民法通则》第十九条相比，除了利害关系人之外，增加了“有关组织”可以作为申请认定公民民事行为能力的主体，立法目的在于保护不能辨认或不能完全辨认自己行为的成年人的人身权益和财产权益，避免其因没有利害关系人或利害关系人不愿意出面时，其权益因其判断和认知能力的丧失而遭受损害。如果没有利害关系人或者利害关系人不愿向法院提出认定申请，有关组织可以提出认定申请。虽然，在《民法典》第二十四条规定中，“有关组织”并未直接列举街道办事处，但本条规定“有关组织包括……等”，“等”字为扩张解释提供了法律基础。

近年来，我国社会老龄化现象不断加剧，独身老人越来越多。部分非直系亲属因家庭矛盾严重，相互推诿，不愿意承担监护老人的义务；有的非直系亲属因生存压力大，也无力承担监护老人的责任。如何更好保护老年人权益成为日益现实的社会问题。在此社会背景下，政府监护应运而生。政府监护的介入情形通常是没有家庭成员或朋友为老年人提供监护的情况，是为了服务于社会中那些最为弱势的群体[②]。

本案中，李娟娟的父亲已经去世，母亲走失二十年，没有其他近亲属，其居住地的居民委员会又因现实原因无法出面申请认定其民事行为能力并担任其监护人。李娟娟因精神疾病没有能力进行自我决策，如果没有亲属或关系密切的朋友提供帮助或担任法定监护人，不仅对其自身生活健康不利，也不利于维护社会秩序。从人道主义出发，由街道办事处申请民事行为能力认定并担任监护人，可结束李娟娟长期处于无人监护的状态，更好地保护李娟娟的权益，符合立法精神。因此，从保护居民利益的立法目的出发，街道办事处可作为申请人向法院申请认定被申请人无民事行为能力。

第二，从街道办事处的职能来看，街道办事处是区人民政府的派出机关，

---

① 刘建：《〈民法总则〉第 31 条和第 35 条“最有利于被监护人的原则”评析》，载《苏州大学学报（哲学社会科学版）》2019 年第 4 期。

② 孙海涛：《论欠缺行为能力老年人政府监护模式的困境与重构》，载《河海大学学报（哲学社会科学版）》2018 年第 4 期。

负有保障民生、指导居民委员会工作、履行辖区公共服务、城市管理、社会治理等综合管理职能，在城市基层治理中举足轻重。《北京市街道办事处条例》第十八条规定：“街道办事处应当了解和反映辖区基本民生保障需求，组织落实相关保障政策，配合区人民政府有关工作部门做好社会救助工作，推进居家养老服务，完善辖区助残服务体系，为低收入家庭和老年人、残疾人等特殊困难群体提供救助等保障工作。”因此，保障辖区内居民的基本民生权益，是街道办事处的基本职责。

据《城市居民委员会组织法》第二条规定，“不设区的市、市辖区的人民政府或者它的派出机关对居民委员会的工作给予指导、支持和帮助。居民委员会协助不设区的市、市辖区的人民政府或者它的派出机关开展工作”。既然《民法典》规定居民委员会可作为适格主体申请认定居民无民事行为能力并担任监护人，街道办事处作为其指导机构，作为申请人亦合乎法理和情理。

第三，居民委员会明确表示同意街道办事处作为申请人。本案中，被申请人所在地居民委员会向法院明确表示同意由街道办事处作为申请人申请认定李娟娟为无民事行为能力人并担任其监护人。《民法典》第二十八条规定了担任监护人的顺序，在无前序监护人的前提下，其他愿意担任监护人的个人或者组织可担任监护人，但是须经被监护人住所地的居民委员会、村民委员会或者民政部门同意。本案中，被申请人李娟娟无配偶、父母、子女或其他近亲属，被申请人所在地居民委员会明确表示同意由街道办事处担任被申请人的监护人。因此，街道办事处可以作为申请人申请担任被申请人的监护人。

综上分析，街道办事处应具备申请人的主体资格。

## 知识拓展

监护法律关系是最基本、最重要和最普遍的民事法律关系之一。[①] 为进

① 刘建：《〈民法总则〉第 31 条和第 35 条“最有利于被监护人的原则”评析》，载《苏州大学学报（哲学社会科学版）》2019 年第 4 期。

一步强化对被监护人的保护，《民法总则》在《民法通则》规定的基础上，又增加了遗嘱监护、意定监护、临时监护人等规定，对我国监护制度有了进一步的完善。[①]《民法典》亦沿用了《民法总则》的规定。下文将对现行监护制度作简要介绍。

## （一）监护的类型

### 1. 法定监护

未成年人因年龄小，阅历少，智力发展尚未完全成熟，判断能力、决策能力与行为能力不足，为全力保护其合法权益，需要监护人代理实施民事法律行为。《民法典》第二十七条规定："父母是未成年子女的监护人。未成年人的父母已经死亡或者没有监护能力的，由下列有监护能力的人按顺序担任监护人：（一）祖父母、外祖父母；（二）兄、姐；（三）其他愿意担任监护人的个人或者组织，但是须经未成年人住所地的居民委员会、村民委员会或者民政部门同意。"

不能辨认或者不能完全辨认自己行为的成年人，因其无民事行为能力或者限制民事行为能力，需要监护人代理其实施民事法律行为，以保护被监护人的人身权利、财产权利以及其他合法权益等。

《民法典》第二十八条规定了可担任无民事行为能力人或限制民事行为能力人的监护人的范围和顺序，依次为：（1）配偶；（2）父母、子女；（3）其他近亲属；（4）其他有关组织或个人，但须经当地居民委员会、村民委员会或民政部门同意。

### 2. 意定监护

意定监护是与法定监护相对而言的，指的是具有完全民事行为能力的成年人根据自己的意愿确定日后的监护人。《民法典》第三十三条规定："具有完全民事行为能力的成年人，可以与其近亲属、其他愿意担任监护人的个人或者组织事先协商，以书面形式确定自己的监护人，在自己丧失或者部分

---

① 王利明：《〈民法总则〉的时代意义》，载《学习时报》2017 年 3 月 22 日。

丧失民事行为能力时，由该监护人履行监护职责。”随着老龄化时代的来临，意定监护的制度将有助于解决老年人权益保护这一现实问题，实现老有所依，老有所养。意定监护制度最开始被应用于《老年人权益保障法》中。[①]《老年人权益保障法》第二十六条规定：“具备完全民事行为能力的老年人，可以在近亲属或者其他与自己关系密切、愿意承担监护责任的个人、组织中协商确定自己的监护人。监护人在老年人丧失或者部分丧失民事行为能力时，依法承担监护责任。老年人未事先确定监护人的，其丧失或者部分丧失民事行为能力时，依照有关法律的规定确定监护人。”《民法典》将意定监护拓展到可适用于所有具有完全民事行为能力的成年人。

意定监护的建立，进一步完善和补充了原有法定监护制度。一方面，允许有完全民事行为能力的成年人按照自己的意愿自行选定日后的监护人，使得监护制度更具有主动性，让被监护人在意识清楚的时候即拥有选择自由，充分尊重被监护人的自主意愿，体现了“以人为本”的立法理念。另一方面，意定监护语境下的监护人，不再需要遵守法定监护人的申请主体顺序，被监护人可以直接选择近亲属之外有监护意愿的人担任自己的监护人，突破了以往优先由近亲属申请担任监护人的局限。

值得注意的是，《民法典》规定意定监护协议需采用书面形式，口头达成的监护协议现在还不被认可。如果能将公证适用于意定监护中，具有监护合意的双方在公证处的公证下达成监护协议，将有效保障监护协议的效力，提高监护协议的公信力和执行力，更好地保护被监护人的自由意志，也有益于督促监护人依照监护协议履行监护义务。

**3. 遗嘱监护**

《民法典》第二十九条规定，被监护人的父母担任监护人的，可以通过遗嘱指定监护人。该规定最早出现于2017年《民法总则》中，是我国首次构建遗嘱监护制度。遗嘱监护是现代监护制度的重要组成部分，是对原有

---

① 徐晨欣、李勃：《公证介入意定监护协议的路径研究》，载《行政科学论坛》2019年第5期。

监护制度的重要补充。《民法总则》对其作出规定，是立法上一次有益的尝试。被监护人的父母担任监护人的，通过遗嘱指定监护人，使被监护人在丧失最初监护人后，能及时明确下一任监护人，避免发生监护人迟迟不确定或候选监护人之间互相推诿等情况，使被监护人的合法权益可以得到连续的保护[①]。

《民法总则》草案第一稿、第二稿都将遗嘱监护限定为适用于父母对未成年子女的监护情形，《民法总则》最终稿将遗嘱监护的适用范围扩展到对未成年子女的监护及对无民事行为能力或限制民事行为能力的成年人的监护[②]。《民法典》亦沿用了《民法总则》的规定。上文已经提到，无民事行为能力或限制民事行为能力的成年人的第一顺位监护人是配偶。因此，在实际应用中，父母为成年子女遗嘱指定监护人应具备以下条件：（1）法定第一顺序监护人配偶无监护能力、被撤销监护资格或无配偶；（2）第二顺序仅有父母，尤以只有一方父母生存为更合适的情形[③]。在实践中，立遗嘱人须具有完全民事行为能力，并且具有监护资格。在监护遗嘱中可指定监护人顺位，防止出现被指定的监护人怠于履行监护职责，使得被监护人利益受损的情形。如果遗嘱设定人将监护遗嘱进行公证，将有效提高遗嘱的效力和公信力，以使监护遗嘱更好地得到履行。

**4. 临时监护人**

为更好地保护被监护人人身及财产安全，《民法典》增设了临时监护人制度。《民法典》第三十一条第三款、第四款规定："依据本条第一款规定指定监护人前，被监护人的人身权利、财产权利以及其他合法权益处于无人保护状态的，由被监护人住所地的居民委员会、村民委员会、法律规定的有关组织或者民政部门担任临时监护人。监护人被指定后，不得擅自变更；擅自变更的，不免除被指定的监护人的责任。"

---

① 刘渊园、朱丽霞：《论遗嘱监护制度在我国如何更好地适用》，载《改革与开放》2017年第23期。

② 满洪杰：《〈民法总则〉监护设立制度解释论纲》，载《法学论坛》2018年第5期。

③ 柳地奇：《遗嘱指定监护制度与公证实务》，载《中国公证》2018年第2期。

居民委员会、村民委员会、民政部门本身是监护人的指定部门，临时监护人制度可以防止指定部门拖延确定监护人，也可避免因各候选监护人之间互相推诿、缺乏衔接等导致被监护人无人监护的情况，使被监护人的人身权利、财产权利得到及时有效的保护[①]。

民法的基本理念是平等主体之间的意思自治，公权机关在其中一般扮演补充角色，不会过多干预民事法律行为。近年来，由于监护人缺位，“留守儿童”及“空巢老人”被虐待等事件时有发生。在不断建设健全社会支持体系的过程中，为保护弱势群体，政府需要提供基础性的保障功能。临时监护人制度的确立，强调了在暂时无人监护情形下政府介入的必要性，使被监护人的利益能够得到最大化的保障。

### （二）监护人的职责

《民法典》第三十四条规定：“监护人的职责是代理被监护人实施民事法律行为，保护被监护人的人身权利、财产权利以及其他合法权益等。监护人依法履行监护职责产生的权利，受法律保护。监护人不履行监护职责或者侵害被监护人合法权益的，应当承担法律责任。”第三十五条规定：“监护人应当按照最有利于被监护人的原则履行监护职责。监护人除为维护被监护人利益外，不得处分被监护人的财产。”

监护人最重要的义务是保护被监护人的合法权益。首先，监护人需确保被监护人的身心健康，对被监护人的教育、医疗等事宜予以重点关注。其次，监护人需保护被监护人的财产权利，对被监护人的各项财产予以合理、正当管理，除为维护被监护人利益外，不得处分被监护人的财产。最后，监护人需维护被监护人的其他合法权益，尊重被监护人的自主意愿，不得实施侵害被监护人利益的行为。

监护人不履行监护职责或侵害被监护人利益的，需承担法律责任。一方面，如果监护人不积极履行监护职责，导致被监护人对第三人产生侵权行为，

---

① 满洪杰：《〈民法总则〉监护设立制度解释论纲》，载《法学论坛》2018 年第 5 期。

监护人需要为被监护人造成的损失承担替代责任。[①]另一方面，如果监护人侵害被监护人利益，将面临被撤销监护人资格等后果。

### （三）监护人的撤销

监护人需认真履行监护职责，不得侵害被监护人的合法权益。根据《民法典》第三十六条的规定，监护人有下列情形之一的，人民法院根据有关个人或者组织的申请，撤销其监护人资格，安排必要的临时监护措施，并按照最有利于被监护人的原则依法指定监护人：（1）实施严重损害被监护人身心健康的行为；（2）怠于履行监护职责，或者无法履行监护职责并且拒绝将监护职责部分或者全部委托给他人，导致被监护人处于危困状态；（3）实施严重侵害被监护人合法权益的其他行为。该条规定的有关个人和组织包括：其他依法具有监护资格的人，居民委员会、村民委员会、学校、医疗机构、妇女联合会、残疾人联合会、未成年人保护组织、依法设立的老年人组织、民政部门等。前款规定的个人和民政部门以外的组织未及时向人民法院申请撤销监护人资格的，民政部门应当向人民法院申请。

下面介绍一则由民政局向法院申请撤销监护人资格的典型案例。

2002年，王香捡到刚出生不久的孤女小林并对其进行抚养。但是，王香作为监护人，长期对小林实施辱骂、殴打等家庭暴力行为。且王香未尽监护义务，致使小林在2010年至2016年间多次被王香亲生儿子强奸。并且，王香放任其男友长期辱骂、暴力殴打小林，严重侵害了小林的合法权益，损害了未成年人的身心健康。2017年，民政局向法院申请撤销王香对小林的监护人资格，并申请指定民政局为小林的监护人。法院经审理认为，王香不仅本人长期实施严重损害被监护人小林身心健康的行为，且怠于履行监护职责，导致小林多次遭受王香男友的暴力伤害和王香亲生儿子的犯罪侵害，处于危困状态，确属依法应撤销其监护人资格的情形，最终判决撤销王香的监护人资格，指定民政局为小林的监护人。

---

① 周俊圻、焦富民：《成年意定监护的解释论研究》，载《齐齐哈尔大学学报（哲学社会科学版）》2019年第9期。

## 普法提示

在向法院申请认定公民民事行为能力和指定监护人案件时，需向法院提交如下申请材料：（1）申请书；（2）申请人的身份证明材料；（3）申请人与被申请人之间的亲属关系证明，如户口本、公安机关出具的证明或人事档案等；（4）被申请人不能辨认或不能完全辨认自身行为的证明材料，如医院诊断证明、病历等。

自然人的民事行为能力认定及监护是现代民法制度中的重要内容，在申请民事行为能力认定和指定监护时，应注意以下事项：

第一，依法确定管辖法院。根据《民事诉讼法》的相关规定，申请认定公民无民事行为能力或者限制民事行为能力的案件，由该公民住所地基层人民法院管辖。如果是不服指定监护或者变更监护关系的案件，应由被监护人住所地人民法院管辖。在立案时，申请人可向法院提交被申请人的户口本、公安机关出具的证明等。

第二，如成年人不能辨认或者不能完全辨认自己的行为，除了利害关系人外，有关组织（包括居民委员会、村民委员会、学校、医疗机构、妇女联合会、残疾人联合会、依法设立的老年人组织、民政部门等）也可向法院申请认定该成年人为无民事行为能力人或限制民事行为能力人。在无前序监护人的前提下，有关组织在征得被监护人住所地的居民委员会、村民委员会或者民政部门同意后，也可向法院申请指定本组织为监护人。

第三，如无民事行为能力人或者限制民事行为能力人恢复健康，可及时向法院申请恢复行为能力。《民法典》第二十四条第二款规定："被人民法院认定为无民事行为能力人或者限制民事行为能力人的，经本人、利害关系人或者有关组织申请，人民法院可以根据其智力、精神健康恢复的状况，认定该成年人恢复为限制民事行为能力人或者完全民事行为能力人。"

第四，监护人需认真履行监护职责，不得侵害被监护人的合法权益。如监护人未尽监护义务，导致被监护人合法权益被侵害，有关个人和组织可及时向法院申请撤销监护人资格。

案例八 | # 公安机关刑事侦查行为可诉吗？

冯芸菲[①]

## 案情回顾

### （一）被人打成轻伤，公安未予刑事立案

钱元称，其居住地不远处有一个小学生托管班，经常搅扰四邻。2015年11月某日晚8点，该处传出激烈的吵打声，钱元很好奇，就来到了事发地想看一下究竟，没想到竟遭到三名陌生男子殴打，他报警后，属地派出所民警赶到现场制止了该三名男子。经医院检查，钱元骨髁间嵴骨折（左），膝半月板损伤，需佩戴支具固定。案发后，属地公安分局对钱元的伤情进行了鉴定，2015年12月的某一天公安分局电话通知钱元，鉴定结论为轻伤。钱元随即向属地派出所邮寄了刑事立案申请书，请求公安机关追究打伤他的那三名男子的刑事责任。但是派出所却迟迟没有刑事立案，钱元要求该派出所出具不立案或者不受理、撤案的证明，并要求派出所告知三名男子的家庭信息，但被拒绝。为此，钱元认为，三名男子把他打成轻伤的行为已经构成犯罪，但派出所却认为不构成犯罪，违背了《刑法》第二百三十四条及《人民警察法》的相关规定，为此，钱元向当地人民法院提起行政诉讼，请求法院判令公安分局履行保护人身权追究犯罪的法定职责。

### （二）行政诉讼未受理，起诉条件不合规

接待钱元的法官了解情况后告知钱元，《行政诉讼法》第二条规定："公民、法人或者其他组织认为行政机关和行政机关工作人员的行政行为侵犯其合法权益，有权依照本法向人民法院提起诉讼。前款所称行政行为，包括

① 北京市海淀区人民法院立案庭（诉讼服务中心）。

法律、法规、规章授权的组织作出的行政行为。”也就是说，提起行政诉讼的前提是只有在行政机关或法律、法规、规章授权的组织作出的行政行为侵犯其合法权益时，该行为才具有可诉性。同时，提起行政诉讼还需符合《行政诉讼法》第四十九条的规定：“提起诉讼应当符合下列条件：（一）原告是符合本法第二十五条规定的公民、法人或者其他组织；（二）有明确的被告；（三）有具体的诉讼请求和事实根据；（四）属于人民法院受案范围和受诉人民法院管辖。”《行政诉讼法》第二十五条第一款规定：“行政行为的相对人以及其他与行政行为有利害关系的公民、法人或者其他组织，有权提起诉讼。”只有满足以上法定起诉条件，人民法院才会受理行政诉讼。而对钱元的起诉，法院经审查认为，钱元因被殴打成轻伤而要求公安分局履行保护人身权、追究犯罪的法定职责，其请求事项系公安机关依据《刑事诉讼法》授权实施的行为，不属于行政诉讼的受案范围。据此，法院最终依照《行政诉讼法》第四十九条第四项之规定，对钱元的起诉裁定不予立案。

本案焦点问题在于，公安机关的刑事侦查行为是否可诉？如果不具有可诉性，那么，公安机关所实施的哪些行为属于人民法院受理范围？若认为公安机关实施的行为存在问题，救济途径有哪些？

## 法理分析

### （一）公安机关的法律性质

公安机关是指国家依照法律设立，代表国家行使公安职权和履行公安职责，具有武装性质的国家机关。公安机关是人民政府的重要组成部分，作为政府的职能部门，是国家的行政机关，行使国家行政权；同时，它又担负着刑事案件的侦查任务，因而它又是国家的司法机关之一，行使国家的司法权。

**1. 公安机关的基本特征**

根据《人民警察法》《宪法》等相关法律规定可知，公安机关的基本特征主要有三点:(1)公安机关是具有武装性质的国家行政机关。公安机关承担着维护国家安全和社会治安秩序的任务，其职权与职责决定了要与违法犯罪分子作斗争。所以，公安机关区别于其他国家机关的一个特征就是公安机关具有武装性质。(2)公安机关是代表国家行使警察权力的机关。公安机关是依法代表国家行使警察职权、履行警察职责的国家机关。依照法律法规的规定，公安机关既享有警察职权，同时也必须承担警察职责。(3)公安机关承担着维护国家、集体和公民合法利益的职责。公安机关职责决定了除打击危害国家、集体和公民合法利益的违法犯罪行为外，当人民群众的利益受到其他威胁时，公安机关必须积极参与和组织抢险救灾等重大责任。

**2. 公安机关的职权**

根据《公安机关组织管理条例》第二条规定:“公安机关是人民民主专政的重要工具，人民警察是武装性质的国家治安行政力量和刑事司法力量，承担依法预防、制止和惩治违法犯罪活动，保护人民，服务经济社会发展，维护国家安全，维护社会治安秩序的职责。”可知，公安机关具有两种性质的职权，一为国家行政管理权，即依据《行政处罚法》《治安管理处罚法》等法律规定行使;二为刑事侦查权，即根据《刑事诉讼法》《公安机关办理刑事案件程序规定》等相关法律规定对一般刑事犯罪进行侦查。而关于公安机关的这两种职权权限范围,《人民警察法》作了较为详细的规定。《人民警察法》第六条规定:“公安机关的人民警察按照职责分工，依法履行下列职责:(一)预防、制止和侦查违法犯罪活动;(二)维护社会治安秩序，制止危害社会治安秩序的行为;(三)维护交通安全和交通秩序，处理交通事故;(四)组织、实施消防工作，实行消防监督;(五)管理枪支弹药、管制刀具和易燃易爆、剧毒、放射性等危险物品;(六)对法律、法规规定的特种行业进行管理;(七)警卫国家规定的特定人员，守卫重要的场所和设施;(八)管理集会、游行、示威活动;(九)管理户政、国籍、入境出境事务和外国人在中国境内居留、旅行的有关事务;(十)维护国(边)境地区的治安秩序;(十一)对被判处拘役、剥夺政治权利的罪犯执行刑罚;(十二)监督管理计算机信息系统的安全保护工作;(十三)指导和监督国家机关、社会团体、企业事业组织和重点建设工程的治安保卫工作，指导治安保卫委员会等群众性组织的治安防范工作；（十四）法律、法规规定的其他职责。”

首先，公安机关作为人民政府的组成部分，作为主要的行政执法机关，依照行政法相关规定，行使国家行政管理职能。公安机关的行政管理权，主要依据的是《行政处罚法》《治安管理处罚法》《行政强制法》《公安机关办理行政案件程序规定》等行政法规来实施，履行保护公民人身权、财产权职责，维护社会秩序。法无授权即禁止，公安机关所实施的行政行为必须有相关法律授权。《行政处罚法》第九条规定：“行政处罚的种类：（一）警告、通报批评；（二）罚款、没收违法所得、没收非法财物；（三）暂扣许可证件、降低资质等级、吊销许可证件；（四）限制开展生产经营活动、责令停产停业、责令关闭、限制从业；（五）行政拘留；（六）法律、行政法规规定的其他行政处罚。”公民、法人或者其他组织若存在违反行政管理秩序的行为，则公安机关有权实施行政处罚。

其次，关于公安机关所具有的刑事侦查权，主要依据《刑事诉讼法》等法律规定。行使刑事侦查职能，其法律依据主要散见于《刑事诉讼法》及《公安机关办理刑事案件程序规定》中。《刑事诉讼法》第十九条规定：“刑事案件的侦查由公安机关进行，法律另有规定的除外。”由此可知，刑事案件的侦查一般由公安机关负责，除非法律有特别规定。关于公安机关在办理刑事案件中的职责，《公安机关办理刑事案件程序规定》第三条作出了进一步规定，该条规定：“公安机关在刑事诉讼中的基本职权，是依照法律对刑事案件立案、侦查、预审；决定、执行强制措施；对依法不追究刑事责任的不予立案，已经追究的撤销案件；对侦查终结应当起诉的案件，移送人民检察院审查决定；对不够刑事处罚的犯罪嫌疑人需要行政处理的，依法予以处理或者移送有关部门；对被判处有期徒刑的罪犯，在被交付执行刑罚前，剩余刑期在三个月以下的，代为执行刑罚；执行拘役、剥夺政治权利、驱逐出境。”

**3. 公安机关刑事侦查行为与行政行为的区分**

公安机关作出的行为性质不同，其行为的监督和救济方式也有很大区别，正因为公安机关具有行政管理和刑事侦查的双重属性，为更好保障公民权益，有必要对公安机关实施行为的性质进行界定，进而明确相应的监督和救济途径。

实践中，公安机关实施的这两种行为存在诸多相似之处，较难区分。通常而言，判定一行为是刑事侦查行为还是行政行为，首先，看适用的法律依据。刑事侦查行为是公安机关依照《刑法》《刑事诉讼法》等刑事法律规定对犯罪行为进行侦查，而行政管理行为是公安机关依照《行政处罚法》《治安管理处罚法》等行政法律规定实施的行为。其次，看采取的具体措施，如果公安机关实施的是拘传、取保候审、监视居住、逮捕等刑事强制措施，则其行为原则上属于刑事侦查行为；如果实施的是留置盘问、盘查、路检等，则原则上属于行政管理行为。[①] 最后，看行为所需的程序性手续，如果公安机关依据刑事法律相关规定对案件进行刑事立案处理，则为刑事侦查行为，反之，则为行政管理行为。

### （二）公安机关刑事侦查行为不具有可诉性

根据《最高人民法院关于适用〈中华人民共和国行政诉讼法〉的解释》第一条规定："公民、法人或者其他组织对行政机关及其工作人员的行政行为不服，依法提起诉讼的，属于人民法院行政诉讼的受案范围。下列行为不属于人民法院行政诉讼的受案范围：（一）公安、国家安全等机关依照刑事诉讼法的明确授权实施的行为；……"前文所述的钱元一案，公安机关对致害人是否作出刑事立案决定，即属于公安机关依照《刑事诉讼法》在授权范围内实施的行为，根据法律规定，只有在满足事实条件和法律条件的情况下，公安机关才会作出刑事立案的决定，而这一过程和结果都不属于行政法规的调整范围，根据上述法律规定，亦不属于人民法院行政诉讼的受案范围。

同时，对公安机关刑事侦查行为不能提起行政诉讼，也是为保障侦查活动的高效开展，将刑事侦查行为排除在行政诉讼之外，可以避免行政诉讼对刑事侦查行为的干扰。

---

① 参见张泽涛：《论公安侦查权与行政权的衔接》，载《中国社会科学》2019 年第 10 期。

除公安机关的刑事侦查行为不可诉外，公安机关内部上级对下级的监督行为亦不具有可诉性。如李逍遥起诉某公安分局一案，李逍遥称，2019 年 6 月他向某公安分局投诉某派出所办理治安案件过程中存在违法违规行为，并且当日还将投诉材料邮寄给该公安分局，经查询邮件投递情况，该公安分局次日即签收了邮件。此后，李逍遥多次电话联系该公安分局想要了解办案进展，但直到起诉时该公安分局仍未答复。对此，李逍遥非常生气，故而将该公安分局起诉到法院，要求其履行法定职责，对“投诉某派出所违法违规办案”的行为作出答复。对此，法院认为，根据《最高人民法院关于适用〈中华人民共和国行政诉讼法〉的解释》第一条第二款第八项的规定，上级行政机关基于内部层级监督关系对下级行政机关作出的听取报告、执法检查、督促履责等行为不属于人民法院行政诉讼的受案范围。本案中李逍遥所提出的诉讼请求，实质上是要求上级机关基于内部层级监督关系履行对下级机关的监督职责，而行政机关的内部监督行为不属于人民法院行政诉讼受案范围，故对本案裁定不予立案。

## 知识拓展

### （一）派出所可作为行政案件被告的常见情形

《公安机关组织管理条例》第六条规定：“设区的市公安局根据工作需要设置公安分局。市、县、自治县公安局根据工作需要设置公安派出所。”派出所系公安机关根据治安管理工作设立的派出机构，负责管理辖区的社会治安，维护公共秩序，预防和制止违法犯罪行为和治安灾害事故的发生，保护公共财产，保障公民合法权益，其权限是治安行政管理权，治安管理处罚权，治安案件和一般刑事案件调查权等。[①]

**1. 派出所作出的警告、罚款行为**

作为派出机关，派出所在行政诉讼中可否作为被告？对此，《治安管理处

① 参见王惠梅：《派出所在行政诉讼中的被告资格认定》，载《人民法院报》2014 年 7 月 30 日。

罚法》有相关规定。该法第九十一条规定："治安管理处罚由县级以上人民政府公安机关决定；其中警告、五百元以下的罚款可以由公安派出所决定。"根据《最高人民法院关于适用〈中华人民共和国行政诉讼法〉的解释》第二十条规定："法律、法规或者规章授权行使行政职权的行政机关内设机构、派出机构或者其他组织，超出法定授权范围实施行政行为，当事人不服提起诉讼的，应当以实施该行为的机构或者组织为被告。没有法律、法规或者规章规定，行政机关授权其内设机构、派出机构或者其他组织行使行政职权的，属于行政诉讼法第二十六条规定的委托。当事人不服提起诉讼的，应当以该行政机关为被告。"根据上述法律规定，派出所作为公安机关的派出机关，根据《治安管理处罚法》的授权，派出所可自行决定警告、500元以下罚款的行政处罚，在授权范围内实施的行为由派出所自行承担法律后果；但若在授权范围外实施的行为，要看有无法律、法规或规章的授权，有相关法律的授权，则后果由派出所自行承担，派出所超出授权范围实施的行政行为，亦以派出所为行政诉讼被告。如没有法律法规或规章的授权，则由行政机关承担法律后果。例如，派出所对某公民处2000元罚款，则派出所的行为属于《治安管理处罚法》授权下实施的但超越授权范围的行政行为，行政相对人若对该行政处罚不服提起行政诉讼，则作出该处罚决定的派出所为被告。如派出所对公民作出行政拘留的处罚决定，则派出所的行为属于无授权实施的行政行为，其行为后果由公安分局承担，即公安分局为行政诉讼的适格被告。

**2. 派出所的户籍登记管理行为**

《户口登记条例》第三条规定："户口登记工作，由各级公安机关主管。城市和设有公安派出所的镇，以公安派出所管辖区为户口管辖区；乡和不设公安派出所的镇，以乡、镇管辖区为户口管辖区。乡、镇人民委员会和公安派出所为户口登记机关。"因此，根据该条例规定，派出所负责户籍登记，基于此，若公民因派出所办理户口登记事项而提起行政诉讼的，该派出所系适格被告。如严豆豆诉A区派出所不履行户籍登记职责一案。

严豆豆称，2019年3月，她到北京市A区派出所办理儿子的落户申请，而派出所的工作人员以她无房产为由拒绝办理。2019年5月，严豆豆通过邮寄方式再次申请 A 区派出所办理落户手续，但 A 区派出所至今未办理。因此，严豆豆起诉到法院，请求法院判令 A 区派出所履行职责，为她儿子办理落户。A 区派出所向一审法院辩称，严豆豆于 2019 年 3 月办理落户申请时，工作人员根据规定已告知严豆豆需提供户口本、出生医学证明、房产证、落户申请、房主同意书、户主同意书等证明材料才能办理落户手续。后因严豆豆所带的申报材料不齐全无法办理。2019 年 5 月严豆豆所邮寄的材料仍不符合法定受理条件，故派出所没有办理。2019 年 7 月严豆豆所提供的材料已符合要求，派出所按照规定当场为其办理了落户手续，故请求法院依法判决驳回严豆豆的诉讼请求。一审法院认为，根据我国有关户籍管理的相关规定，A 区派出所具有为其辖区内的居民办理户口登记的法定职责。《北京市公安局关于印发解决本市无户口人员登记户口问题实施细则的通知》第一条第三款第六项规定了办理登记户口所需的证件证明。本案中，A 区派出所口头告知了严豆豆应当按照规定提供相应的申请材料，否则无法办理。严豆豆直至 2019 年 7 月 11 日才按照 A 区派出所的要求提供材料，A 区派出所予以受理。当事人要求行政机关履行法定职责时，按照法律规定提交了必要的材料，行政机关才能履行法定职责。A 区派出所要求严豆豆提供必要的材料，严豆豆对此持有异议，没有事实和法律依据。故依照《行政诉讼法》第六十九条之规定，判决驳回严豆豆的起诉。严豆豆不服一审判决，提起上诉，请求撤销一审判决，依法追究 A 区派出所行政不作为责任。二审法院经审理认为，根据我国户籍管理的相关规定，A 区派出所具有为其辖区内的居民办理户口登记的法定职责。本案中，因严豆豆提交的材料不符合有关文件的要求，故 A 区派出所对其申请未予受理，并对其进行了告知，不构成不履行法定职责。一审判决认定事实清楚，程序合法，适用法律正确，严豆豆的上诉请求缺乏事实及法律依据，不予支持。依照《行政诉讼法》第八十九条第一款第一项之规定，驳回上诉，维持一审判决。

## （二）权益受到侵害时的救济途径

### 1. 申请行政复议或提起行政诉讼

《行政诉讼法》第二条规定：“公民、法人或者其他组织认为行政机关和行政机关工作人员的行政行为侵犯其合法权益，有权依照本法向人民法院提起诉讼。”据此，向公安机关提起行政诉讼的前提是公安机关实施的行为是行政行为，只有行政行为是人民法院行政诉讼受案范围，而前面谈到的刑事侦查行为并非行政诉讼审查范围。

《行政诉讼法》第四十四条规定：“对属于人民法院受案范围的行政案件，公民、法人或者其他组织可以先向行政机关申请复议，对复议决定不服的，再向人民法院提起诉讼；也可以直接向人民法院提起诉讼。法律、法规规定应当先向行政机关申请复议，对复议决定不服再向人民法院提起诉讼的，依照法律、法规的规定。”因此，行政行为相对人或利害关系人若认为公安机关的行政行为侵害了其合法权益，可向作出行政行为的上一级行政机关申请行政复议，若对复议机关作出的复议决定不服或复议机关逾期不作决定的，根据《行政诉讼法》的规定，可在收到复议决定书之日起或在复议期满之日起十五日内向人民法院提起诉讼，当然，法律另有规定的除外。而对于未经过行政复议和无需先行复议的行政行为，《行政诉讼法》第四十六条规定：“公民、法人或者其他组织直接向人民法院提起诉讼的，应当自知道或者应当知道作出行政行为之日起六个月内提出。法律另有规定的除外。因不动产提起诉讼的案件自行政行为作出之日起超过二十年，其他案件自行政行为作出之日起超过五年提起诉讼的，人民法院不予受理。”因此，为维护自身合法权益，行政行为相对人及利害关系人可依照行政法相关规定提起行政复议或在法定期限内提起行政诉讼。

**2. 向上级公安机关或人民检察院投诉、举报**

公民、法人和其他组织认为公安机关作出的行政行为侵犯其合法权益的，可根据《行政诉讼法》的规定提起行政诉讼，对于公安机关的刑事侦查行为，则无法提起行政诉讼，但是，可以根据相关法律规定向上级公安机关或人民检察院投诉或举报。《公安机关办理刑事案件程序规定》第七条规定：“公安机关进行刑事诉讼，应当建立、完善和严格执行办案责任制度、执法过错责任追究制度等内部执法监督制度。在刑事诉讼中，上级公安机关发现下级公安机关作出的决定或者办理的案件有错误的，有权予以撤销或者变更，也可以指令下级公安机关予以纠正。”公安机关内部有监督制度，上级公安机关对下级公安机关的侦查行为进行监督，对错误的决定有权撤销、变更和指令纠正。若公安机关内部未充分发挥监督作用，公民、法人或其他组织可向上级公安机关投诉、举报，为上级公安机关的监督行为提供线索。

此外，除公安机关内部监督外，根据相关法律规定，人民检察院可对公安机关的侦查行为进行法律监督。根据《宪法》规定，人民检察院是国家的法律监督机关。《刑事诉讼法》第八条规定：“人民检察院依法对刑事诉讼实行法律监督。”《公安机关办理刑事案件程序规定》第六条规定：“公安机关进行刑事诉讼，依法接受人民检察院的法律监督。”因此，公民、法人或其他组织若认为公安机关的侦查行为存在违法违规情形，可向人民检察院投诉、举报，由人民检察院对公安机关的侦查行为进行处理。人民检察院行使法律监督权，一方面，应当严格依照法律的授权和法律规定的程序开展侦查活动监督，准确认定侦查违法事实，恪守监督的法定条件，规范开展监督工作，防止滥用监督权；[①] 另一方面，应当严格依法进行监督行为，防止公安机关滥用刑事侦查权。

因而，结合前文所述钱元一案，若钱元认为公安分局不进行刑事立案的行为不符合刑事法律相关规定，可向其上级公安部门投诉，或直接向人民检察院投诉、举报。

**3. 申请国家赔偿**

《国家赔偿法》第二条规定：“国家机关和国家机关工作人员行使职权，有本法规定的侵犯公民、法人和其他组织合法权益的情形，造成损害的，受害人有依照本法取得国家赔偿的权利。本法规定的赔偿义务机关，应当依照本法及时履行赔偿义务。”

根据《国家赔偿法》规定，国家赔偿分为行政赔偿和刑事赔偿。关于行政赔偿的赔偿范围，《国家赔偿法》第三条规定：“行政机关及其工作人员在行使行政职权时有下列侵犯人身权情形之一的，受害人有取得赔偿的权利：

① 参见孙谦：《刑事侦查与法律监督》，载《国家检察官学院学报》2019 年第 4 期。

（一）违法拘留或者违法采取限制公民人身自由的行政强制措施的；（二）非法拘禁或者以其他方法非法剥夺公民人身自由的；（三）以殴打、虐待等行为或者唆使、放纵他人以殴打、虐待等行为造成公民身体伤害或者死亡的；（四）违法使用武器、警械造成公民身体伤害或者死亡的；（五）造成公民身体伤害或者死亡的其他违法行为。”第四条规定：“行政机关及其工作人员在行使行政职权时有下列侵犯财产权情形之一的，受害人有取得赔偿的权利：（一）违法实施罚款、吊销许可证和执照、责令停产停业、没收财物等行政处罚的；（二）违法对财产采取查封、扣押、冻结等行政强制措施的；（三）违法征收、征用财产的；（四）造成财产损害的其他违法行为。”因而，公民、法人或其他组织若认为公安机关存在上述侵犯人身权或财产权的行为，有权提出赔偿申请。

关于如何提出赔偿申请，《国家赔偿法》第九条第二款规定：“赔偿请求人要求赔偿，应当先向赔偿义务机关提出，也可以在申请行政复议或者提起行政诉讼时一并提出。”根据《国家赔偿法》第十三条、第十四条的规定，赔偿请求人向赔偿义务机关提出赔偿申请后，赔偿义务机关应当自收到申请之日起两个月内，作出是否赔偿的决定，若在规定期限内未作出是否赔偿的决定或赔偿请求人对赔偿的方式、项目、数额有异议的，或者赔偿义务机关作出不予赔偿决定的，则赔偿请求人可以自期限届满之日起自赔偿义务机关作出赔偿或者不予赔偿决定之日起三个月内，向人民法院提起行政诉讼。

关于刑事赔偿，《国家赔偿法》第十七条规定：“行使侦查、检察、审判职权的机关以及看守所、监狱管理机关及其工作人员在行使职权时有下列侵犯人身权情形之一的，受害人有取得赔偿的权利：（一）违反刑事诉讼法的规定对公民采取拘留措施的，或者依照刑事诉讼法规定的条件和程序对公民采取拘留措施，但是拘留时间超过刑事诉讼法规定的时限，其后决定撤销案件、不起诉或者判决宣告无罪终止追究刑事责任的；（二）对公民采取逮捕措施后，决定撤销案件、不起诉或者判决宣告无罪终止追究刑事责任的；（三）依照审判监督程序再审改判无罪，原判刑罚已经执行的；（四）刑讯逼供或者以殴打、虐待等行为或者唆使、放纵他人以殴打、虐待等行为造成公民身体伤害或者死亡的；（五）违法使用武器、警械造成公民身体伤害或者死亡的。”第十八条规定：“行使侦查、检察、审判职权的机关以及看守所、监狱管理机关及其工作人员在行使职权时有下列侵犯财产权情形之一的，受害人有取得赔偿的权利：（一）违法对财产采取查封、扣押、冻结、追缴等措施的；（二）依照审判监督程序再审改判无罪，原判罚金、没收财产已经执行的。”刑事赔偿中，赔偿请求人要求赔偿，也应先向赔偿义务机关提出，赔偿义务机关应当自收到申请之日起两个月内，作出是否赔偿的决定，在法定期限内未作出是否赔偿决定的，赔偿请求人可自期限届满之日起三十日内向赔偿义务机关的上一级机关申请复议。复议机关应当自收到申请之日起两个月内作出决定，赔偿请求人不服复议决定的或复议机关逾期不作决定的，可在收到复议决定之日或自期限届满之日起三十日内向复议机关所在地的同级人民法院赔偿委员会申请作出赔偿决定。这也是行政赔偿与刑事赔偿的不同之处。

**4. 向行为人提起民事侵权之诉**

正如前文所述钱元起诉要求公安分局履行保护人身权、追究犯罪的法定职责一案，因公安分局的行为系依据《刑事诉讼法》授权实施的行为，不属于行政诉讼的受案范围，因而法院最终裁定不予立案。而若钱元的鉴定结论为轻微伤，公安分局对三男子进行了行政拘留，于三男子而言，三男子作为行政行为的相对人认为公安机关行政拘留违法，可在提起行政诉讼的同时一并提起行政赔偿。此时，对钱元而言，他并非行政行为相对人，而是利害关系人，他对公安机关的行政拘留处罚决定不服，可提起行政诉讼但不能提起行政赔偿诉讼，因为公安机关实施的行为并没有侵犯他的人身权或财产权。而钱元因被人殴打造成人身伤害，其合法权益又应如何保障呢？三男子的行为无论是否构成犯罪，钱元与三男子之间因被殴打致伤均产生了民事侵权的法律关系。为更好地保护自身合法权益，钱元可依照《民法典》相关规定，以三男子为被告提起民事侵权之诉。至于三男子应承担何种侵权责任以及责任划分，《民法典》均有明确规定。《民法典》第一千一百六十七条规定：“侵权行为危及他人人身、财产安全的，被侵权人有权请求侵权人承担停止侵害、排除妨碍、消除危险等侵权责任。”第一千一百六十八条规定：

“二人以上共同实施侵权行为，造成他人损害的，应当承担连带责任。”第一千一百七十九条规定：“侵害他人造成人身损害的，应当赔偿医疗费、护理费、交通费、营养费、住院伙食补助费等为治疗和康复支出的合理费用，以及因误工减少的收入。造成残疾的，还应当赔偿辅助器具费和残疾赔偿金；造成死亡的，还应当赔偿丧葬费和死亡赔偿金。”因此，钱元就自身的人身损害后果向三男子主张民事侵权赔偿责任，要求赔偿医疗费、护理费、交通费等为治疗和康复支出的合理费用，且因三男子构成共同侵权，可要求三男子对其损失承担连带赔偿责任。

## 普法提示

公安机关作为行使公安职权和履行公安职责的国家机关，其行为内容的不同，所呈现出的职权属性亦大不相同。公安机关具有双重职权，即行政管理权和刑事侦查权。职权性质不同，监督及权利救济途径亦不同。实践中，公民、法人及其他组织若认为公安机关的行为侵害了其合法权益，可采取的监督和救济措施概括起来有以下几点：

第一，界定公安机关的行为性质，若是依照行政法律规定实施的行政管理行为，则可向上一级行政机关申请行政复议或直接向人民法院提起行政诉讼；若系依据《刑事诉讼法》等刑事法律授权实施的刑事侦查行为，则可向上级公安机关或人民检察院投诉或举报。

第二，申请国家赔偿，无论公安机关实施的是行政行为抑或刑事侦查行为，只要侵犯了人身权、财产权，相关受害人均可提起国家赔偿。针对行政行为，可向赔偿义务机关申请行政赔偿，法定期限内赔偿义务机关未作出赔偿决定或对赔偿决定不服，或对赔偿方式等有异议，可提起行政诉讼；对于刑事侦查行为，赔偿义务机关在法定期限内未作出赔偿决定，可自期限届满之日起三十日内向赔偿义务机关的上一级机关申请复议，不服复议决定的或复议机关逾期不作决定的，可在收到复议决定之日或自期限届满之日起三十日内向复议机关所在地的同级人民法院赔偿委员会申请作出赔偿决定。

第三，对行为人实施的侵害他人人身权、财产权的行为，无论公安机关最终作出的是刑事立案决定还是行政处罚决定，合法权益受侵害的一方均有权以行为人为被告提起民事侵权责任之诉，要求行为人承担赔偿损失、停止侵害、消除影响等民事责任。

第二章

# 立案管辖篇

案例一

# 协议管辖如何适用？

## ——解析《民事诉讼法》第三十四条协议管辖的规定

范芃[1]

## 案情回顾

### （一）大额订单竟然“鸡飞蛋打”

“‘叮咚’，请22号到立案4室立案。”汉州市海天区人民法院又开始了一天忙碌的工作。

一个小伙子急急忙忙地推门走进了立案室。“法官您好，我是22号，这是我的立案材料”。他似乎有些焦急，脸上像要沁出汗水来，他把手里的一打材料双手递给了立案法官。法官拿过他的材料，开始认真地审查起来……

事情还要从2016年说起。景同县蒙大医院（以下简称蒙大医院）因业务需要，急需订购一批眼科医疗设备，与天成通途融资租赁有限公司（以下简称天成公司）于2016年12月15日经过友好协商达成协议，双方签订了《融资租赁合同》《手续费合同》。合同约定蒙大医院作为承租人、天成公司作为出租人，由天成公司为蒙大医院提供《融资租赁合同》中的租赁物，包括激光眼科诊断仪、手术显微镜、电动手术台等医疗设备，租赁期限为三年，租赁本金为人民币7785140元。

当天，蒙大医院与天成公司、汉州视界眼科医院管理有限公司（以下简称汉州视界公司）还签订了《设备采购协议》。经各方协商，约定为确保天成公司履行其在《融资租赁合同》项下的租赁物购买义务，天成公司根据蒙大医院要求作为买受人，向出卖人汉州视界公司购买《融资租赁合同》项下

---

① 北京市海淀区人民法院立案庭（诉讼服务中心）。

全部租赁物，购买价款为人民币 7785140 元。还约定在汉州视界公司收到天成公司支付的购买价款后三十日内向蒙大医院交付租赁物。

上述合同签订后，蒙大医院按约定如期向天成公司支付了租赁款及手续费，但天成公司、汉州视界公司并未按照《融资租赁合同》及《设备采购协议》的约定按时交付设备。

时间不等人，急需的医疗设备迟迟不能送到，蒙大医院可有点儿坐不住了，开始不断地催促天成公司和汉州视界公司，但这两家公司却跟蒙大医院打起了太极拳。“再等等吧……货马上到”，不论蒙大医院怎么催，听到的还是那句话。可货在哪呢？蒙大医院只收到了价值 179 万余元的货物，还有价值 599 万元的设备连个影儿都没看到。这可怎么办？合同看来要黄。

这不是欺负人嘛！蒙大医院一气之下，奔了法院，“我告你们去！”这不，蒙大医院的代理人小雷来了。

### （二）起诉维权才知协议管辖

法官认真地审查着小雷递交的起诉材料。起诉书、当事人的身份证明，还有双方的合同，这些都是小雷认真准备好的，他觉得，这个案子法院肯定会支持他们。

这是一起融资租赁合同纠纷案，原告是蒙大医院，被告一是天成公司、被告二是汉州视界公司。争议的三方签订了三份协议，分别是《融资租赁合同》《手续费合同》《设备采购协议》。每份合同签订得都比较规范，内容也比较翔实，规定了各方的权利义务，协议的结尾处都有当事人的签字盖章。蒙大医院在起诉书中的请求为：（1）请求法院依法判令两被告立即交付医疗设备，如果交付不了设备，要求解除原告与两被告签订的《融资租赁合同》《手续费合同》《设备采购协议》；（2）请求依法判令被告一返还原告手续费 622811.2 元；（3）请求依法判令被告一、被告二承担本案的全部诉讼费用。

但是，细心的法官在小雷提交的证据中发现了问题。在《融资租赁合同》《手续费合同》《设备采购协议》三份协议中，都有一条这样的条款：“在执行本合同中所发生的一切争议，由各方友好协商解决。协商不能达成一致时，应将争议提交至合同签订地有管辖权的法院解决。”同时，三份协议中又都写明了合同签订地在“汉州市长河区”。

汉州市有包括海天区、长河区等在内共十个区。为什么蒙大医院偏偏来海天区起诉呢？法官抬起了头望着小雷：“为什么来这儿起诉啊？”“不是被告在这儿吗？”小雷不假思索地说道。是的，汉州视界公司的住所地确实就在海天区，按照起诉时“原告就被告”的规则，小雷似乎说得没有错。法官指着合同中的协议管辖条款对小雷说，“你们合同中有约定，这个案子是长河区法院管辖，海天区法院管不了”。“什么？不会吧！法官，我刚从长河区跑过来……”

这是怎么回事？

原来，小雷一大早就跑到长河区法院立案。来到长河区法院门口，看到法院旁边有不少法律事务所门口写着“法律咨询”，他就走进了一家，咨询员告诉他，案子是被告住所地法院管辖。小雷听后，拿了材料就直奔了海天区法院。

“你这个案子是有协议管辖的呀。”法官耐心地解释到。什么是协议管辖？难道法律规定由被告所在地法院管辖的话在这个案子就不能用了？！小雷有点儿丈二和尚摸不着头脑。

那么，这个案子到底应由哪个法院管呢？如果我们不清楚民事诉讼法中关于协议管辖的规定，恐怕就像文中的小雷一样，起诉要跑断腿了。

## 法理分析

### （一）协议管辖的法律规定

《民事诉讼法》第三十四条规定：“合同或者其他财产权益纠纷的当事人可以书面协议选择被告住所地、合同履行地、合同签订地、原告住所地、标的物所在地等与争议有实际联系的地点的人民法院管辖，但不得违反本法对级别管辖和专属管辖的规定。”

这就是我国《民事诉讼法》中关于协议管辖的规定。老百姓之间如果财产上有纠纷，在书面协议中商量好到哪个法院打官司，都应该依照这条法律规定来办。

### （二）小雷该去哪儿起诉？

前文说到，蒙大医院与天成公司、汉州视界公司签订了《融资租赁合同》《手续费合同》《设备采购协议》三份协议，协议中都写明“应将争议提交至合同签订地有管辖权的法院解决”。同时也写明了合同签订地“汉州市长河区”。根据《民事诉讼法》第三十四条的规定，小雷就应该按照合同的约定，去合同签订地汉州市长河区法院起诉。

海天区法院审查完起诉材料后，向蒙大医院出具了不予受理裁定书。裁定书中法院是这样认为的：“当事人向人民法院提起民事诉讼应当符合法律规定的起诉条件，属于受诉人民法院管辖。合同纠纷的当事人可以书面协议选择被告住所地、合同履行地、合同签订地、原告住所地、标的物所在地等与争议有实际联系的地点的人民法院管辖。根据管辖协议，起诉时能够确定管辖法院的，从其约定。本案中，双方当事人在《融资租赁合同》《手续费合同》《设备采购协议》中均约定将争议提交合同签订地有管辖权的法院解决，且合同中明确写明合同签订地为汉州市长河区。当事人应当按照合同中的约定适用管辖，故本院对该案没有管辖权。依据《民事诉讼法》第一百一十九条第四项、第一百二十三条之规定，裁定如下：对起诉人景同县蒙大医院的起诉，本院不予受理。”

### （三）我国协议管辖规定的由来

人们在签订合同或在发生财产权益纠纷时，提前约定好双方今后上哪个法院打官司，这种做法按照专业术语的说法就叫协议管辖。协议管辖制度是一个舶来品，早在古罗马时期就有了制度的雏形，它是当事人意思自治原则的体现，通俗地说，就是“我们商量好了的事我们自己做主”。现今，协议管辖制度已被国际上广泛认可。

1982 年 3 月，我国颁布了第一部《民事诉讼法（试行）》，在这部民事诉讼法中还没有协议管辖的规定。到了 1991 年 4 月，我国颁布了新的《民事诉讼法》，增加了对协议管辖条款的规定，第一次将协议管辖作为一项制度落实于法律。当时的协议管辖条款是这样规定的："合同的双方当事人可以在书面合同中协议选择被告住所地、合同履行地、合同签订地、原告住所地、标的物所在地人民法院管辖，但不得违反本法对级别管辖和专属管辖的规定。"之后，我国又对《民事诉讼法》做了三次修正，现行的 2017 年修正后的《民事诉讼法》对协议管辖条款进一步做了完善。通过与 1991 年《民事诉讼法》中协议管辖规定的对比，2017 年修正后的《民事诉讼法》中协议管辖不仅适用于因合同纠纷提起的诉讼，还将"其他财产权益纠纷"也列入了协议管辖的范畴，并且可以协议"与争议有实际联系的地点"的法院管辖案件，赋予了人们更多的选择权。

我国的《民事诉讼法》关于协议管辖条款的完善，适应了市场经济发展的需要，进一步扩大了当事人的诉讼权利，方便了人们的诉讼。

### （四）如何理解协议管辖条款？

《民事诉讼法》第三十四条关于协议管辖的规定，列举了被告住所地、合同履行地、合同签订地、原告住所地、标的物所在地五个地点，当事人约定这五个地点的法院管辖都是有效的，但是不得违反《民事诉讼法》对于级别管辖和专属管辖的规定。

这里需要说明的是，合同中约定的合同履行地应如何理解呢？《最高人民法院关于适用〈中华人民共和国民事诉讼法〉的解释》第十八条第一款规定，"合同约定履行地点的，以约定的履行地点为合同履行地"。在这里，约定履行地点仅指合同中载明"合同履行地点"的情形，合同中约定"交货地、付款地"的，不能认为是对"合同履行地"的约定。

那么，对《民事诉讼法》第三十四条中其他文字的表述，我们又该如何理解它的文意呢？这需要我们明白以下几个问题。

### 1. 什么是合同和其他财产权益纠纷

合同又称契约、协议，《民法典》第四百六十四条规定：“合同是民事主体之间设立、变更、终止民事法律关系的协议。”比如，小张找小李借了2万元钱，这就在两人之间形成了一个借款合同。像买卖合同、借款合同、租赁合同都是在实际生活中我们经常见到的合同。可以说，合同在人们的日常生活中无处不在。

那么，什么是其他财产权益纠纷呢？这个问题其实在学界和司法实践中都是有争议的，并没有一个统一的认识。《民事诉讼法》立法者也并未对“财产权益纠纷”作出界定，而仅在立法理由中表示这些纠纷包括因物权、知识产权中的财产权而产生的民事纠纷。财产权益纠纷应当与人身关系或人身权有所区别，身份关系的案件，例如离婚纠纷、解除收养关系、监护权纠纷应该不适用协议管辖的规定。

在审判实践中，协议管辖条款主要出现在合同文本中，且普遍适用于因合同纠纷而引起的民事诉讼。实践中，因“其他财产权益纠纷”适用协议管辖的并不常见，对这部分纠纷的法律适用和理解还需要通过审判实践不断认识和积累。

### 2. 什么是与争议有实际联系的地点

当事人发生争议后，选择“与争议有实际联系的地点的人民法院管辖”，是《民事诉讼法》协议管辖条款修改后新加入的内容。它扩大了当事人选择法院的范围，使约定管辖法院不必限于法条列举的五个地点。

“有实际联系的地点”是一个不确定的法律概念，需要在审判实践中根据具体情况作出判断。《北京市高级人民法院关于立案审判适用法律若干问题的解答（一）》中，对“与争议有实际联系的地点的人民法院管辖”的案件做了举例：“一般而言，买卖合同中约定提货地法院管辖的、总公司在签订的合同中约定分公司所在地法院管辖的，可认定为与争议有实际联系的地点。”当事人约定上述地点法院管辖的，应当认为约定是有效的。

### 3. 什么是不得违反本法对级别管辖和专属管辖的规定

在这里，我们要明白什么是级别管辖和专属管辖。

级别管辖，是划分上下级人民法院之间受理第一审民事案件的分工和权限，从而确定哪一级别法院对哪一类第一审民商事案件享有管辖权。以北京市为例，北京市分为基层法院、中级法院和高级法院三级。各级法院对民商事案件的审理标准，一般以起诉时的标的额和案件类型来划分。

例如：根据北京市三级法院的级别管辖规定，当事人各方住所地都在本市辖区，诉讼标的额在 1 亿元以下的第一审民商事案件由基层人民法院审理。1 亿元及 1 亿元以上的案件，由上一级人民法院审理。例如，甲公司与乙公司都位于北京市，乙公司欠甲公司 8000 万元货款，这时，甲公司如果起诉乙公司还款，就应该在北京市的基层人民法院诉讼。

还有一些案件，是按照案件类型来划分的。比如按照北京市法院的级别管辖规定，婚姻、继承、家庭、物业服务、人身损害赔偿、交通事故、劳动争议以及群体性纠纷案件由基层人民法院审理。这里，不问原告起诉时诉讼标的额有多高，只要属于上述几类案件，就都由基层人民法院审理。例如，甲起诉乙离婚，双方的夫妻共同财产价值 2 亿元，虽然财产价值超出了 1 亿元，但离婚案件还是由基层人民法院审理。

对级别管辖的划分标准，各省、自治区、直辖市规定不尽相同。例如，2015 年 4 月 30 日《最高人民法院关于调整高级人民法院和中级人民法院管辖第一审民商事案件标准的通知》规定，当事人住所地均在受理法院所处省级行政辖区的第一审民商事案件，北京市高级人民法院管辖诉讼标的额 5 亿元以上第一审民商事案件，而天津市高级人民法院管辖诉讼标的额 3 亿元以上第一审民商事案件。

随着经济的发展，同一个地区级别管辖标准也在发生着变化。如，北京市高级人民法院 2008 年规定，基层人民法院管辖诉讼标的额在 5000 万元以下的第一审民商事案件。2010 年，北京市高级人民法院规定，基层人民法院管辖诉讼标的额在 1 亿元以下的第一审民商事案件，但不包括诉讼标的额在 5000 万元以上且当事人一方住所地不在本市辖区的第一审民商事案件。

当事人在订立管辖协议条款时，应尽可能按照当地级别管辖案件标准来选择法院，做到约定明确，以免在发生纠纷后到法院诉讼时引起歧义，导致管辖认定上的困难。

专属管辖，是指法律规定的某些特殊类型的案件只能由专门的人民法院管辖，当事人不得协议变更管辖法院的制度。我国《民事诉讼法》第三十三条规定："下列案件，由本条规定的人民法院专属管辖：（一）因不动产纠纷提起的诉讼，由不动产所在地人民法院管辖；（二）因港口作业中发生纠纷提起的诉讼，由港口所在地人民法院管辖；（三）因继承遗产纠纷提起的诉讼，由被继承人死亡时住所地或者主要遗产所在地人民法院管辖。"

比如，一起房产权属纠纷案件，甲起诉乙，要求判决位于A区的房产归其所有。甲位于B区，乙位于C区。双方在起诉前书面约定，发生争议时由甲方所在地即B区的人民法院管辖。这时双方的约定就是无效的，它违反了《民事诉讼法》第三十三条"因不动产纠纷提起的诉讼，由不动产所在地人民法院管辖"的规定。

## 知识拓展

上文，我们对《民事诉讼法》第三十三条协议管辖规定的条文进行了分析梳理。为了更好地理解协议管辖，需要再明确下面几个内容。

### （一）协议管辖优先于一般地域管辖

通常所说的"原告就被告"原则，这种管辖叫作一般地域管辖。被告的住所地在哪个法院的辖区，原告就应该到那个辖区的法院起诉，案件就归被告所在地的那个法院审理。这条原则确定于我国的《民事诉讼法》第二十一条："对公民提起的民事诉讼，由被告住所地人民法院管辖……"

"原告就被告"原则是一般性法律规定。法律同时规定，根据管辖协议，起诉时能够确定管辖的，从其约定。也就是说合同有约定的，要按约定的协议管辖条款起诉，即协议管辖优先适用。在没有约定的情况下，才按照法定原则起诉。

### （二）对约定管辖法院不够明确的理解

举一个例子，北京的甲和乙签订了一份买卖合同，双方约定管辖条款为“由北京市的法院管辖”。这条规定看起来确实不够明确，“北京市的法院”到底指向的是哪一家法院呢？这里需要具体问题具体分析。如果甲的诉讼标的额是60亿元（北京市高级人民法院受理的一审民商事案件的诉讼标的额是50亿元以上），那么一审案件就可以由北京市高级人民法院管辖。如果甲的诉讼标的额是6万元，该诉讼标的额的案件，北京市各基层法院都有管辖权，由于北京市的基层法院有多个，无法确定具体哪个法院，因此，双方的协议管辖条款既不明确也不具体，这种管辖协议就是无效的。应按照法定管辖的规定来确定审理法院。

还有一种情况，甲和乙明确约定了管辖法院是北京市海淀区人民法院，但是起诉时诉讼的标的额是60亿元人民币，该约定就一定是无效的吗？这一约定首先表明，双方意愿明确想在海淀区法院起诉，这时应尊重当事人的意思表示，认定该管辖协议是有效的，然后结合级别管辖的标准确定具体的管辖法院。

对此，《北京市高级人民法院关于立案审判适用法律若干问题的解答（一）》中有具体规定：“1. 当事人约定管辖时笼统约定由‘某省法院’或者‘某市法院’管辖的，应结合级别管辖的相关规定，判断起诉时是否能确定唯一一家法院有管辖权。如果能够确定，则约定管辖有效；如果不能确定，则属于约定不明无效的情形，应当依照民事诉讼法的相关规定确定管辖。2. 当事人之间的管辖协议条款中，地域管辖明确具体，但级别管辖不符合当地级别管辖标准的，如果按照该地域管辖约定，结合案件性质、标的额等能够确定级别管辖法院的，该管辖协议条款有效。”

当然，人们在订立管辖协议时还应尽量避免上述情况的发生。

### （三）需要注意的几个问题

#### 1. 管辖协议口头达成有效吗

管辖协议应当采用书面形式，包括合同书、信件和数据电文（如电报、电传、传真、电子数据交换和电子邮件）等可以有形地表现所载内容的形式。

例如，双方通过手机微信的方式签订的合同、电子商务合同中都可以约定协议管辖。当事人口头约定协议管辖法院无效。

**2. 管辖协议何时达成是有效的**

《最高人民法院关于适用〈中华人民共和国民事诉讼法〉的解释》第二十九条规定："民事诉讼法第三十四条规定的书面协议，包括书面合同中的协议管辖条款或者诉讼前以书面形式达成的选择管辖的协议"。

由于人民法院确定管辖以当事人起诉时的条件为准，所以管辖协议应当在诉讼前达成才有效。

**3. 管辖协议中可以约定两个以上地点的法院管辖**

《最高人民法院关于适用〈中华人民共和国民事诉讼法〉的解释》第三十条第二款规定："管辖协议约定两个以上与争议有实际联系的地点的人民法院管辖，原告可以向其中一个人民法院起诉。"例如，甲和乙在合同中约定，发生纠纷的由各自住所地人民法院管辖，该约定有效。

**4. 常见的管辖协议中约定不明确的情形**

这里举一个例子。甲与乙因为50万元的买卖合同争议起诉到法院，双方在合同中签订了协议管辖条款，对比下面两句话。(1)"发生争议后，双方同意提交合同签订地的人民法院解决。合同签订地为：北京市海淀区"。(2)"发生争议后，双方同意提交合同签订地的人民法院解决。合同签订地为：北京市"。

第一句话由于明确到了具体的地域海淀区，而海淀区只有一个法院，即海淀区人民法院，因而约定是有效的。而第二句话，合同签订地只写明北京市，而北京市有包括海淀区在内的多个辖区，因此无法判断具体是哪一个区，不能反映出当事人真实的意思表示，这种约定不明确、不具体，因而通常认为是无效的。

在审判实践中，还有两种比较常见的管辖协议无效的情形。[①] 一是当事

① 《〈中华人民共和国民事诉讼法〉修改条文理解与适用》，人民法院出版社2012年版，第53页。

人在管辖协议中约定由“守约方所在地法院管辖”。由于在立案阶段，法官无法判明哪方是守约方，哪方是违约方，一方以自己认为的守约方的所在地法院起诉是不合适的，这时的约定就是不明确的，因而这样的管辖协议约定无效。二是约定由“当地法院管辖”。这种约定的“当地”是哪里？是原告所在地、被告所在地，还是合同履行地都不明确，因此通常这种约定也不能认为有效。

## 普法提示

协议管辖制度从古罗马时代开启行程，历经漫漫历史长河，终于走进现代社会人们的眼帘。它开始虽然发展得有些缓慢，但经过近几十年不断发展完善，已逐渐绽放出了勃勃生机。经济社会的不断发展，推动着法律制度的变革与进步，平等、合作、意思自治的法治理念，在协议管辖制度中得到了很好的体现。

协议管辖制度赋予了当事人按照契约精神的合意选择审理法院的权利。它的好处在于，当事人有权按照自己的意志选择对各方都适合的法院解决纠纷，方便了当事人的诉讼，也方便了法院的审理。在当事人自愿选择的基础上，法院也可以顺利开展工作，对于化解各方的矛盾，提高审判效率都有帮助，它就像润滑剂，便利了诉讼各方纠纷的解决。

审判实践中，当事人在协议管辖的内容上可谓千差万别。有的约定不在《民事诉讼法》第三十四条规定的范围内，有的约定不明确导致约定管辖无效，有的为了避开协议管辖条款，故意曲解条款的原意而去其他法院诉讼，还有的当事人不明白协议管辖为何意就在合同上签字，导致在诉讼后懊悔不已……

所以，在签订管辖协议时要注意以下几点：

### （一）管辖协议应当在诉讼前以书面形式签订

当事人口头的协议管辖是无效的，书面形式包括纸质的合同书、信件、数据电文（如电报、电传、传真、电子数据交换和电子邮件）。管辖协议必须在诉讼前商量好，到法院诉讼，如果没有管辖协议，应当按照法定管辖原则来确定管辖法院。

### （二）协议管辖地点应当在法律限定的范围内

我国《民事诉讼法》第三十四条明确列举了5个协议管辖地点，包括：被告住所地、合同履行地、合同签订地、原告住所地、标的物所在地，及其他与争议有实际联系的地点作为协议管辖地点。这些地点的法院都可以由当事人选择。人们在协议管辖时不能超出这个范围，否则约定无效。

### （三）协议管辖内容要明确具体

管辖协议约定的内容应当一目了然，让人明白在发生合同和其他财产权益纠纷后，管辖协议所指向的解决争议的管辖法院必须是明确、具体的，而不会引起歧义。

### （四）协议管辖不得违反专属管辖和级别管辖的规定

人们在签订管辖协议的时候，应当了解法律规定的专属管辖案件类型，以及当地基层法院、中级法院和高级法院审理案件的级别管辖划分。这些对普通大众来讲，确实有些麻烦，但在诉讼时会为当事人提供帮助，节省诉讼时间和成本。

实践中遇到的问题绝不止限于上述内容，管辖协议在实践中表现形式繁多，要具体问题具体分析。人们在签订管辖协议时，如果了解协议管辖规定的基本内容，就会在打官司的时候少走些弯路，才能更好地拿起法律武器，维护自身的合法权益。让我们一起知法、懂法、用法，遵守和维护好诉讼秩序，共建一个理性、和谐、有序的法治社会。

案例二

# 如何判定“接收货币一方”？

## ——结合案例浅析合同履行地的确定

王慧敏[1]

## 案情回顾

### （一）“手工达人”遇知己，诚信买卖得友谊

2016年10月的一个周天，家住S区的木制玩具爱好者大吉，通过朋友圈看到家住H区的“手工达人”小伟制作出了精美的“十二生肖”木玩具，惟妙惟肖，甚是讨人喜爱。于是，大吉通过微信立即联系上了小伟，表示想要购买这套玩具。两人志趣相投、相谈甚欢，在当年10月20日双方还正式签订了一份《木玩具买卖合同》并履行完毕。从此以后，大吉成了小伟的忠实“粉丝”，经常在微信上欣赏小伟手工制作的玩具；小伟的创作热情也步步高涨，制作的木玩具也越来越丰富，既有花鸟飞禽，又有卡通人物。

### （二）好友买卖明算账，拖欠货款上法庭

2017年1月，大吉失业了，积蓄所剩无几。一天，大吉看到小伟在微信上晒出精心之作“龙猫”后特别喜欢，于是就通过微信向小伟订购。但大吉收到货后一直拖了半年还没付款，小伟终于忍不住开始向大吉催要货款。大吉便以各种理由推脱，一会儿说“龙猫”颜色不正，一会儿说过几天再给，甚至要求折价付款。眼看大吉想要赖了这笔账，小伟感到追款无望，便决定向法院提起诉讼。

---

① 北京市海淀区人民法院立案庭（诉讼服务中心）。

### （三）管辖法院起争议，哪个法院来受理？

2017年9月，小伟向自己所在地的H区人民法院提交了起诉大吉的诉讼材料。小伟诉称，大吉于2016年10月开始向小伟购买木制玩具，双方签订了《木玩具买卖合同》，该合同履行完毕后，大吉又通过微信向小伟定购了“龙猫”木制玩具，后小伟履行了供货义务，但大吉拖欠货款未支付。依据《最高人民法院关于适用〈中华人民共和国民事诉讼法〉的解释》第十八条“争议标的为给付货币的，接收货币一方所在地为合同履行地”的规定，小伟作为接收货币一方，住所地为H区，故直接到H区人民法院提交了起诉状，请求法院判令大吉支付“龙猫”玩具货款4万元并承担本案诉讼费用。小伟同时还向法院提交了付款回单、快递详情单、微信聊天记录等证据来佐证2016年10月双方签订的《木玩具买卖合同》已经履行完毕、双方另行通过微信达成了新的买卖合意。

让小伟意外的是，大吉在答辩期间向法院提出了管辖权异议。大吉指出，2016年10月20日甲方（大吉）与乙方（小伟）签订的《木玩具买卖合同》第十三条约定：“甲、乙双方之间产生的有关本合同的一切纠纷，双方应通过友好协商解决，如果协商不能解决，双方当事人可向甲方所在地人民法院提出诉讼。”现甲方大吉的住所地为S区，故H区人民法院对本案没有管辖权，应移送至有管辖权的S区人民法院审理。

H区人民法院经审查认为，本案系因合同纠纷提起的诉讼，由被告住所地或者合同履行地人民法院管辖。合同对履行地点没有约定或者约定不明确，争议标的为给付货币的，接收货币一方所在地为合同履行地。现小伟提交证据佐证2016年10月双方签订的买卖合同已经履行完毕，双方另行通过微信达成了新的买卖合同合意，且并未就合同履行地或争议解决方式进行约定，现小伟向大吉主张给付货款，小伟作为接收货币一方，其住所地在H区，因此H区人民法院对此案具有管辖权，大吉的管辖权异议理由不成立。H区人民法院最终驳回了大吉的管辖权异议申请。

### （四）裁定驳回仍不服，二审法院提上诉

大吉对H区人民法院作出的民事裁定不服，咨询律师后便向北京市第

一中级人民法院提起上诉。大吉上诉称，请求撤销一审法院民事管辖裁定，将本案移送至S区人民法院审理。大吉提出的理由是：第一，一审法院认定事实错误。本案系买卖合同纠纷，双方之间签订的《木玩具买卖合同》第十三条明确约定出现纠纷由S区人民法院管辖，双方后来的买卖行为仅是对产品数量的追加，其他内容没有改变，属于原合同的延续。一审法院认定合同已经履行完毕，双方另行通过微信达成买卖合同的合意属于认定事实错误。第二，一审法院适用法律错误。本案不应当适用《最高人民法院关于适用〈中华人民共和国民事诉讼法〉的解释》第十八条第二款的规定，虽然本案中小伟的诉讼请求是索要货款，但是不能简单地认定争议标的为给付货币，双方争议的标的应该是买卖合同关系或者是买卖行为，涉及供货、运输、付款、产品质量、交付期限、违约责任等多种争议。对《最高人民法院关于适用〈中华人民共和国民事诉讼法〉的解释》第十八条的适用只能限定在基础法律关系为借款之类的个别纠纷，而不能作扩大解释和适用。

北京市第一中级人民法院经审查认为，买卖合同是指出卖人转移标的物的所有权于买受人，买受人支付价款的合同。小伟向一审法院提交的付款回单及微信聊天记录等佐证2016年10月双方签订的《木玩具买卖合同》已经履行完毕。大吉上诉亦称是对产品数量的追加。综上，小伟已经转移《木玩具买卖合同》中约定的标的物的所有权，大吉亦支付完毕价款。后双方又达成新的买卖合同合意，但并未就争议解决方式或合同履行地进行约定。本案系小伟要求大吉支付货款的买卖合同纠纷，小伟可以选择被告住所地或合同履行地进行诉讼。双方当事人未约定合同履行地的，接收货币一方所在地为合同履行地。本案中，小伟是接收货币一方当事人，故H区人民法院对本案具有管辖权，一审法院裁定并无不当，予以维持。

### （五）本案争议焦点

本案的争议焦点为：合同对履行地点没有约定或者约定不明确时，如何理解“争议标的为给付货币”，以及如何适用《最高人民法院关于适用〈中华人民共和国民事诉讼法〉的解释》第十八条第二款“接收货币一方所在地”来确定“合同履行地”，并进一步确定案件管辖法院的问题。

## 法理分析

对《最高人民法院关于适用〈中华人民共和国民事诉讼法〉的解释》第十八条第二款“接收货币一方”的理解，应根据当事人的诉讼请求、合同履行义务、事实与理由等内容，[①] 以判定案件的“争议标的”作为前提与关键点。《北京市高级人民法院关于民事诉讼管辖若干问题的规定（试行）》规定，“争议标的”是指诉讼请求所指向的合同义务内容，争议标的履行地指诉讼请求所指向的合同义务内容的履行地[②]。该规定适用于争议标的为给付货币的所有合同纠纷（法律、法规或者司法解释有特殊规定的除外）[③]，而不仅仅局限于以基础法律关系为借款关系的纠纷。

### （一）立法沿革

现行法中主要有三部法律或司法解释对“接收货币一方所在地”进行了规定。2021 年 1 月 1 日起施行的《民法典》第五百一十一条第三项沿用了已废止的《合同法》（1999 年 10 月 1 日起施行）第六十二条第三项对“接受货币一方所在地”的规定。作为民法典、实体法，该规定是对合同双方未约定履行地点时的补救，目的在于促使有义务的一方当事人切实有效地履行义

---

① 参见沈德咏主编、最高人民法院修改后民事诉讼法贯彻实施工作领导小组编著：《最高人民法院民事诉讼法司法解释理解与适用》（上），人民法院出版社 2015 年版，第 154 页。

② 参见《北京市高级人民法院关于民事诉讼管辖若干问题的规定（试行）》（发布日期：2015 年 12 月 31 日）第二条。

③ 参见《北京市高级人民法院关于民事诉讼管辖若干问题的规定（试行）》（发布日期：2015 年 12 月 31 日）第三条。

务，并使得权利人的权利能够顺利地实现。[①] 该规定适用于借款合同、买卖合同、服务合同等含货币支付内容的合同。2015 年 2 月 4 日起施行的《最高人民法院关于适用〈中华人民共和国民事诉讼法〉的解释》第十八条第二款对“接收货币一方所在地”进行了解释与规定，在合同对履行地点没有约定或者约定不明确，争议标的为给付货币时，对确定争议案件合同履行地管辖法院进行了程序上的规定，2020 年修正后的该司法解释沿用了这一规定。最高人民法院 2015 年 8 月 6 日发布的《关于审理民间借贷案件适用法律若干问题的规定》第三条专门对“民间借贷”案件合同履行地为“接受货币一方所在地”的适用进行了特别规定，2020 年修正后的该司法解释沿用了这一规定。值得注意的是，《最高人民法院关于适用〈中华人民共和国民事诉讼法〉的解释》表述为“接收”，其他法律及司法解释的规定表述为“接受”，因立案审查工作以《最高人民法院关于适用〈中华人民共和国民事诉讼法〉的解释》作为主要依据，故以下表述统一为“接收”。

### （二）理论辨析

《民法典》与《最高人民法院关于适用〈中华人民共和国民事诉讼法〉的解释》就“接收货币一方所在地”的规定虽有相似之处，但亦有区别，这不仅体现为实体法与程序法的区别，还体现在对合同履行地点约定不明确时，前者以双务或多务合同的义务类型来确定履行地，后者以“争议标的”内容来确定履行地，使管辖连结点更易确定。

就《最高人民法院关于适用〈中华人民共和国民事诉讼法〉的解释》规定的“争议标的”的理解，学理上有两种解释，一种是诉请义务说，即原告提出的诉讼请求中被告应当履行的义务。以诺成性借款合同为例，原告出借方提出要求被告借款方返还借款的诉讼请求，原告出借方为“接收货币一方”，其所在地为合同履行地；若原告为借款人向出借人提出交付借款的诉讼

① 赵旭东：《合同履行地与诉讼管辖地之辨析——兼评〈民事诉讼法司法解释〉第 18 条第 2 款》，载《司法改革论评》2016 年第 2 期。

请求，则借款人为“接收货币的一方”，其所在地则应视为合同履行地。另一种是“特征义务说”，即双方发生纠纷的合同类型或性质所决定的主要或特征性义务。[①] 以借款合同为例，借贷双方作为原告提出的诉讼请求是否含有货币支付内容（如支付违约金、定金等[②]）不是确定合同履行地的依据，而应依借款合同的主要或特征性义务是返还还是交付借款来确定合同履行地。进一步讲，在立案审查时，是以当事人在诉讼中主张的合同法律关系来判断合同的主要或特征性义务，进而确定“争议标的”后再确定案件管辖权。为更好地理解这个问题，现以北京市第一中级人民法院作出的张某与何某民间借贷纠纷民事裁定书举例说明。在本案中，何某以民间借贷合同法律关系作为案由起诉张某要求返还借款。张某上诉主张本案《借款协议》虽然名为借款协议，但实际上本案的合同性质是技术开发合同的补充协议而非民间借贷关系，不应适用民间借贷纠纷确定本案管辖。法院审查后认为，本案《借款协议》虽然与技术开发合同有一定关联性，但从内容上看相对独立，鉴于本案系何某以民间借贷纠纷为由提起的诉讼，且在协议中未约定履行地点，何某系依据《借款协议》要求张某偿还借款，因此本案的争议标的为给付货币，可以由接收货币一方所在地即何某住所地所在法院管辖。因此，一审法院以何某在本案中主张的法律关系的性质确定本案管辖权并无不当。《借款协议》约定的借款是否符合偿还条件，应由一审法院审理后进行认定。此案最终认定出借人何某住所地，即其主张的民间借贷法律关系中“接收货币一方所在地”法院有管辖权。

结合北京市高级人民法院于2015年12月31日发布的《关于民事诉讼管辖若干问题的规定（试行）》第一条至第五条的规定，可见，北京法院倾

---

① 参见王亚新、雷彤：《合同案件管辖之程序规范的新展开——以〈民事诉讼法〉司法解释第18条的理解适用为中心》，载《法律适用》2015年第8期。

② 支付违约金、赔偿金是违反合同义务的民事责任承担方式，不是发生争议的合同义务本身。请求支付赔偿金、违约金的，应以诉讼请求指向的合同义务内容确定合同履行地。参见《重庆市高级人民法院关于民事诉讼管辖若干问题的解答》（渝高法〔2017〕256号），发布日期：2017年10月11日。

向于“特征义务说”，即合同性质不是确定合同履行地的唯一条件，应根据当事人争议或者案件纠纷所针对的合同项下的某项特定义务确定履行地。江苏省高级人民法院亦采相同观点，认为“争议标的”应理解为原告起诉主张被告不履行或违约履行的合同义务。①

对此应注意把握两点，一是“争议标的”应当理解为合同义务，不能把“争议标的”等同于诉讼请求。合同纠纷中，诉讼请求是基于合同关系主张对方承担合同责任的声明，针对的是违反约定义务形成的责任。违反非货币义务形成的违约金、定金、赔偿损失等请求均为货币给付性质，如果将“争议标的”扩张理解为诉讼请求，将导致违反非货币义务形成纠纷的地域管辖规则虚化。二是“争议标的”应当理解为原告起诉主张的合同义务，而非当事人实际争议的合同义务，原因在于起诉主张的合同义务是否存在履行争议，以及当事人之间是否还存在其他义务履行争议，均属于实体审理范围，并非确定管辖形式审查对象。②

以本案为例，小伟与大吉的买卖合同（争议的合同义务为“交付标的物”或“给付价款”）纠纷中，双方未明确约定合同履行地点，当事人因支付货款产生争议，该争议标的内容为给付货币，应当以接收货币的原告，即卖方小伟所在地为合同履行地。进一步讲，假设本案中，卖方小伟作为原告，其诉讼请求是要求对方继续履行合同、返还货物或要求对方承担违约责任，其诉求指向的均是买方大吉“给付价款”义务，争议标的为“给付货币”，应以接收货币一方所在地即卖方小伟所在地为合同履行地。但是，如果本案中买方大吉是原告，无论原告的诉讼请求是继续履行合同、交付标的物还是返还价款、要求被告承担违约责任，诉求的指向均是卖方的“交付标的物”义务，此时争议标的非“给付货币”，应以适用履行“交付标的物”义务一方

① 参见江苏省高级人民法院《关于商事纠纷案件管辖的若干疑难问题的解答》（发布日期：2017年11月）。

② 参见江苏省高级人民法院《关于商事纠纷案件管辖的若干疑难问题的解答》（发布日期：2017年11月）。

即卖方小伟所在地为合同履行地。[1] 如，北京市第三中级人民法院作出的唐某与夏某居间合同纠纷民事裁定书认为，唐某与夏某签订的《项目合作协议书》中未约定履行地点，故应当根据当事人的诉讼请求并结合合同履行义务的内容，确定本案合同履行地。依据唐某与夏某的合同内容，夏某有确保涉案工程项目给唐某施工的义务。唐某的诉讼请求为因夏某未完全履行上述义务而返还部分费用，唐某的诉讼请求虽为给付金钱，但该种给付并非根据合同义务中的支付价款，而是依合同义务的履行产生的违约责任，故应依据违约责任指向的合同义务内容的履行地确定管辖。唐某起诉夏某请求返还部分费用，其所指向的合同义务为夏某确保涉案工程项目给唐某施工的义务，履行义务一方为夏某，故夏某所在地应为本案合同履行地。

## 知识拓展

《民事诉讼法》第二十三条规定："因合同纠纷提起的诉讼，由被告住所地或者合同履行地人民法院管辖。"合同履行地是指合同义务的履行地，可以是一个履行地也可以是多个履行地。不管是双务合同、多务合同还是单务合同，都可能存在多个合同义务，但发生合同纠纷时，均需以争议的合同义务的履行地作为确定管辖的合同履行地。[2] 立案实践中，确定"合同履行地"对于确定合同案件管辖法院具有关键作用。若以"合同履行地"作为管辖连结点时，结合《最高人民法院关于适用〈中华人民共和国民事诉讼法〉的解释》第十八条规定，应着重注意以下问题：

---

① 此处适用《最高人民法院关于适用〈中华人民共和国民事诉讼法〉的解释》第十八条第二款"其他标的，履行义务一方所在地为合同履行地"的规定。

② 参见高民智：《关于民诉法解释中有关管辖若干问题的理解与适用》，载《人民法院报》2015 年 8 月 27 日。

### （一）“合同履行地”的确定应以合同约定的履行地点为优先判断标准[①]

该处的“约定履行地点”是指当事人书面、明确约定的履行地，合同必须明确载明“履行地”字样，即约定履行地点仅指合同书中载明“合同履行地点”的情形，合同中对交货地、付款地等某项合同义务履行地的约定不作为确定合同履行地点的依据。[②]如北京市第一中级人民法院作出的程某与骆某合同纠纷民事裁定书认为，在本案中，双方所签订的加盟协议中虽然有关于“授权经营区域为北京市石景山区古城西路区域”的内容，但该内容并不是明确、无歧义的关于合同履行地的约定，不能据此认定法律意义上的合同履行地，程某认为双方在合同中关于授权经营区域的约定就是合同履行地的约定的上诉理由不能成立，本院不予支持。

此外，还需注意的是，当约定的履行地点与实际履行地发生冲突时，应以约定的履行地作为确定案件管辖权的依据。[③]

### （二）合同对履行地点没有约定或者约定不明确时的处理原则

在实践中，如书面约定双方出现纠纷诉至合同履行地“北京市海淀区人民法院”或“合同甲方注册地”等法院，属于能明确合同履行地法院的约定；但当事人在合同中仅有对“授权经营地”“校区”“培训地”等地点的约定，并未明确该地点为合同履行地，则属于合同履行地点不明确的典型情形。当出现上述合同对履行地点没有约定或者约定不明确的情况时，除了前述“争议标的为给付货币的”情形的认定，《最高人民法院关于适用〈中华人民共和国民事诉讼法〉的解释》第十八条第二款还规定了另外两种情形，即争议

---

① 《最高人民法院关于适用〈中华人民共和国民事诉讼法〉的解释》第十八条第一款规定：“合同约定履行地点的，以约定的履行地点为合同履行地。”

② 参见《北京市高级人民法院关于民事诉讼管辖若干问题的规定（试行）》第一条（发布日期：2015 年 12 月 31 日）。

③ 参见沈德咏主编、最高人民法院修改后民事诉讼法贯彻实施工作领导小组编著：《最高人民法院民事诉讼法司法解释理解与适用》（上），人民法院出版社 2015 年版，第 155 页。

标的为“交付不动产”“其他标的”的情形。

如果双方争议标的为“其他标的”的，履行义务一方所在地为合同履行地。交付“其他标的”应理解为交付动产、财产权利等内容。为更直观地理解这个问题，现以北京市海淀区人民法院处理的一起某出版社诉某图书销售有限公司出版合同纠纷案为例来进行说明。本案中，原告某出版社与被告某图书销售有限公司签订了两部作品的图书出版合同，原告认为被告并不拥有授予其出版发行作品的权利，导致原告行使合同约定权利时侵犯了他人著作权并对他人进行侵权赔偿。被告违反了其在图书出版合同中向原告所作的关于著作权权利的保证，给原告造成了严重经济损失并使原告的声誉受损，故诉至法院要求被告赔偿损失。法院经审查认为，双方并未在合同中对管辖问题做出相应约定，亦没有约定合同履行地点。本案原告的诉讼请求系要求被告赔偿其所受损失，其合同依据是被告所应负担的、向原告交付其享有完整著作权的作品的合同义务，即本案争议的标的并非单纯的给付货币，而属于《最高人民法院关于适用〈中华人民共和国民事诉讼法〉的解释》第十八条第二款中所规定的“其他标的”，应以履行义务一方，即某图书销售有限公司所在地为合同履行地。

如果双方争议的标的是“交付不动产”，则由不动产所在地为合同履行地。此外，就“即时结清”合同的履行地法律有十分明确的规定，即交易行为地为合同履行地（法律、司法解释对合同履行地有特别规定的，从其规定）。

在此需要注意两点：一是此处“接收货币一方所在地”“履行义务一方所在地”分别指接收货币一方和履行义务一方的住所地。[①] 二是《最高人民法院关于适用〈中华人民共和国民事诉讼法〉的解释》第十九条、第二十条对部分合同的合同履行地进行了特殊规定：对于财产租赁合同、融资租赁合同，

---

① 参见《北京市高级人民法院关于民事诉讼管辖若干问题的规定（试行）》第四条（发布日期：2015 年 12 月 31 日）。

以租赁物使用地为合同履行地。[①] 以信息网络方式订立的买卖合同引发的纠纷，要根据交付方式的不同，对合同履行地进行认定：通过信息网络交付标的的，以买受人住所地为合同履行地；通过其他方式交付标的的，收货地为合同履行地。[②]

### （三）对于未履行合同的履行地的确定

如果合同未实际履行，在审查管辖争议时，主要根据当事人的主张对合同是否履行作形式审查。如果合同没有履行，合同对履行地有约定的依照约定确定管辖，但是，当事人双方住所地均不在合同约定的履行地的，由被告住所地人民法院管辖；合同没有约定履行地也没有实际履行的，也应由被告住所地人民法院管辖。但不能违反专属管辖和级别管辖的规定。[③]

上述情形，总体而言均针对的是“给付之诉”的管辖适用。合同纠纷除涉及“给付之诉”外，也存在确认之诉和形成之诉。对于单纯请求变更、撤销、解除合同或确认合同效力的，不涉及财产给付内容的确认、形成之诉，不能按照《最高人民法院关于适用〈中华人民共和国民事诉讼法〉的解释》第十八条第二款的规定确定合同履行地。对此，当事人对合同履行地有明确约定的，按照约定履行地确定管辖法院；如果合同中对履行地点没有约定，且不属于法律、法规或者司法解释对合同履行地有特殊规定的情形的，应当按照被告住所地确定管辖。[④]

---

① 参见《最高人民法院关于适用〈中华人民共和国民事诉讼法〉的解释》第十九条。

② 参见《最高人民法院关于适用〈中华人民共和国民事诉讼法〉的解释》第二十条；《北京市高级人民法院关于立案审判适用法律若干问题的解答（一）》第十四项（发布日期：2018 年 12 月 4 日）。

③ 参见《北京市高级人民法院关于民事诉讼管辖若干问题的规定（试行）》第五条（发布日期：2015 年 12 月 31 日）。

④ 参见《北京市高级人民法院关于立案审判适用法律若干问题的解答（二）》（发布日期：2019 年 11 日 20 月）。

## 普法提示

对于合同纠纷案件，当事人以合同履行地作为管辖连结点向法院起诉时，如何判断管辖法院一直存在不同的理解。尤其是在双方没有约定履行地或约定不明确时，对确定“接收货币一方所在地”的争议不断，对此提起管辖异议的案件不在少数。为了进一步厘清“接收货币一方所在地”作为合同履行地的判断规则，本部分内容以现行法律为依据，结合各地对于此问题的适用规范，对相关问题进行了梳理，以对当事人的立案实践提供参考。

### （一）有关“合同履行地”的法律规定

从法律规定上看，依据“合同履行地”确定案件管辖法院的依据有：

《民法典》第五百一十一条第三项规定：“履行地点不明确，给付货币的，在接受货币一方所在地履行；交付不动产的，在不动产所在地履行；其他标的，在履行义务一方所在地履行。”

《民事诉讼法》第二十三条规定，因合同纠纷提起的诉讼，由被告住所地或者合同履行地人民法院管辖。第三十四条规定，合同或者其他财产权益纠纷的当事人可以书面协议选择被告住所地、合同履行地、合同签订地、原告住所地、标的物所在地等与争议有实际联系的地点的人民法院管辖，但不得违反本法对级别管辖和专属管辖的规定。

《最高人民法院关于适用〈中华人民共和国民事诉讼法〉的解释》第十八条规定，合同约定履行地点的，以约定的履行地点为合同履行地。合同对履行地点没有约定或者约定不明确，争议标的为给付货币的，接收货币一方所在地为合同履行地；交付不动产的，不动产所在地为合同履行地；其他标的，履行义务一方所在地为合同履行地。即时结清的合同，交易行为地为合同履行地。合同没有实际履行，当事人双方住所地都不在合同约定的履行地的，由被告住所地人民法院管辖。第十九条规定，财产租赁合同、融资租赁合同以租赁物使用地为合同履行地。合同对履行地有约定的，从其约定。第二十条规定，以信息网络方式订立的买卖合同，通过信息网络交付标的的，以买受人住所地为合同履行地；通过其他方式交付标的的，收货地为合同履行地。合同对履行地有约定的，从其约定。

《最高人民法院关于审理民间借贷案件适用法律若干问题的规定》第三条规定，借贷双方就合同履行地未约定或者约定不明确，事后未达成补充协议，按照合同相关条款或者交易习惯仍不能确定的，以接受货币一方所在地为合同履行地。

### （二）准确理解“争议标的”的含义

在上述法律规定中，“争议标的”包含“给付货币”“不动产”“其他标的”三种情形，对于后两种标的确定合同履行地一般无争议。而对于“争议标的是给付货币的，以接收货币一方所在地为合同履行地”的适用理解主要有两个误区，一是片面地认为该条款只适用于借款合同纠纷案件；二是认为所有的合同纠纷，只要诉请对方支付金钱，都可以在接收货币一方所在地起诉。诚然，借款合同纠纷案件是典型的“争议标的为给付货币”的纠纷案件，但此规定同样适用于含有货币给付义务的买卖合同、保管合同、服务合同等类型的合同纠纷案件中。此外，并非所有含给付金钱请求的诉请都适用于“接收货币一方所在地”，这样的话，将会出现大多数合同中追索货款、主张违约金、赔偿损失等诉讼均由原告方所在地管辖的情形。因此，准确的理解应当是：“给付货币”是指争议的合同义务为给付货币义务，而不是诉讼请求中支付金钱的内容，应当抓住“争议标的”这个关键前提。

### （三）以合同履行地确定案件管辖时的注意事项

《最高人民法院关于适用〈中华人民共和国民事诉讼法〉的解释》第十八条是确定合同履行地的一般原则，适用于除该司法解释第十九条、第二十条特殊规定的财产租赁合同、融资租赁合同、网络买卖合同以外的其他各类合同纠纷案件。在适用《最高人民法院关于适用〈中华人民共和国民事诉讼法〉的解释》第十八条规定，以合同履行地确定案件管辖法院时，尤其要注意以下事项：一是要尽量在合同中书面明确约定并载明“合同履行地”

事项；二是要在合同对履行地点没有约定或者约定不明确时，首先判断合同的“争议标的”，如为交付不动产，合同履行地则为不动产所在地；如为交付动产等其他标的，合同履行地则为履行义务一方所在地；如为“给付货币”，合同履行地的判断要以合同中是否约定货币给付义务、当事人争议或者案件纠纷所针对的合同项下的特定义务来确定“接收货币一方所在地”。对于特殊情况，如合同未履行时合同的履行地的确定，当事人双方住所地均不在合同约定的履行地的，由被告住所地人民法院管辖；合同没有约定履行地也没有实际履行的，也应由被告住所地人民法院管辖，但不能违反专属管辖和级别管辖的规定。对于当事人单纯请求变更、撤销、解除合同或者确认合同效力的，如果合同中对履行地点没有约定，且不属于法律、法规或者司法解释对合同履行地有特殊规定的情形的，应当按照被告住所地确定管辖。

案例三

# 债权转让后如何确定管辖法院？

## ——以一起借款合同纠纷为例

闫双[1]

## 案情回顾

### （一）受让债权提诉讼，却因管辖起纷争

2016 年 9 月，北京红红火火传媒有限公司（以下简称红红火火公司）向北京锁清秋科技有限公司（以下简称锁清秋公司）借款 90 万元，双方签订借款协议，约定红红火火公司应于 2017 年 6 月前偿还借款，并约定发生争议后协商解决。锁清秋公司于 2016 年 9 月 9 日向红红火火公司指定的收款人账号转账 90 万元，但红红火火公司并没有按时履行还款义务。2017 年 9 月，锁清秋公司将该项债权转让给了郑州市 A 区居民徐一一，双方签订债权转让协议，并在协议中约定如发生纠纷由郑州市 A 区人民法院管辖，同时向红红火火公司送达了债权转让通知书，但红红火火公司依然拒绝履行还款义务。债权人徐一一在多次催款无果的情况下向 A 区人民法院提起诉讼，要求红红火火公司返还借款 90 万元并赔偿相应的利息、合理支出，A 区人民法院受理了该案。

没想到，红红火火公司在答辩期内提出管辖权异议。红红火火公司认为，2016 年 9 月，其与锁清秋公司签订借款协议，徐一一并非协议的当事人，其与徐一一不存在合同关系，本案为借款合同纠纷，应由被告红红火火公司住所地法院即北京市海淀区人民法院审理，A 区法院对本案无管辖权。

① 北京市海淀区人民法院立案庭（诉讼服务中心）。

### （二）基础合同定管辖，法律关系要分清

郑州市A区法院经审查认为，本案系徐一一受让债权后向原债务人红红火火公司主张权利时发生的争议，本案原始债权为锁清秋公司向红红火火公司出借款项而产生的债权，锁清秋公司虽然将其对红红火火公司的债权转让给徐一一，并在债权转让协议中约定如发生纠纷由A区法院管辖，但该管辖约定只能约束债权转让双方，即只适用于徐一一与锁清秋公司之间因债权转让协议履行过程中产生的争议。红红火火公司并非债权转让合同的一方，故该管辖约定对红红火火公司没有约束力。在原借款合同中，出借人锁清秋公司和借款人红红火火公司住所地均位于北京市海淀区，锁清秋公司系接受货币一方，故该合同履行地亦在海淀区，本案应由北京市海淀区人民法院管辖，故裁定将本案移送北京市海淀区人民法院审理。

本案所反映的法律问题是，当债权人将其基于原合同所享有的债权通过协议转让给他人后，受让人向原合同的债务人主张债权时，如何确定管辖权法院，以下将具体分析。

## 法理分析

### （一）法律规定

《合同法》（现已废止）第七十九条规定："债权人可以将合同的权利全部或者部分转让给第三人，但有下列情形之一的除外：（一）根据合同性质不得转让；（二）按照当事人约定不得转让；（三）依照法律规定不得转让。"第八十二条规定："债务人接到债权转让通知后，债务人对让与人的抗辩，可以向受让人主张。"[①]

《民事诉讼法》第二十三条规定："因合同纠纷提起的诉讼，由被告住所地或者合同履行地人民法院管辖。"第三十四条规定："合同或者其他财产权

① 对应《民法典》第五百四十五条、第五百四十八条。

益纠纷的当事人可以书面协议选择被告住所地、合同履行地、合同签订地、原告住所地、标的物所在地等与争议有实际联系的地点的人民法院管辖，但不得违反本法对级别管辖和专属管辖的规定。”

《最高人民法院关于适用〈中华人民共和国民事诉讼法〉的解释》第十八条规定：“合同约定履行地点的，以约定的履行地点为合同履行地。合同对履行地点没有约定或者约定不明确，争议标的为给付货币的，接收货币一方所在地为合同履行地；交付不动产的，不动产所在地为合同履行地；其他标的，履行义务一方所在地为合同履行地。即时结清的合同，交易行为地为合同履行地。合同没有实际履行，当事人双方住所地都不在合同约定的履行地的，由被告住所地人民法院管辖。”

### （二）法理释析

债权转让，又称债权让与，是指在不改变合同权利义务关系的前提下，合同权利方将其依据合同享有的债权通过协议全部或部分转让给第三人。债权人与受让人间就原合同债权的转让而订立的合同，即为债权转让合同。

债权转让后通常产生两类合同纠纷，在确定管辖法院时，首先需要厘清这两种债权转让后的法律关系，一是债权受让人与原债权人之间的债权转让合同关系；二是债权受让人取代原债权人，向原合同债务人主张权利时的基础合同关系。司法实践中经常会有将两类合同纠纷的管辖适用混淆的情况。首先，管辖问题应根据纠纷产生的合同关系来决定，此时案由的确定至关重要，明确案由即明确了本案的法律关系，即原告是依据哪个合同来主张权利。如果债权受让人与转让人之间因债权转让合同产生纠纷，案由应当确定为债权转让合同纠纷；如果债权受让人基于原债权人与债务人之间的原合同主张权利，即债权受让人与债务人因原合同的履行产生纠纷，则应按原合同类型确定案由，如借款合同纠纷、买卖合同纠纷等。

**1. 债权转让合同纠纷的管辖**

债权转让人与受让人因履行债权转让合同发生纠纷，双方之间产生争议的法律关系为债权转让合同纠纷，如果双方在签订债权转让合同时约定了协议管辖条款，则按照约定条款确定管辖法院；若协议管辖条款无效或未作约定，则应根据《民事诉讼法》第二十三条的规定，按照合同履行地或被告住所地确定管辖法院。

**2. 债权受让人基于原合同向债务人主张债权时的管辖**

债权转让只产生债权受让人承继原合同债权人合同权利的法律后果，并不创设新的权利，只是债权人改变而已，债权人与债务人在合同中约定的管辖条款效力及于债权的受让人，债权受让人基于原合同向债务人主张债权时，亦应遵守原合同的管辖规定，原合同有协议管辖条款时，按约定条款确定管辖法院，原合同协议管辖条款无效或未作约定，按照法律规定确定管辖法院。此处特别需要注意两点：

（1）原合同管辖条款约定由“一方当事人住所地”人民法院管辖的，住所地的认定要以签订协议时为准。债权转让的，除转让时受让人不知情或另有约定且原合同相对人同意外，合同中的协议管辖条款对合同受让人有效。因此，即使债权转让，仍应以原合同签订时一方当事人的住所地为准，而非受让人起诉时的住所地。

（2）原合同无协议管辖条款时，合同履行地如何确定？按照《最高人民法院关于适用〈中华人民共和国民事诉讼法〉的解释》第十八条规定，应以接收货币一方所在地为合同履行地，此时的接受货币一方所在地应为原债权人的住所地，而不是债权受让人所在地。

## 知识拓展

在了解了债权转让后如何确定管辖问题后，我们会发现在合同纠纷中还会涉及民事诉讼法有关管辖的一些重要知识，比如协议管辖条款的效力如何认定？原合同履行地如何认定？“一方所在地”在法律上如何判断？

### （一）协议管辖条款效力认定

协议管辖，又称合意管辖或者约定管辖，是指双方当事人在纠纷发生之前或发生之后，以合意方式约定解决双方之间纠纷的管辖法院。

《民事诉讼法》第三十四条规定："合同或者其他财产权益纠纷的当事人可以书面协议选择被告住所地、合同履行地、合同签订地、原告住所地、标的物所在地等与争议有实际联系的地点的人民法院管辖，但不得违反本法对级别管辖和专属管辖的规定。"《最高人民法院关于适用〈中华人民共和国民事诉讼法〉的解释》第二十九条规定："民事诉讼法第三十四条规定的书面协议，包括书面合同中的协议管辖条款或者诉讼前以书面形式达成的选择管辖的协议。"第三十条规定："根据管辖协议，起诉时能够确定管辖法院的，从其约定；不能确定的，依照民事诉讼法的相关规定确定管辖。管辖协议约定两个以上与争议有实际联系的地点的人民法院管辖，原告可以向其中一个人民法院起诉。"

在理解和适用协议管辖的法律规定时，应特别注意以下几点：

一是必须以书面协议选择管辖，书面协议可以采取合同书的形式，可以在合同中约定协议管辖条款，也可以采取信件和数据电文（包括电报、电传、传真、电子数据交换和电子邮件）等可以有形地表现当事人双方协议选择管辖法院意思表示的形式，口头协议无效。

二是"与争议有实际联系的地点"不限于《民事诉讼法》明确列举的五个地点（被告住所地、合同履行地、合同签订地、原告住所地、标的物所在地）。一般而言，买卖合同中约定提货地法院管辖的、总公司在签订的合同中约定分公司所在地法院管辖的，可认定为与争议有实际联系的地点。约定无实际联系地点的人民法院管辖的，约定管辖条款无效。

三是协议管辖条款必须清楚明确地指向某一地法院，而不能含糊其词给人以两种以上的解释，即按照约定条款的表述能够明确指向某个与本案有实际联系的地点的法院，比如"产生纠纷时任何一方均可向原告方住所地法院起诉"，此种约定即可认定为有效、确定的表述。反之，如"产生纠纷时任何一方均可向北京市法院起诉"，此种约定可以给人以多种解释，无法明确双方约定的是北京哪家法院管辖，因此属于无效约定。

### （二）合同履行地如何把握？

《最高人民法院关于适用〈中华人民共和国民事诉讼法〉的解释》第十八条规定："合同约定履行地点的，以约定的履行地点为合同履行地。合同对履行地点没有约定或者约定不明确，争议标的为给付货币的，接收货币一方所在地为合同履行地；交付不动产的，不动产所在地为合同履行地；其他标的，履行义务一方所在地为合同履行地。即时结清的合同，交易行为地为合同履行地。合同没有实际履行，当事人双方住所地都不在合同约定的履行地的，由被告住所地人民法院管辖。"

**1. 明确约定合同履行地点**

《最高人民法院关于适用〈中华人民共和国民事诉讼法〉的解释》第十八条第一款规定，"合同约定履行地点的，以约定的履行地点为合同履行地"，约定履行地点仅指合同中载明"合同履行地点"的情形，合同中对交货地、付款地等某项合同义务履行地的约定不能作为确定合同履行地点的依据，例如合同中应明确载明"本合同履行地：北京市海淀区"。

**2. 合同履行地未约定或约定不明确**

合同对履行地点没有约定或者约定不明确时，应区分合同是否实际履行，合同没有实际履行，由被告住所地人民法院管辖。合同实际履行的，应根据争议标的及《最高人民法院关于适用〈中华人民共和国民事诉讼法〉的解释》第十八条规定，对合同履行地进行判断。争议标的指诉讼请求所指向的合同义务内容，需要注意的是，不能将争议标的完全等同于诉讼请求，诉讼请求内容为给付货币不意味着争议标的为给付货币，需要根据该项诉讼请求所指向的合同义务内容的履行地进行判断。

对于即时清算的合同，交易行为地为合同履行地；财产租赁合同、融资租赁合同，以租赁物使用地为合同履行地。以信息网络方式订立的买卖合同引发的纠纷，要根据交付方式的不同，对合同履行地进行认定：通过信息网络交付标的的，以买受人住所地为合同履行地；通过其他方式交付标的的，收货地为合同履行地。

### （三）法律上的“一方所在地”如何理解？

《最高人民法院关于适用〈中华人民共和国民事诉讼法〉的解释》第三条规定：“公民的住所地是指公民的户籍所在地，法人或者其他组织的住所地是指法人或者其他组织的主要办事机构所在地。法人或者其他组织的主要办事机构所在地不能确定的，法人或者其他组织的注册地或者登记地为住所地。”第四条规定：“公民的经常居住地是指公民离开住所地至起诉时已连续居住一年以上的地方，但公民住院就医的地方除外。”

公民的住所地一般指公民的户籍所在地，当被告的住所地与其经常居住地不一致时，应由经常居住地法院管辖；除住院就医的地方外，公民离开住所地至起诉时已连续居住一年以上的地方，即公民的经常居住地。实践中，只需从起诉时间之日起向前推算，连续居住满一年的地方即可认定为经常居住地。而是否连续居住满一年，则应根据包括公安机关出具的居住证、出入境查询记录、物业公司或街道办事处、居（村）委会出具的居住证明，房屋租赁合同、不动产登记证书等在内的证据进行综合判断。

法人或者其他组织的住所地是指法人或者其他组织的主要办事机构所在地。实践中，一般可参考为办公场所提供物业服务的部门出具的办公地点证明。法人或者其他组织的主要办事机构所在地不能确定的，法人或者其他组织的注册地或者登记地为住所地。

## 普法提示

本章节主要分析了债权转让后所产生的合同纠纷如何确定管辖权的问题。概括说，要把握好以下几点：不同的法律关系决定了不同的管辖原则，首先应当明确原告是基于哪个合同提起诉讼，主张权利。

债权转让后通常产生两类合同纠纷：一是债权受让人与原债权人之间的债权转让合同关系；二是债权受让人取代原债权人，向原合同债务人主张权利时的基础合同关系。若是债权受让人与原债权人之间因债权转让合同产生纠纷，如该合同有协议管辖条款，则应按照约定条款确定管辖法院，协议管辖条款无效或未作约定，则按照合同履行地或被告住所地确定管辖法院；若是债权受让人基于原合同向债务人主张债权，原合同有协议管辖条款时，按约定条款确定管辖法院，原合同协议管辖条款无效或未作约定，按照法律规定确定管辖法院。需要特别注意的是，原合同管辖条款约定由“一方当事人住所地”人民法院管辖的，住所地的认定要以签订协议时为准。即使债权转让，仍应以原合同签订时一方当事人的住所地为准，而非受让人起诉时的住所地。原合同无协议管辖条款时，应以接收货币一方所在地为合同履行地，此时的接受货币一方所在地应为原债权人的住所地，而不是债权受让人所在地。

案例四

# 侵权纠纷中“侵权行为地”的司法判定

## ——以一起侵害商业秘密纠纷为例

闫双[1]

## 案情回顾

### （一）是生产技术转让还是侵害商业秘密

2007年，重庆嘉陵生物制品公司（以下简称重庆嘉陵公司）通过北京香山研究所从国外某公司处取得了在中国合作生产涉案疫苗的授权，并以北京香山研究所名义取得了注册证书。2008年，北京香山研究所与重庆嘉陵公司签订了涉案疫苗注册证书转让协议，并约定重庆嘉陵公司在中国境内能够独家享有涉案疫苗中方生产车间的所有权利。此后，重庆嘉陵公司投入大量人力、财力进行涉案疫苗的生产。

2017年初，重庆嘉陵公司突然得到消息，北京香山研究所另行与山东泰山生物制品公司（以下简称山东泰山公司）在北京签订了涉案疫苗的技术转让合同，山东泰山公司现已向有关部门申请核发了涉案疫苗的批准文号。重庆嘉陵公司认为，山东泰山公司与北京香山研究所在明知涉案疫苗在中国境内独家生产、经营权利已经转让给重庆嘉陵公司的情况下，仍然实施技术转让，侵害了重庆嘉陵公司享有的商业秘密和其他合法权益，故以侵犯商业秘密为由将山东泰山公司、北京香山研究所诉至重庆当地法院，请求法院判令二公司立即停止对涉案疫苗的生产、经营等侵权行为。

### （二）两被告提出管辖权异议

案件在审理过程中，两被告均向法院提出管辖权异议。

---

① 北京市海淀区人民法院立案庭（诉讼服务中心）。

两被告提出：重庆嘉陵公司诉称的所谓侵权事实主要是指山东泰山公司与北京香山研究所签订涉案疫苗技术转让合同，以及山东泰山公司向农业部申请核发了涉案疫苗的批准文号。根据《民事诉讼法》第二十八条的规定，“因侵权行为提起的诉讼，由侵权行为地或者被告住所地人民法院管辖”。本案中，第一被告山东泰山公司的住所地在山东省济南市，第二被告北京香山研究所的住所地在北京市海淀区，故从被告住所地角度看，具有地域管辖权的人民法院应为山东或北京的法院，而非重庆的法院；从侵权行为地角度看，重庆嘉陵公司主张的侵权行为是两被告签订了技术转让合同和第一被告向北京有关部门申请核发疫苗批准文号的行为，上述行为均发生在北京，故本案侵权行为实施地在北京，而非重庆，重庆的法院没有管辖权，应将案件移送至山东省济南市或北京市海淀区法院审理。

重庆嘉陵公司认为，山东泰山公司、北京香山研究所实施的侵权行为造成的直接结果是重庆嘉陵公司承受了该技术秘密不再由其独享的法律后果，故本案侵权行为所造成的侵权结果应当在重庆嘉陵公司所在地重庆市，坚持认为重庆法院对本案享有管辖权。

### （三）管辖法院如何确定？

一审法院经审理，认为本案系侵害商业秘密纠纷，应当依据《民事诉讼法》及其司法解释的相关规定确定管辖法院。《民事诉讼法》第二十八条规定：“因侵权行为提起的诉讼，由侵权行为地或者被告住所地人民法院管辖。”《最高人民法院关于适用〈中华人民共和国民事诉讼法〉的解释》第二十四条规定，侵权行为地包括侵权行为实施地、侵权结果发生地。重庆嘉陵公司起诉认为，两被告就已经转让给重庆嘉陵公司独家生产、销售疫苗的权利再次签订技术转让合同并申报生产批准文号，侵犯了重庆嘉陵公司在中国境内合法拥有的技术秘密的权利，其涉嫌的侵权行为包括两被告签订涉案疫苗生产的技术转让合同的行为以及就涉案技术向农业部申报生产批准文号的行为。两被告之间技术转让合同的签订地、履行地及申报行为发生地等均系商业秘密侵权行为的实施地，上述行为均发生在北京，而重庆嘉陵公司未就上述行为实施地发生在重庆市提供相关证据证明。商业秘密侵权行为的结果发生地应当理解为侵权行为直接产生的结果发生地，不能因权利人认为受到损害就认定原告所在地就是侵权结果发生地，本案中两被告在实施签订技术转让合同及申报生产批准文号的行为时，重庆嘉陵公司起诉的涉案技术秘密的秘密性受到损害的后果即已发生，侵权结果发生地与侵权行为实施地重合，均不在重庆市。另查明，山东泰山公司、北京香山研究所的住所地分别位于山东省济南市、北京市海淀区。综上，本案被诉侵权行为的实施地、结果发生地以及被告住所地均不位于重庆市，重庆嘉陵公司未提供充分证据证明重庆当地法院对本案具有管辖权。最终认定被告提出的管辖权异议成立，裁定将本案移送至北京市海淀区人民法院审理。

重庆嘉陵公司不服提出上诉，二审法院认定重庆嘉陵公司的上诉理由不成立，裁定维持了一审法院裁定。

本案管辖权异议的争议焦点为能否将原告（被侵权人）住所地认定为侵权结果发生地，以下具体分析。

## 法理分析

### （一）法律依据

关于侵权诉讼管辖的法律依据目前主要有：

1.《民事诉讼法》第二十八条规定："因侵权行为提起的诉讼，由侵权行为地或者被告住所地人民法院管辖。"

2.《最高人民法院关于适用〈中华人民共和国民事诉讼法〉的解释》第二十四条规定："民事诉讼法第二十八条规定的侵权行为地，包括侵权行为实施地、侵权结果发生地。"

### （二）法理释析

我国现行法律只是就侵权类案件管辖适用标准作出一般性规定。在司法实践中，对侵犯商业秘密等侵权类纠纷的侵权行为地的认定争议较大，通常采用的观点为：除法律另有规定外，其侵权行为实施地和侵权结果地一般视为在同一地点，侵权结果发生地是侵权行为直接产生结果的地点，不能完全等同于原告住所地，不能仅因被侵权人（通常为原告）起诉主张其受到经济损失，就直接以原告账户所在地或原告住所地为侵权结果发生地。

以本案为例，重庆嘉陵公司之所以选择在其住所地提起商业秘密侵权之诉，很大程度上是出于诉讼成本的考虑，或认为山东泰山公司、北京香山研究所的侵权行为给其在住所地的疫苗生产和销售带来了损害。本案两被告涉嫌的侵权行为包括签订涉案疫苗的生产技术转让合同以及就涉案技术向农业部申报生产批准文号。而对上述侵权行为所产生的侵害结果发生地的认定，应当理解为是侵权行为直接产生侵害结果的地点，不能以权利人认为自己受到损害，就将权利人所在地认定为侵权结果发生地。

正如一审法院认定的，两被告之间签订技术转让合同及申报生产批准文号的行为发生之时，重庆嘉陵公司诉请的涉案技术秘密的秘密性即不复存在，商业秘密被公开后权利人受到损害的后果已即时发生。按照最密切联系原则，侵权结果应当最先发生在侵权行为实施地即两被告签订技术转让合同的地点和申报生产批准文号的地点，二者均发生在北京而非其他地方。当然，随着时间的推移，侵权结果可能会向更大范围蔓延。但是，如果对于侵权结果发生地不加任何规制和确定，那么重庆嘉陵公司可以以其权利受到侵害为由，在任何一个地方主张“侵权结果发生地”法院有管辖权之诉，这显然有扩大管辖之嫌，实为不妥。[①]

由此我们可以看到，在大部分侵权纠纷中，侵权行为实施地和侵权结果发生地一般应视为在同一地点，除非法律有特殊规定，可以将原告（被侵权人）住所地作为侵权结果发生地，否则应格外慎重。

---

① 参见杜东安、徐华：《侵犯商业秘密案件中侵权结果发生地的司法判定》，载 https://www.chinacourt.org/index.php/article/detail/2018/11/id/3567314.shtml，最后访问日期：2020 年 4 月 28 日。

## 知识拓展

传统侵权纠纷的侵权结果发生地并不必然为原告（被侵权人）住所地，这点要针对具体案件具体分析。那么在司法实践中，依据现有的法律规定，哪些侵权纠纷中原告（被侵权人）住所地可以视为侵权结果发生地？

### （一）名誉权纠纷

名誉权是民事主体所享有的一项基本的人格权，名誉是对民事主体的品性、声望、才能、信用等的社会评价，任何组织或者个人不得以侮辱、诽谤等方式侵害他人的名誉权。

1998年9月实施的《最高人民法院关于审理名誉权案件若干问题的解释》（法释〔1998〕26号，已失效）第一条规定："名誉权案件如何确定侵权结果发生地？人民法院受理这类案件时，受侵权的公民、法人和其他组织的住所地，可以认定为侵权结果发生地。"该项规定是所有侵权纠纷中，最早也是最明确地将原告（被侵权人）住所地认定为侵权结果发生地的法律规定，对司法实践起到了重要指引作用。该司法解释已于2020年12月被废止，但上述规定仍可用于参考。之所以名誉权案件可以将原告（被侵权人）所在地作为侵权结果发生地，这与名誉权侵权对人格利益的损害有直接关系，侵权后果导致的是对被侵权人社会评价的降低和人格贬损，具有明显的人身属性，因此将原告住所地视为侵权结果发生地具有合理性。

随着互联网技术的发展，各种线上社交平台逐渐普及，名誉权纠纷的侵权方式也有了更多的表现形式，但总体来说可以分为线上、线下两种表现形式，一种是传统意义上的未借助网络实施的侵犯他人名誉的行为，如在公共场所对他人进行侮辱、辱骂，发表人格诋毁言论，此种类型的名誉权纠纷，需要被侵权人举证证明侵权人曾在公共场所对其实施了上述行为，且应具有一定的传播范围和受众人群，引发公众对其评价降低。另一种是借助网络手段实施的侵犯他人名誉的行为，如侵权人通过微博、微信、论坛等网络载体发表侵权言论致使他人或法人社会评价降低，名誉受损。无论具体侵权方式是否借助网络，该类纠纷的管辖均适用《民事诉讼法》第二十八条规定，由侵权行为地或者被告住所地人民法院管辖，侵权行为地包括侵权行为实施地和侵权结果发生地，其中被侵权人住所地可以认定为侵权结果发生地。

### （二）信息网络类侵权纠纷

司法实践中，信息网络类侵权纠纷以网络知识产权侵权纠纷和网络人身权侵权纠纷为主，前者主要包括网络著作权侵权纠纷、网络商标权侵权纠纷、涉网不正当竞争纠纷等，后者主要包括涉网络侵犯名誉权、肖像权、隐私权等纠纷。

《最高人民法院关于审理侵害信息网络传播权民事纠纷案件适用法律若干问题的规定》第十五条规定："侵害信息网络传播权民事纠纷案件由侵权行为地或者被告住所地人民法院管辖。侵权行为地包括实施被诉侵权行为的网络服务器、计算机终端等设备所在地。侵权行为地和被告住所地均难以确定或者在境外的，原告发现侵权内容的计算机终端等设备所在地可以视为侵权行为地。"对上述规定在具体实施中应特别注意，以"原告发现侵权内容的计算机终端等设备所在地"作为侵权结果地时是附有条件的，即只有在侵权行为地（实施被诉侵权行为的网络服务器、计算机终端等设备所在地）以及被告住所地均难以确定或者在境外时，才可以将"原告发现侵权内容的计算机终端等设备所在地"作为侵权结果发生地。

《最高人民法院关于审理利用信息网络侵害人身权益民事纠纷案件适用法律若干问题的规定》第一条规定："本规定所称的利用信息网络侵害人身权益民事纠纷案件，是指利用信息网络侵害他人姓名权、名称权、名誉权、荣誉权、肖像权、隐私权等人身权益引起的纠纷案件。"《最高人民法院关于适用〈中华人民共和国民事诉讼法〉的解释》第二十五条规定："信息网络侵权行为实施地包括实施被诉侵权行为的计算机等信息设备所在地，侵权结果发生地包括被侵权人住所地。"根据该条规定，侵权行为实施地包括实施被诉侵权行为的计算机等信息设备所在地，但在司法实践中，对被侵权人而言，举证证明被诉侵权行为的计算机等信息设备所在地具有一定难度，因此该司法解释颁布后，原告通常以被侵权人住所地即为侵权结果发生地为由，向原告住所地法院提起侵权之诉。客观来讲，该条规定将被侵权人住所地作为侵权结果发生地的管辖原则扩展到了所有信息网络侵权纠纷案件中，不仅包括涉网侵犯人身权纠纷，也包括涉网侵犯著作权、商标权、不正当竞争等涉网知识产权纠纷，这是立法上的重大突破，对司法实践产生了巨大的影响。

### （三）与公司有关的纠纷

与公司有关的纠纷主要是指因公司设立、确认股东资格、分配利润、解散公司、公司清算、股东名册记载、请求变更公司登记、股东知情权、公司决议、公司合并、公司分立、公司减资、公司增资等与公司有关的纠纷；还包括当事人基于公司利益受到损害提起的其他与公司有关的纠纷；因公司股东未履行或者未全面履行出资义务，或者公司股东未履行清算责任给公司债权人造成损失的，债权人起诉股东对公司债务承担相应赔偿责任引发的纠纷。

《民事诉讼法》第二十六条规定："因公司设立、确认股东资格、分配利润、解散等纠纷提起的诉讼，由公司住所地人民法院管辖。"

《最高人民法院关于适用〈中华人民共和国民事诉讼法〉的解释》第二十二条规定："因股东名册记载、请求变更公司登记、股东知情权、公司决议、公司合并、公司分立、公司减资、公司增资等纠纷提起的诉讼，依照民事诉讼法第二十六条规定确定管辖。"《北京市高级人民法院关于民事诉讼管辖若干问题的规定（试行）》第十七条规定："因公司设立、确认股东资格、分配利润、解散公司、公司清算、股东名册记载、请求变更公司登记、股东知情权、公司决议、公司合并、公司分立、公司减资、公司增资等与公司有关的纠纷提起的诉讼，依照民事诉讼法第二十六条由公司住所地人民法院管辖……当事人基于公司利益受到损害提起的其他与公司有关的纠纷，公司住所地可以作为侵权行为地。"

与公司有关的纠纷，除股权转让、股东出资等当事人基于协议提起的其他与公司有关的纠纷外，一般由公司住所地法院管辖。公司在不同的法律关系中往往以不同的诉讼主体资格（原告、被告、第三人）参与诉讼，司法实践中，与公司有关的纠纷适用原告住所地法院管辖一般是公司作原告的情形，即满足一定条件的公司股东基于公司利益受到损害以公司名义提起的损害公司利益类纠纷，此种侵权纠纷原告公司住所地可以作为侵权行为地；或公司基于利益受到损害提起的其他与公司有关的纠纷，如起诉公司实际控制人公司证照返还纠纷，原告公司住所地可以作为侵权行为地。

因公司股东未履行或者未全面履行出资义务，或者公司股东未履行清算责任给公司债权人造成损失的，债权人起诉股东或清算组成员对公司债务承担相应赔偿责任引发的股东损害公司债权人利益责任纠纷，原告债权人住所地也可以认定为侵权行为地，但需要注意的是原债务公司（目标公司）住所地不可作为侵权行为地。

## 普法提示

对侵权纠纷中侵权结果发生地的司法判定不能泛化，应该审慎适用，除以上列举的法律明确规定的能以原告住所地作为侵权结果发生地的案件类型外，一般情况下，侵权纠纷（特别是侵犯财产权纠纷）的侵权行为实施地和侵权结果发生地一般应视为在同一地点，不能仅因受害人起诉主张其受到经济损失，就直接以原告账户所在地或原告住所地作为侵权结果发生地。

案例五

# 债权人住所地是否为侵权行为发生地?

## ——解析股东损害公司债权人利益责任纠纷的管辖规定

陈璐[①]

## 案情回顾

### （一）债务人（公司）未经清算就注销股东难逃清偿责任

这是一个判决履行期已过近十年，债务人（公司）已无偿还能力，债权人起诉其股东承担清偿责任的典型案例。

2011 年，北京一德公司以广告合同纠纷为由将上海格乐公司诉至上海市 H 区人民法院，要求上海格乐公司支付广告费 52 万元。上海市 H 区人民法院一审判决北京一德公司胜诉，上海格乐公司不服一审判决，提起上诉。二审法院作出民事调解书，双方达成调解协议："一、上海格乐公司应支付北京一德公司款项 52 万元。上海格乐公司应于 2011 年 12 月 31 日前向北京一德公司支付人民币 30 万元，应于 2012 年 1 月 31 日前支付余款 22 万元，若上海格乐公司未按照上述期限履行付款义务，北京一德公司可就人民币 52 万元扣除已履行部分款项后的余款向上海市 H 区人民法院申请强制执行。二、本案一审受理费人民币 13918 元，上海格乐公司负担 4212 元。双方无其他争执。"

但调解书履行期已过，上海格乐公司却未履行上述付款义务，北京一德公司向上海市 H 区人民法院申请强制执行 524212 元，在执行过程中执行回款 180299 元，尚余 343913 元未执行。因上海格乐公司已无财产可执行，案件终结了执行程序。

---

① 北京市海淀区人民法院立案庭（诉讼服务中心）。

后北京一德公司通过查询上海格乐公司的工商登记档案获悉：上海格乐公司成立于2008年1月1日，注册地为崇明县，股东李东出资49万元，徐光出资1万元，法定代表人徐光任执行董事；2016年1月17日上海格乐公司的营业执照被工商部门吊销，目前状态为“吊销未清算”。

北京一德公司认为，上海格乐公司在营业执照被吊销近三年却一直未进行清算并注销，严重侵害了债权人北京一德公司的利益，依据《公司法》及司法解释等法律规定，北京一德公司以本公司住所地在北京市海淀区为由向北京市海淀区人民法院提起股东损害公司债权人利益责任纠纷诉讼，要求上海格乐公司的股东李东、徐光对上海格乐公司应当向北京一德公司清偿的本金343913元及迟延履行期间的利息承担连带清偿责任。

### （二）立案审查情况

经审查，北京一德公司提供了以下证据：

1. 上海市崇明区市场监督管理局的查档资料：该证据可以清楚显示上海格乐公司法定代表人、公司类型、股东及发起人姓名或名称，公司目前正处于吊销执照状态，并未进行清算，股东为李东及徐光。

2. 一审判决书、二审民事调解书，证明北京一德公司与上海格乐公司存在债权债务关系。

3. 强制执行申请书及执行程序终结裁定书，证明上海格乐公司目前已经不具备偿还能力。

就本案而言，经法院调解书确认，北京一德公司系上海格乐公司的债权人，上海格乐公司负有还款义务，北京一德公司与本案具有直接的利害关系；根据工商档案查询资料显示，上海格乐公司的股东为李东、徐光，本案有明确的被告；北京一德公司作为上海格乐公司的债权人，在上海格乐公司已无力偿还的情况下，上海格乐公司股东未在法定期限内成立清算组进行清算，导致公司财产贬值、流失、毁损甚至灭失，北京一德公司要求其股东在造成损失范围内对公司债务承担赔偿责任，有具体的诉讼请求和事实、理由。

综上，本案从形式上看，北京一德公司的起诉基本符合《民事诉讼法》

第一百一十九条规定的民事案件的起诉条件。

然而本案的重点在于管辖法院的确定。本案中，原告（债权人）北京一德公司的住所地在北京市海淀区，而两被告李东、徐光的住所地均在辽宁省××市××区，第三人（债务人）上海格乐公司住所地在上海市崇明区。原告北京一德公司的委托代理人认为原告（债权人）住所地在北京市海淀区，故海淀区为本案侵权结果发生地，因此向北京市海淀区人民法院提起股东损害公司债权人利益责任纠纷诉讼。

在尚无法律对此类案件的管辖作出明确规定的情况下，债权人住所地可否作为侵权结果发生地？能否以债务人（公司）住所地确定管辖法院？要准确回答这些问题，我们需要充分理解《民事诉讼法》《公司法》相关章节的立法目的，结合股东损害公司债权人利益责任纠纷案由的设立初衷，并综合考虑立案登记制的基本原则，来进行研究。

## 法理分析

### （一）基本概念及法律规定

股东损害公司债权人利益责任纠纷是指公司股东因滥用公司法人独立地位和股东有限责任，逃避债务，严重损害公司债权人利益，对公司债务承担责任的民事纠纷。[①]

为保护和鼓励投资行为，保障公司经营的灵活性和高效性，公司可以独立地从事经营、创造利润，公司股东应当依法和依公司章程正当行使权利。但是，在实际经营活动中，一些公司股东在期限内未履行实缴出资义务，为逃避债务违法注销公司，不履行清算责任，或公私财产混同、账目混同，滥用法人独立地位，严重损害了公司债权人的利益。

公司债权人是公司的重要利益相关者，当公司成为债务人时，其股东逃

① 人民法院出版社编著：《最高人民法院民事案件案由适用要点与请求权规范指引》，人民法院出版社 2019 年版。

避应承担的责任，将使公司的债权人面临极大的交易风险。《公司法》等相关法律虽然保护公司与股东之间相互独立的人格，但亦不能容忍股东滥用股东权利从事不正当活动，损害公司债权人利益。一些国家在维护公司股东有限责任的基本原则的同时，本着权利与义务相一致的原则，为切实保护公司债权人的利益、维护正常的交易秩序，创制了公司法人人格否认的制度（在普通法系国家称为“揭开公司面纱”），即在具备法定条件，能认定股东滥用公司法人独立地位和有限责任时，为保护公司债权人利益，可以“揭开公司的面纱”，否认股东与公司分别独立的人格，要求股东和公司共同承担法律责任。

我国早在2005年修订的《公司法》第二十条就规定了公司人格否认制度，即“公司股东应当遵守法律、行政法规和公司章程，依法行使股东权利，不得滥用股东权利损害公司或者其他股东的利益；不得滥用公司法人独立地位和股东有限责任损害公司债权人的利益。公司股东滥用股东权利给公司或者其他股东造成损失的，应当依法承担赔偿责任。公司股东滥用公司法人独立地位和股东有限责任，逃避债务，严重损害公司债权人利益的，应当对公司债务承担连带责任”。

目前，在中小企业发展过程中，商业诚信缺乏，股东利用公司独立地位侵占公司财产、逃避债务、损害债权人利益的情况时有发生。在这一背景下，结合我国公司发展实践的客观要求，为解决股东滥用公司法人地位和股东有限责任逃避债务、侵害债权人利益的问题，促进法人制度的健康发展，最高人民法院在2011年《民事案件案由规定》修订过程中，增设了“股东损害公司债权人利益责任纠纷”这一案由为三级案由。这一案由的设立目的在于保护债权人利益和社会公共利益，在承认公司具有法人人格的前提下，在特定的法律关系中，对公司的法人人格和股东有限责任加以否定，要求股东对法人的债务承担连带责任。

### （二）理论辨析

我国《公司法》规定，在特定情况下，股东对公司债务承担的连带责任是指法定的赔偿责任，不是对公司债务承担合同违约的连带责任。因此，股东损害公司债权人利益责任纠纷不应当按照合同纠纷确定管辖法院，而应当按照侵权纠纷确定管辖法院。

《民事诉讼法》第二十八条规定："因侵权行为提起的诉讼，由侵权行为地或者被告住所地人民法院管辖。"《最高人民法院关于适用〈中华人民共和国民事诉讼法〉的解释》第二十四条规定："民事诉讼法第二十八条规定的侵权行为地，包括侵权行为实施地、侵权结果发生地。"

那么，本案的管辖法院应当如何确定？北京一德公司代理人认为北京市海淀区人民法院具有管辖权，理由为：本案为一般侵权案件，应该遵照《民事诉讼法》第二十八条侵权诉讼管辖的规定。被告李东、徐光作为上海格乐公司的股东，在法定期限内未进行清算，滥用股东权利，这一行为严重损害了公司债权人北京一德公司的利益。这一侵权行为导致的侵权结果就是直接造成原告（债权人）北京一德公司的财产权益受到损害，因此，本案原告北京一德公司的住所地可以作为侵权结果发生地。此外，此类案件如果仅以被告住所地确定管辖，债权人维权难度大，还会极大地增加债权人的诉讼成本。

关于本案的管辖权问题，受诉法院存在两种观点：

第一种观点：在股东损害公司债权人利益责任纠纷案件中，债权人起诉股东承担赔偿责任的，不能直接以原告住所地作为侵权结果发生地。之所以这样考虑，一是因为在侵犯财产权案件中，将被侵权人住所地认定为侵权结果发生地缺乏法律依据，当时的法律法规和司法解释中，仅有 1998 年实施的《最高人民法院关于审理名誉权案件若干问题的解释》中规定："受侵权的公民、法人和其他组织的住所地，可以认定为侵权结果发生地。"此后，最高人民法院在 2014 年颁布的《关于审理利用信息网络侵害人身权益民事纠纷案件适用法律若干问题的规定》第二条规定："利用信息网络侵害人身权益提起的诉讼，由侵权行为地或者被告住所地人民法院管辖。侵权行为实施地包括实施被诉侵权行为的计算机等终端设备所在地，侵权结果发生地包括被侵权人住所地。"2015 年 2 月实施的《最高人民法院关于适用〈中华人民共和国民事诉讼法〉的解释》第二十五条规定："信息网络侵权行为实施地包括实施被诉侵权行为的计算机等信息设备所在地，侵权结果发生地包括被侵权人住所地。”从上述法律规定可以看出，将原告（债权人）住所地认定为侵权结果发生地，除网络侵权这种特殊的侵权形式外，目前仅局限于侵犯人格权中的名誉权案件，对于侵犯财产权案件，当时的法律法规并没有作出相关规定，如若将这一原则的适用范围扩大到所有侵犯财产权案件，将导致侵权案件的管辖规定被泛化，使这类案件的管辖过于宽泛，脱离侵权纠纷管辖原则的严肃性。因此，在无法律特别规定的情况下，将原告（债权人）住所地作为侵权结果发生地的认定应持谨慎和保守态度，不宜突破现有规定。二是因为如果将原告（债权人）住所地作为侵权结果发生地扩展适用到所有侵犯财产权案件，将造成管辖连结点过多，当事人对管辖权的选择随意性较大，原告可能为争夺有利的管辖法院而人为制造经常居住地，作为日后诉讼的管辖连结点，使该类案件的管辖处于事实上的不确定状态。

第二种观点：原告（债权人）住所地可以作为侵权结果发生地，并据此确定管辖。根据《民事诉讼法》第二十八条规定，因侵权行为提起的诉讼，由侵权行为地或者被告住所地人民法院管辖。而《最高人民法院关于适用〈中华人民共和国民事诉讼法〉的解释》第二十四条规定，《民事诉讼法》第二十八条规定的侵权行为地，包括侵权行为实施地、侵权结果发生地。侵权结果发生地是侵权行为直接产生结果的地点，显然不能以权利人认为受到侵害就将原告住所地认定为侵权结果发生地，但就股东损害公司债权人利益责任纠纷这类案件而言，在股东滥用法人独立地位及股东有限责任，逃避债务，严重损害债权人的利益的情况下，侵权行为的实施与侵权结果的出现一般不同时发生。股东实施抽逃出资、不履行清算义务、违法注销等侵权行为，直接导致公司债务不能有效清偿或公司丧失偿还能力，从而使公司债权人利益受到侵害，故可以理解为债权人住所地为侵权结果发生地。此外，若仅以被告住所地确定管辖法院，势必增加债权人的维权成本，与方便当事人诉讼的原则相悖。

法院最终采纳了第二种观点，原告（债权人）北京一德公司住所地在海淀区，故海淀区为本案股东损害公司债权人利益责任纠纷的侵权结果发生地，海淀区人民法院对本案具有管辖权，本案应依法登记立案。

股东损害公司债权人利益责任纠纷案件中，原告住所地即债权人住所地可以作为侵权结果发生地，最高人民法院也有相关判例。[①]

## 知识拓展

### （一）股东损害公司债权人利益责任纠纷中，债务人（公司）住所地可否确定为管辖连结点？

因公司内部事务引发的纠纷应由公司住所地管辖，我国《民事诉讼法》及《最高人民法院关于适用〈中华人民共和国民事诉讼法〉的解释》均作出了规定。《民事诉讼法》第二十六条规定："因公司设立、确认股东资格、分配利润、解散等纠纷提起的诉讼，由公司住所地人民法院管辖。"《最高人民法院关于适用〈中华人民共和国民事诉讼法〉的解释》第二十二条规定："因股东名册记载、请求变更公司登记、股东知情权、公司决议、公司合并、公司分立、公司减资、公司增资等纠纷提起的诉讼，依照民事诉讼法第二十六条规定确定管辖。"

《北京市高级人民法院关于民事诉讼管辖若干问题的规定（试行）》第十七条对公司纠纷管辖作出了进一步明确的规定："因公司设立、确认股东资格、分配利润、解散公司、公司清算、股东名册记载、请求变更公司登记、股东知情权、公司决议、公司合并、公司分立、公司减资、公司增资等与公司有关的纠纷提起的诉讼，依照民事诉讼法第二十六条由公司住所地人民法院管辖。与企业有关的类似纠纷不适用该条规定确定管辖。股权转让、股东出资等当事人基于协议提起的其他与公司有关的纠纷，适用民事诉讼法及相关司法解释关于合同纠纷管辖的一般规定。当事人基于公司利益受到损害提起的其他与公司有关的纠纷，公司住所地可以作为侵权行为地。因公司股东

① 可查阅最高人民法院（2018）最高法民辖 80 号民事裁定书、最高人民法院（2018）最高法民辖 162 号民事裁定书。

未履行或者未全面履行出资义务，或者公司股东未履行清算责任给公司债权人造成损失的，债权人起诉股东对公司债务承担相应赔偿责任的，不应依照民事诉讼法第二十六条由公司住所地人民法院管辖，侵权行为地不包括公司住所地。”

实践中，在股东损害公司债权人利益责任纠纷诉讼中，债权人往往将债务人（公司）列为第三人，并以债务人住所地作为管辖连结点。无论从法理上理解侵权行为地还是从法律规定而言，对《民事诉讼法》第二十六条关于公司纠纷的特殊地域管辖规定不宜扩大适用，即并非所有涉及公司的纠纷均可由公司住所地管辖，只有因公司设立、确认股东资格、公司决议效力等公司内部问题引发的纠纷，才能以公司住所地确定管辖。股东损害公司债权人利益责任纠纷，重点解决的是股东滥用股东权利对公司债权人承担的侵权赔偿责任，侵权责任认定本身不涉及公司内部事务，故在管辖原则适用上应遵循《民事诉讼法》关于侵权纠纷的一般管辖原则。

### （二）股东损害公司债权人利益责任纠纷的诉讼条件

当公司股东存在权利滥用行为，公司债权人提起股东损害公司债权人利益责任纠纷诉讼时，应该具备如下诉讼条件：

1. 确定当事人身份。股东损害公司债权人利益责任纠纷中，原告应为公司的债权人，依据《民事诉讼法》第一百一十九条第一项的规定，原告是与本案有直接利害关系的公民、法人和其他组织。被告应为债务人（公司）的股东。原告在起诉时，应当提供证据证明双方存在债权债务关系。实践中，一般会将债务人（公司）列为案件的第三人。

2. 存在侵权行为。债权人应证明股东存在滥用公司法人独立地位、滥用股东有限责任等行为，如未履行实缴出资义务，违法注销公司等情形。

3. 存在侵权结果。侵权行为严重侵害了债权人的合法权益，一般表现为债权人的合法到期债权不能得到清偿。

4. 损害后果与股东行为之间存在因果关系，即股东权利滥用的行为与损害后果之间存在因果关系。但在判断因果关系时，股东存在权利滥用行为客观上造成了权利人利益的损害，一般可以认定其滥用行为与损害结果之间具有因果关系。

### （三）股东损害公司债权人利益责任纠纷的常见类型

综合司法实务中的收案情况，股东损害公司债权人利益责任纠纷的案件类型主要表现为以下几种：

1. 股东未履行出资义务或抽逃出资损害公司债权人利益。除最为典型的股东未在规定期限内履行出资义务外，还存在公司股东在明知原股东未履行或未全面履行出资义务的情况下仍受让该股权。对此，公司债权人可将未出资、未全面出资的股东或恶意转让股权的原股东作为被告，要求其在未出资的本息范围内，对公司债务不能清偿部分承担补充赔偿责任。

2. 股东滥用公司法人独立地位和股东有限责任抽逃公司资产，导致公司履约能力不足。最常见的情况：公司对外负债时，股东利用其控制地位将公司财产转让给自己或关联公司以逃避债务，导致公司无财产可供执行，债权人要求公司股东对公司债务承担连带责任。

3. 股东怠于履行清算义务或虚假清算导致公司财产减损，损害债权人利益。恶意处置公司财产给债权人造成损失，或者未经依法清算，以虚假的清算报告骗取公司登记机关办理法人注销登记，抑或是公司未经清算即办理注销登记，导致公司无法进行清算，债权人可以主张股东承担赔偿责任。

## 普法提示

最后，我们再归纳总结以下几类涉公司纠纷案件的管辖原则：

1. 因公司内部事务而引发的纠纷，由“公司住所地”确定管辖。包括因公司设立、确认股东资格、分配利润、解散公司、公司清算、股东名册记载、请求变更公司登记、股东知情权、公司决议、公司合并、公司分立、公司减资、公司增资等引发的纠纷。

2. 适用合同纠纷的一般管辖规定。如基于协议提起的股权转让及股东出资等纠纷，如双方在协议中约定了管辖条款，且约定合法有效，则按照双方约定条款确定管辖法院；如双方没有约定管辖条款，则应该按照《民事诉讼法》第二十三条的规定，因合同纠纷提起的诉讼，由被告住所地或者合同履行地人民法院管辖。

3. 因侵权行为而引发的纠纷，公司住所地是否可作为侵权行为地，分为两种情形：一是基于公司利益受到损害提起的与公司有关的纠纷，公司住所地可以作为侵权结果发生地。如公司股东滥用股东权利或者董事、监事、高级管理人员违反法定义务，损害公司利益而引发的损害公司利益责任纠纷。该类案件中，原告为公司，被告为公司的董事、监事、高级管理人员或其他人员，案件类型为侵权纠纷，原告公司住所地为侵权结果发生地。当事人以此确定管辖法院的，该地人民法院应依法受理。二是与公司有关的其他侵权纠纷案件，公司住所地不可作为侵权结果发生地。如公司股东因滥用公司法人独立地位和股东有限责任，逃避债务，严重损害债权人利益的，债权人提起的股东损害债权人利益责任纠纷的诉讼，原告（债权人）所在地可以作为侵权结果发生地，债务人（公司）住所地不能作为侵权行为地。

# 第三章

# 诉讼主体篇

案例一

# 共同饮酒后发生交通事故如何起诉？

## ——机动车交通事故责任纠纷的起诉与赔偿主体

陈晨[①]

## 案情回顾

### （一）聚会饮酒平淡无奇，飞来横祸嗟叹心伤

这是一个因毕业聚会引发的悲剧。

故事发生在2018年7月的一个夜晚。主人公李雷、韩梅、王方、魏驰是北京某名牌大学的大四毕业生，为庆祝毕业，四人在学校附近中关村的一家四星级酒店聚餐。聚餐于凌晨2点钟结束，四人喝了四瓶牛栏山，都不约而同地喝多了。

王方是教工子弟，家住得近，聚餐后直接步行回家了。留下了住在朝阳的魏驰，住在丰台的李雷，以及住在昌平的韩梅。李雷因计划在今晚和韩梅表白，为了不被外人打扰，主动提出亲自开车载韩梅回家。魏驰一听很生气，他指责李雷本就不胜酒力，还自不量力要酒后驾车送韩梅。韩梅也不能理解，直接选择了搭乘魏驰的代驾车回家。李雷既伤心又生气，感觉颜面尽失，赌气开车扬长而去。

王方、李雷走后，魏驰和韩梅继续在酒店等代驾，但半小时过去，仍没有代驾接单。魏驰看到酒店门口张贴的代泊广告，于是求助酒店经理马腾提供代驾服务。马腾便联系了与酒店签有泊车协议的E康泊车公司司机高飞，他询问高飞能否提供代驾服务，并表示对方愿意支付200元作为报酬。高飞二话没说，直接帮魏驰把车开到了酒店门口。

---

① 北京市海淀区人民法院立案庭（诉讼服务中心）。

凌晨3点，高飞驾驶魏驰所有的小客车与罗欣驾驶王晓所有的车辆发生交通事故，韩梅受伤，车辆送修。经公安交通管理部门认定高飞负70%主要责任。魏驰支付小客车修车费17630元，为韩梅支付医疗费3683元，为罗欣支付小客车修车费4760元。

韩梅感到非常倒霉，于是打电话给李雷诉苦。却被告知，凌晨2点28分，李雷驾驶小客车行至北京市海淀区西六环某处与张廉驾驶的重型半挂牵引车发生交通事故，李雷经抢救无效死亡。公安交通管理部门已出具事故认定书，认定李雷体内酒精含量为141.0mg/100mL，属于醉酒后驾驶机动车且未确保安全行驶发生交通事故，应对此事故负全部责任。

后，魏驰将罗欣及王晓、酒店及酒店老板马腾、E康泊车公司及高飞共同起诉至法院要求赔偿修车费、医疗费共计18251元。李雷的法定继承人李大雷等人则将与李雷共同饮酒的韩梅、王方、魏驰诉至法院，要求三人按照40%的比例赔偿医疗费、丧葬费、死亡赔偿金、被扶养人生活费和精神抚慰金，共计38万余元。

## （二）对簿公堂责任难分，谁该担责各执一词

四年大学挚友的离别聚会，却因过量饮酒、酒后驾车、无证代驾酿成一死一伤、对簿公堂的人生悲剧。

故事里涉及两起因交通事故引发的民事纠纷。

第一起是因“酒后代驾”引发的机动车交通事故责任纠纷。此次事故主要涉及三方——事故一方驾驶人罗欣及车辆所有人王晓、酒店及酒店经理马腾、E康泊车公司及代驾司机高飞。庭审中，三方皆对担责问题提出抗辩。王晓辩称，车虽然是自己的，但这辆车已经借给朋友罗欣，发生交通事故时开车的人是罗欣，自己不应该承担责任。酒店辩称，该酒店只提供代客泊车服务，并非代客驾车服务。泊车司机高飞私下与魏驰达成的代客驾车协议与酒店无关，并且酒店并未从中收取任何费用，因此不应承担赔偿责任。酒店经理马腾辩称，高飞是E康泊车公司安排在酒店的代客泊车员。事发当日魏驰拜托自己寻找酒后代驾员，其找到高飞，并询问他是否可以提供酒后代驾

服务，高飞是自愿接单，不算指派代驾，故自己不应承担赔偿责任。E康泊车公司辩称，高飞是该公司员工，该公司安排高飞在酒店提供代客泊车服务，而不是代驾服务，高飞给魏驰代驾的行为是个人行为，并非职务行为，故E康泊车公司不同意承担赔偿责任。

第二起是因“共同饮酒”引发的人身权侵权损害赔偿纠纷。此次交通事故纠纷的争议在于共同饮酒人是否承担李雷因机动车交通事故所致损害的民事责任。韩梅、王方、魏驰提出如下抗辩：第一，李雷醉酒驾车，王方是最先离开故不知情，韩梅与魏驰也对李雷进行了劝告，虽然李雷是与韩梅、王方、魏驰共同进餐期间大量饮酒，但李雷在明知自己酒量不高的情况下没有对自己过量饮酒进行有效的调节、控制，后明知自己醉酒还不顾劝阻、执意驾车离去。其醉酒后的情绪、动作等身体状况必然导致在发生交通事故时自我保护能力的降低，李雷的行为系自甘风险，其应当自负民事责任。第二，李雷为完全民事行为能力人，他应当对自己行为的后果做出合理预期并对自身行为可能导致的损害结果作出判断，韩梅、王方、魏驰对李雷不负有提醒、注意、照顾的义务，也没办法阻止李雷酒后驾车。

那么，魏驰发生的交通事故中到底谁该承担赔偿责任？李雷的继承人能否起诉共同饮酒人承担人身损害赔偿责任呢？

## 法理分析

### （一）魏驰发生的交通事故中谁该承担责任？

本案的争议焦点为机动车交通事故责任纠纷中的责任主体及责任承担比例问题。《民法总则》第一百七十八条规定：“二人以上依法承担连带责任的，权利人有权请求部分或者全部连带责任人承担责任。连带责任人的责任份额根据各自责任大小确定；难以确定责任大小的，平均承担责任。实际承担责任超过自己责任份额的连带责任人，有权向其他连带责任人追偿。”本案中，魏驰垫付了全部修车及医疗费用，有权向其他连带责任人追偿。

本案主要涉及以下法律问题：第一，机动车之间发生交通事故的归责问题；第二，机动车所有人与使用人分离时的责任承担问题；第三，交通事故责任中用工责任认定问题；第四，酒店代驾服务的安全保障义务承担问题。

### 1. 机动车之间发生交通事故的归责原则

机动车之间发生交通事故，实行过错责任的归责原则。根据《道路交通安全法》第七十六条的规定，机动车之间发生交通事故，实行过错责任的归责原则，由有过错的一方承担赔偿责任；双方都有过错的，按照各自过错的比例分担责任。此次事故经交通管理部门认定高飞负70%主要责任，罗欣负30%次要责任，故双方应根据各自的责任承担相应的损害赔偿责任。

### 2. 机动车所有人与使用人分离时机动车交通事故责任的承担原则

机动车所有人与使用人分离，即法律上的所有人与实际使用人不一致，也就是本案中车辆所有人和车辆驾驶人分离的情况。我国《民法典》第七编侵权责任第五章延续了《侵权责任法》第六章的规定，专章规定了机动车交通事故，从机动车交通事故责任确立来看，主要以"运行支配"和"运行利益"为基本依据，即交通事故责任的承担者是对机动车的运行处于支配地位并享有因该机动车运行而产生的利益的民事主体。《民法典》第一千二百零九条延续了《侵权责任法》第四十九条的规定，确立了机动车在所有人与使用人分离情形下的侵权责任承担的一般规则，即由交通事故发生时机动车使用人承担赔偿责任，机动车所有人仅限于对损害的发生有过错时的补充责任。本案中虽然王晓为车辆所有人，但交通事故发生时的机动车使用人为罗欣，且王晓对损害的发生没有过错，所以此次交通事故王晓不负赔偿责任，机动车使用人罗欣为责任承担者。

### 3. 交通事故责任中用工责任如何认定

机动车交通事故责任与用工责任在责任认定时存在先后顺序，在机动车致人损害发生后，对于受害人来说，可直接请求机动车一方承担责任。这就意味着其可以不必关注用工关系问题，可先将雇主和雇员视为一体，共同称其为"机动车一方"，只有在"机动车一方"的责任成立之后，才有进一步讨论用工责任的必要。本案中代驾司机高飞在交通事故中负主要责任，作为

“机动车一方”同时引起用工责任和机动车交通事故责任的适用问题，如果驾驶人因执行职务驾驶机动车发生事故，则应按照法律规定确定交通事故责任中的用工责任。

《民法典》第一千一百九十一条、第一千一百九十二条延续了《侵权责任法》第三十四条的规定，确定了用工责任的构成要件：一是被用工者致他人损害并应承担侵权责任；二是存在用工关系；三是被用工者因执行工作任务或提供劳务造成他人损害。这时应重点审查高飞代客驾车服务是否属于因执行工作任务或提供劳务时造成他人损害。实践中关于用工关系的认定以被用工者的行为是否体现了用工者的意志和利益为必要。本案中高飞的身份为E康泊车的工作人员，对外以公司用工者的名义从事代驾服务，虽然高飞代客驾车服务超出授权范围，但因其提供的代客驾车服务系在工作时间内，其表现形式为履行职务，故应属于职务行为，E康泊车公司应对由此产生的损害后果承担赔偿责任。同时，由于高飞对本次交通事故的发生存在重大过失，用人单位承担侵权责任后，可以依法向工作人员追偿。

**4. 本案中涉及的安全保障义务**

违反安全保障义务的责任，是指侵权人未尽到法律法规所规定的，或基于合同、习惯等产生的对他人的安全保障义务，造成他人损害时应承担的赔偿责任。[①]《民法典》第一千一百九十八条确定了安全保障义务，调整了《侵权责任法》第三十七条关于场所范围的规定，以限缩解释的方式表述了安全保障义务的场所，将场所范围调整为“宾馆、商场、银行、车站、机场、体育场馆、娱乐场所等经营场所、公共场所”，对于公共场所经营性的核心以与“公共场所”概念并列的方式予以了明确。

实践中，一些酒店为了增强其竞争力，推出“无偿代驾服务”，从形式上看，酒店代驾属于无偿服务，但实际上酒店提供代驾服务是基于消费者在酒店的消费活动，因此酒店的代驾属于消费服务的延伸，酒店在指派代驾人进行代驾时应负有安全保障义务，若违反了该项义务，则应承担相应的赔

① 王利明：《侵权责任法研究》（下），中国人民大学出版社2016年版，第147页。

偿责任。实践中，部分餐饮酒店与代驾公司进行合作，由代驾公司派驻代驾员为酒店的消费者进行代驾，代驾公司与被代驾人即消费者形成服务合同关系，酒店和代驾公司均负有安全保障的谨慎注意义务，若违反该义务，同样都应承担赔偿责任。本案中，E康泊车公司与酒店签订代泊服务协议，E康泊车公司派其员工高飞前往酒店从事代客泊车工作。马腾作为酒店经理，在魏驰要求寻找代驾人时，在明知E康泊车公司仅提供代客泊车服务的情况下，依然向魏驰推荐了高飞。魏驰有理由相信高飞是代表酒店提供服务的，马腾在提供代驾服务时没有尽到安全保障义务，而其身份为酒店经理，提供代驾行为发生在工作时间，故其行为系职务行为，由此造成的损害后果酒店应承担相应赔偿责任。

最终，法院判定E康泊车公司、酒店应在责任范围内承担因交通事故导致的连带赔偿责任。

### （二）李雷继承人能否起诉共同饮酒人对李雷的死亡承担赔偿责任？

我国现行法律尚未明确规定共同饮酒人的责任承担问题。一般而言，共同饮酒人承担一定的注意义务。判断共同饮酒人是否存在侵权行为，通常分为两个阶段考量，一是在饮酒过程中是否存在过度劝酒的行为；二是在饮酒后是否对过量饮酒的人进行了必要且合理的照顾义务。共饮人的附随义务也主要包括事前预防和事后控制两个方面，事前预防是指共饮人应劝阻、提醒从事车辆驾驶的人员尽量不要饮酒；事后控制是指饮酒人已经醉酒或者出现不良反应时，共饮人应阻止其继续驾驶车辆。①

本案中，共饮人韩梅、王方、魏驰与李雷为大学好友，在明知李雷不胜酒力的情况下没有提醒、劝阻其尽量不要饮酒，在聚会结束后明知李雷赌气要酒后驾车，并未积极实施劝阻以阻止其继续驾驶车辆，因此是以不作为的

---

① 参见宋鱼水：《海淀法院文丛：道路交通事故纠纷诉讼指引与实务解答》，法律出版社2014年版，第106页。

方式实施了侵权行为。共饮人是否尽到提醒、劝阻的附随义务适用过错推定原则，实行举证责任倒置。也就是说，受害人如果有证据证明共饮人的不作为行为与损害事实存在因果关系的情况下，而共饮人又不能证明自己对损害的发生没有过错，便推定其存在过错。本案中，共饮人韩梅、王方、魏驰仅抗辩自己已经尽到了提醒、劝阻的附随义务，在主观上不存在过错，但是因其对这一点的辩称主张未提交相应的证据，故对其抗辩理由，法院均未予以采信。

最终，法院基于各责任方在涉案事故中的过错责任及对损害结果发生的原因力大小，认定由李雷承担 75% 的民事责任，由韩梅、魏驰分别承担 10% 的民事责任，由王方承担 5% 的民事责任。

## 知识拓展

机动车交通事故责任纠纷在实践中属于较为常见的民事纠纷类型，当事人在机动车交通事故责任纠纷中应注意以下几点：

### （一）追加、变更当事人

追加当事人是指在诉讼中使应当参加诉讼而未参加诉讼的当事人参加诉讼的制度，追加当事人可以由当事人申请追加，也可以由法院依职权追加。在交通事故案件中，追加当事人的情况主要发生在侵权法规定的存在雇佣关系、挂靠关系等情况。因交通事故属于突发事件，与合同纠纷等法律关系相对明确的案件相比，双方当事人对彼此的了解程度较低，尤其是雇主和被挂靠方在发生事故后很难第一时间披露出来，所以追加当事人在机动车交通事故责任纠纷中较为常见。在存在雇佣关系的情况下，因为雇主应当对司机的行为承担责任，因此如果原告没有将雇主列为被告，则需要追加雇主为被告；而在存在挂靠关系的情况下，因为法律规定挂靠方与实际车主需要承担连带责任，因此司机、挂靠方、实际车主这三方都有可能成为被告，若原告起诉时遗漏被告的，则应当进行追加。

变更当事人则是指在诉讼过程中，根据法律的规定或基于当事人的意思，原诉讼的当事人被变更或变动为新的当事人的一种诉讼现象。在庭审过程中，当事人如果发现起诉的当事人存在错误的，可以向法院申请变更当事人。法院会对当事人的申请进行审查，符合条件的会予以变更。在交通事故案件中，变更当事人发生的主要原因在于原告在查询对方车辆的司机、车主及保险公司时出现查询错误而误将与事故没有关系的当事人起诉至法院。实践中，由于外地车辆信息在本地交通管理部门查询存在一定困难，原告碍于查询工作的时间成本，多选择以被告交通事故责任认定单上确定的驾驶人、机动车及保险信息作为被告提起诉讼，这就导致在审判阶段可能出现驾驶人及保险公司的认定偏差。所以原告在起诉时需要仔细核实对方车辆信息及保险信息，避免在庭审过程中出现变更当事人的情形，影响审判的顺利进行。

（二）变更诉讼请求

《民事诉讼法》第五十一条规定，原告可以放弃或者变更诉讼请求。第六十五条规定："当事人对自己提出的主张应当及时提供证据。人民法院根据当事人的主张和案件审理情况，确定当事人应当提供的证据及其期限……"《最高人民法院关于适用〈中华人民共和国民事诉讼法〉的解释》第九十九条规定："人民法院应当在审理前的准备阶段确定当事人的举证期限。举证期限可以由当事人协商，并经人民法院准许。人民法院确定举证期限，第一审普通程序案件不得少于十五日，当事人提供新的证据的第二审案件不得少于十日。"因此，当事人增加、变更诉讼请求应在举证期限届满前提出；案件受理后，当事人增加或变更诉讼请求的时间应在法庭辩论结束前。而当事人在变更诉讼请求后，法院会给予对方一定时间的答辩期，同时会重新计算诉讼费用，增加诉讼请求标的额的需要补交相应的诉讼费用，若逾期不交纳诉讼费用，则增加的诉讼请求将不予处理。

在机动车交通事故责任纠纷案件中，当事人变更诉讼请求的情况时有发生，这主要是因为此类案件在审理中，一些问题都需要通过专业鉴定机构鉴定后才能确定，比如因交通事故造成的伤残等级、伤者合理的误工期限及护理期限等，尤其是交通事故致人损害的案件，诉讼中委托鉴定机构的比例更高，在鉴定机构出具鉴定意见后，当事人会根据鉴定意见来相应调整诉讼请求。例如，原告在法庭审理过程中提出对其伤情进行伤残等级鉴定，若鉴定意见确定原告构成伤残，则原告会申请增加伤残赔偿金、被扶养人生活费、精神损害抚慰金等诉讼请求；若鉴定意见认为其不构成伤残，原告可能会相应地降低或减少一部分诉讼请求。

### （三）申请法院调取证据

《最高人民法院关于适用〈中华人民共和国民事诉讼法〉的解释》第九十四条规定，当事人及其诉讼代理人因客观原因不能自行收集的证据，可以在举证期限届满前书面申请人民法院调查收集。当事人及其诉讼代理人因客观原因不能自行收集的证据包括：（1）证据由国家有关部门保存，当事人及其诉讼代理人无权查阅调取的；（2）涉及国家秘密、商业秘密或者个人隐私的；（3）当事人及其诉讼代理人因客观原因不能自行收集的其他证据。在交通事故损害赔偿案件中，对于由公安交通管理部门持有的交通事故案件卷宗、事故现场照片及视频资料等相关材料，当事人一般无法自行调取，若当事人申请法院调取的，法院认为对审理和认定案件事实确有必要的，可以依职权调取。

根据《最高人民法院关于民事诉讼证据的若干规定》第二十条的规定，当事人及其诉讼代理人申请人民法院调查收集证据，应当在举证期限届满前提交书面申请。申请书应当载明被调查人的姓名或者单位名称、住所地等基本情况、所要调查收集的证据名称或者内容、需要由人民法院调查收集证据的原因及其要证明的事实以及明确的线索。

## 普法提示

炎炎夏日，三五老友喝酒撸串，好不惬意。在推杯换盏、觥筹交错后，因共同饮酒及酒后代驾发生交通事故致使人伤亡的案例屡屡发生，受害人或家属往往会将共饮人、代驾公司诉至法院，要求其承担赔偿责任。就共同饮酒行为本身来看，它只是社交层面的情谊行为，不属于法律行为。然而共同饮酒人负有劝阻他人酒后驾车的安全保障义务，一旦违反了该项义务，酿成交通事故，饮酒驾驶人造成损害，共同饮酒人之间则产生了侵权损害赔偿法律关系，共饮人未尽到劝阻义务的，将有可能赔偿饮酒驾驶人的损失。此外，酒后代驾虽可避免饮酒人驾车发生交通事故，但也要注意选择正规的代驾公司，以免带来不必要的经济损失。如因代驾行为发生交通事故，可主张代驾公司和代驾司机承担连带赔偿责任。

案例二

# 借名买车、好意同乘后发生交通事故谁赔偿?

陈晨[①]

## 案情回顾

### (一)"阴阳合同"提新车,"好意同乘"出意外

故事的主人公王百万是一个奋斗在大城市的有志青年。

经过小学、中学、大学的艰苦奋斗,他终于拿到了梦寐以求的北京户口。和大多数北漂青年一样,家住房山、工作在海淀的他,想拥有一辆自己的小轿车,以免除往返四个多小时的路途焦虑。但是,多年摇号不中却成了王百万的一块心病。

真是有心栽花花不开、无心插柳柳成荫。每天念叨着买车的王百万多年摇号不中,而从没想过开车也从不想买车的于国谦却一摇即中,还是汽油车指标。这让王百万羡慕不已,他多次找于国谦商量,软磨硬泡,想让于国谦把车牌号卖给他。于国谦耐不住王百万每天在他耳边絮絮叨叨,便同意将购车资格"借"给王百万使用。为避免风险,两人还签订了一份"借名买车协议",协议约定:"王百万借用于国谦名义购买帕萨特小轿车一辆,车牌号京JABY5×,车辆登记在于国谦名下,但车辆归王百万所有,因此产生的一切损失由王百万自负,于国谦对外不承担任何责任。"

很快,王百万就以于国谦的名义购买了一辆帕萨特小轿车。喜提新车的王百万开心不已,逢人就炫耀自己的新车。同住一小区的同事陆玄得知后,便主动打电话给王百万,表示天气寒冷,下午想搭便车一同下班。王百万心里很不情愿,表示自己的车没上交强险,而且下午还喝了点小酒,要不怕出事就一起回家。没想到陆玄不但没有看出他的不情愿,反而更加坚持乘车。

---

① 北京市海淀区人民法院立案庭(诉讼服务中心)。

碍于情面，王百万只好同意。

晚高峰时段，王百万驾驶的帕萨特小轿车在行驶至海淀区八达岭高速公路进京方向时，与迎面而来的程愚驾驶的轮式自行机械车相撞，造成乘车人陆玄右股骨骨折、左腿挫伤，后续治疗共花费医疗费3万余元。经公安交通管理部门查证：程愚驾驶轮式自行机械车进入高速公路发生故障后未按规定设置警告标志，并违反了轮式专用机械车不得进入高速公路的规定，同时该车未投保交强险，是发生事故的主要原因。王百万体内酒精含量为82.4mg/100mL，驾车未确保安全是发生事故的次要原因；认定：程愚负此次事故的主要责任，王百万负此次事故的次要责任。

后，陆玄将于国谦、王百万、程愚共同起诉至法院，要求赔偿其医疗费、误工费、护理费、残疾辅助器具费、精神损害抚慰金等各项损失共计8.2万元。

### （二）借名、同乘本好意，奈何惹出祸事来

故事说到这，让人忍不住叹息，本来借名、同乘都是好意，却凭空惹了官司。

庭审中，王百万提出抗辩，陆玄无偿乘车，在乘车前他已经向陆玄表明其喝过酒，但陆玄仍然坚持搭乘，而且发生事故并非自己的本意，自己的新车被撞得面目全非已经够倒霉了，对于陆玄的损失不同意承担赔偿责任。于国谦也抗辩称，自己只是登记车主，车辆实际为王百万所有，而且自己在买车时为了避免风险还签了“借名买车协议”，写明发生交通事故的责任承担问题，自己不应该对此次交通事故承担责任。陆玄则诉称，虽然王百万说过他喝了酒，但以为是王百万不想让搭车开的玩笑，完全没有预计到会发生交通事故。

法院经审理认为，此次事故经交通管理部门认定轮式自行机械车驾驶人程愚负主要责任，王百万负次要责任，综合考虑程愚和王百万的过错程度，法院认定程愚对陆玄的损失承担60%的赔偿责任，王百万承担40%的赔偿责任。尽管于国谦主张肇事车辆的实际购买及占有者为王百万，但肇事车辆所有人原则上以登记为准，于国谦作为肇事车辆的所有人，未按照相关法律

规定为肇事车辆投保交强险，并允许王百万驾驶未投保交强险的车辆上路行驶，致使在发生交通事故后，陆玄不能通过保险获得赔偿，对此，于国谦存在明显过错。同时，虽然于国谦为规避风险，通过签订“阴阳合同”方式确认车辆所有权归属以及损害赔偿责任承担等问题，但是由于该协议违反《北京市小客车数量调控暂行规定》中“小客车配置指标不得转让”的规定，所以，上述协议仅对双方当事人具有约束力，不能对抗第三人。鉴于王百万与陆玄之间构成好意同乘，且陆玄在明知王百万驾车前曾有过饮酒行为的情况下仍选择搭便车，陆玄亦存在一定过错，故应减轻王百万的赔偿责任。

最后法院认定，由程愚承担60%的赔偿责任，王百万承担15%的赔偿责任，于国谦对王百万的上述债务承担连带赔偿责任。剩余25%由陆玄自行承担。

## 法理分析

对于一些有用车刚需却又没有购车资格的家庭来说，汽车限购政策似乎成了阻挡他们迈入“车房兼具的小康之家”的障碍。在此背景下，“借名买车”“好意同乘”成为一些北漂们无奈之下的选择。相应地，因借名、同乘所引发的法律争议也接踵而至。

### （一）“借名买车”后交通事故责任的认定

借名买车的情况下，实际出资人因未获得相应购车指标而无法将车辆登记在自己名下，只能借用他人名义进行登记，进而出现“车户分离”现象，即机动车登记的所有权人与机动车的实际所有权人不一致，借名买车者成为机动车的实际所有人和使用人，而借名者成为机动车的登记所有人，一旦机动车发生事故，借名者由于是登记车主，因此很难摆脱承担侵权责任的风险。

我国《民法典》第七编侵权责任第五章延续了《侵权责任法》第六章的规定，专章规定了机动车交通事故，从机动车交通事故责任确立来看，主要以“运行支配”和“运行利益”为基本依据，即交通事故责任的承担者是对机动车的运行处于支配地位并享有因该机动车运行而产生的利益的民事主体。《民法典》第一千二百零九条延续了《侵权责任法》第四十九条的规定，确立了机动车在所有人与使用人分离情形下的侵权责任承担的一般规则，即由交通事故发生时机动车使用人承担赔偿责任，机动车所有人仅限于对损害的发生有过错时的补充责任。《民法典》第一千二百一十条延续了《侵权责任法》第五十条的规定，确立了转让机动车未办理登记时的侵权责任承担的一般规则，已交付受让人但未办理所有权转让登记的机动车发生交通事故后，应由车辆受让人承担赔偿责任。

由此看出，机动车交通事故责任承担以“运行支配”和“运行利益”为基础。借名买车前提下，由于发生交通事故时机动车不在登记所有人控制之下，机动车的运行利益也不为登记所有人所有，所以事故责任承担主体原则上仍为车辆实际使用者。关于登记所有人的责任承担问题可参考适用《最高人民法院关于审理道路交通事故损害赔偿案件适用法律若干问题的解释》第一条中关于车辆所有人、管理人的规定，对交通事故承担过错责任。

目前司法实践中，判断登记所有人的过错主要包括以下几个方面：一是借名买车时的注意义务，即应主动核查实际所有人即借名人有无驾驶资格以及驾驶能力，登记所有人作为名义上的车主，在出借购车资格时负有较高的注意和审查义务，即明知或疏忽大意向无驾驶资格及能力人“借名买车”、出借购车资格的行为都构成注意义务的违反。二是交强险的投保义务。《道路交通安全法》明确规定，投保交强险系投保义务人（包括车辆所有人和管理人）的义务，《最高人民法院关于审理道路交通事故损害赔偿案件适用法律若干问题的解释》进一步明确了投保义务人和侵权人分离情况下，登记所有人和实际所有人在交强险责任限额范围内应承担连带责任。这也是本文案例中，登记所有人于国谦承担连带赔偿责任的原因。

### （二）“好意同乘”中交通事故责任的认定

《民法典》中，非营运车辆所有人或其他使用人出于好意，允许他人无偿搭载自己车辆的行为属于法律上的“好意同乘”。现实生活中，同事亲友之间的好意同乘较为普遍，《民法典》顺应实际生活需要，在侵权责任编对好意同乘问题作出明确回应，为善意供乘人减责。

好意同乘中发生交通事故的赔偿责任以过错责任为原则，以公平责任为补充。《民法典》第一千二百一十七条规定，非营运机动车发生交通事故造成无偿搭乘人损害，属于该机动车一方责任的，应当减轻其赔偿责任，但是机动车使用人有故意或者重大过失的除外。

具体而言，好意同乘具有以下几个特征：一是非营运性。好意同乘一般是善意供乘人的私家车（机动车），不是运营车辆，这排除了商场为推销商品、便利购物而运营的以营运为目的的免费超市班车。二是无偿性。好意同乘是一种无偿搭乘行为，不向搭乘人收取报酬。在实践中，虽然存在无偿搭乘人出于感谢向善意供乘人支付一定费用的情况，但只要善意供乘人不以此作为营利目的，仍应认定为好意同乘。三是好意性。善意供乘人在主观态度上存在"好意"，完全是出于善意而邀请或允许搭乘人搭乘，是在利己行为中伴随着利他行为，且善意供乘人与无偿搭乘人之间没有法律上的提供运送服务的权利义务关系，善意供乘人完全是出于道德或情谊上的因素自觉提供帮助。四是顺路性。好意同乘主要表现为顺路搭便车的行为，无偿搭乘人因与善意供乘人的目的地相同而顺路搭车，机动车要去的目的地不是无偿搭乘人事先指定的。这排除了"专车接送"等机动车专门为运送乘坐人前往目的地而运行的情况。五是合意性。这强调善意供乘人与搭乘人之间的协商与沟通，一般而言，好意同乘存在要约与承诺，若车辆驾驶者并不知晓搭乘人已进入车辆或者明确拒绝搭乘人的搭乘请求后搭乘人仍进入车辆，则不属于好意同乘。当然，搭乘人与善意供乘人的"合意"仅限于就搭乘车辆事项的协商与沟通，并非法律行为意义上的"意思表示"。①

《民法典》从建设社会主义和谐社会和有利于形成互助互爱的良好社会氛围出发，在无偿搭乘人存在明显过错时应适当减轻或折抵善意供乘人的赔偿责任。搭乘人的过错在实践中主要表现为在车辆行驶过程中，完全由于无

---

① 参见吴国平：《好意同乘的法律性质浅析》，载《法治研究》2009 年第 9 期。

偿搭乘人的原因而造成车祸导致受伤的，或者在明知善意供乘人疲劳、醉酒或无驾照等情况下仍愿搭其便车。本案中，陆玄在明知王百万醉酒驾驶的情况下仍坚持搭乘便车，存在明显过错，应当减轻王百万的赔偿责任。

## 知识拓展

机动车交通事故责任纠纷在实践中属于较为常见的民事纠纷类型。交通事故是指车辆在道路上因过错或者意外造成人身伤亡或者财产损失的事件。造成交通事故的“车辆”包括机动车与非机动车两类。机动车是指以动力装置驱动或牵引，供人员乘坐或者用于运送物品以及进行工程作业的轮式车辆。非机动车是指以人力或畜力驱动，或者虽有动力装置驱动但设计最高时速、空车质量、外形尺寸符合国家标准的残疾人机动轮椅车、电动自行车等交通工具。司法实践中，因交通事故引发的损害赔偿纠纷是人民法院审理的侵权责任纠纷中的一个重要案件类型，以下问题值得关注。

### （一）提起诉讼的时效要求

诉讼时效是指向人民法院请求保护民事权利的有效期间。为了督促权利人尽早主张权利，积极维护自身权益，立法通过诉讼时效为其设定了权利保护期限。

1. 诉讼时效。根据《民法总则》第一百八十八条的规定，自 2017 年 10 月 1 日该法实施开始起，交通事故导致人身受伤或财产损失的赔偿案件的诉讼时效均为三年；这改变了《民法通则》（2009 年修正）第一百三十六条人身诉讼时效期间一年、财产损害赔偿二年的诉讼时效规定。《民法典》总则编第九章专章规定了诉讼时效，第一百八十八条延续了《民法总则》关于诉讼时效的规定，交通事故导致人身受伤或财产损失的赔偿案件的诉讼时效均为三年，诉讼时效期间自权利人知道或者应当知道权利受到损害以及义务人之日起计算。

2. 诉讼时效的中断。诉讼时效中断是指诉讼时效因提起诉讼、当事人一方提出要求或者同意履行义务而中断。从中断时起，诉讼时效期间重新计算。

因此，在交通事故发生后，若受害人向侵权人主张权利，要求其赔偿损失，或侵权人支付受害人赔偿款，或者受害人向人民法院提起诉讼，均发生诉讼时效中断的效果。

“法律不保护睡眠于权利之上者，而只保护积极行使权利的人，这就是时效制度的立案宗旨之所在。”[①] 设立诉讼时效制度的意义在于督促当事人积极行使权利，惩罚“躺在权利上睡觉的人”。诉讼时效主要适用于债权请求权。我国《民法典》采取抗辩权发生主义，诉讼时效届满之后并不当然导致权利的减损，还需要以相对人援引诉讼时效提出抗辩作为前提。同时，诉讼时效抗辩只存在败诉风险，诉讼时效届满后义务人仍可自愿履行债务。在诉讼时效届满之后，义务人如果行使时效抗辩权，则可以拒绝履行其义务；义务人如果不行使抗辩权，则可以理解为其抛弃了时效利益。[②]

### （二）二次起诉及多次起诉

交通事故损害赔偿纠纷案件中，经常出现基于一次事故而二次起诉甚至多次起诉的情况。这种情况一般多发生于交通事故致人受伤且伤情较重，需长期治疗或进行二次手术，或者伤情有特殊治疗期限要求，如伤情需度过一段稳定期后方能再行诊疗等情况。

出现上述情形，对赔偿问题的处理一般存在以下三种：（1）待全部伤情治疗完毕后一并起诉要求赔偿。这种做法有利于节省当事人诉讼成本，也有利于一次性解决纠纷，但实践中部分当事人因伤后医疗费用负担较重，急需获得经济赔偿以支付后续治疗费用，因此多采取边治疗边起诉的方式。部分当事人担心侵权人为逃避赔偿义务而隐匿或转移财产，因而选择伤后立即起诉的方式。（2）在初次起诉时除了要对前期已经发生的医疗费等损失进行赔偿外，还要对后续治疗费进行一次性赔偿。后续治疗费用的证明需由具备相应资质与治疗水平的医疗机构出具，同时需与伤者伤情相印证。（3）二次手

① 参见王泽鉴：《民法总则》，北京大学出版社 2009 年版，第 492 页。

② 参见王利明：《民法总则研究》，中国人民大学出版社 2018 年版，第 765–773 页。

术后或后续治疗完毕后再次起诉，这种做法秉承“损失实际发生”原则，较容易为侵权人接受，但会出现一次事故导致后来几年内连续多次起诉的情况，也为双方当事人带来诉累。

立即起诉的好处在于侵权人应诉率高，有利于及时获得赔偿；不利之处在于后续治疗尚未完毕，初次起诉治疗费用赔偿偏低，仍需二次起诉。后续治疗完毕后起诉的好处在于赔偿数额较为全面，节约诉讼成本；不利之处则在于无法及时获得赔偿，存在侵权人不应诉或隐匿转移财产等风险。

### （三）司法鉴定的申请及启动

机动车交通事故责任纠纷案件中，对于造成人身受伤或车辆损坏的，当事人可以根据不同情况申请对伤残等级、营养期、护理期、误工期或车辆修理费合理性等进行司法鉴定。鉴定启动包括两个途径：一是当事人提出鉴定申请，人民法院在审理案件过程中认为待证事实需要通过鉴定意见证明的，应当向当事人释明，并指定提出鉴定申请的期间。一般而言，除申请重新鉴定的之外，当事人申请鉴定，应当在举证期限内提出。原告也可在提交起诉状时一并提出鉴定申请。二是法院对于需要依职权查明的事实涉及专门性问题的，根据《最高人民法院关于民事诉讼证据的若干规定》第三十条的规定，符合《最高人民法院关于适用〈中华人民共和国民事诉讼法〉的解释》第九十六条第一款规定情形的，法院应当依职权委托鉴定。当事人申请鉴定经人民法院同意后，鉴定机构可以由双方当事人协商确定，协商确定的鉴定机构必须有鉴定资格。协商不成的，由人民法院指定。[①]

机动车交通事故责任纠纷案件中常见的鉴定有两种：（1）交通事故导致人身受伤的，伤者一方可申请对伤残等级、营养期、误工期、护理期等进行司法鉴定，对方若认为伤者医疗费用有不合理之处的，可申请对医疗费合理性、与交通事故的因果关系等进行司法鉴定；（2）交通事故导致财

---

① 参见最高人民法院民事审判第一庭：《最高人民法院新民事诉讼证据规定理解与使用》（上），人民法院出版社2020年版，第308–327页。

物如车辆受损的，对方若对修理费用等持异议，可以申请对修理费合理性进行鉴定。

同时，根据《最高人民法院关于民事诉讼证据的若干规定》第三十一条的规定，“当事人申请鉴定，应当在人民法院指定期间内提出，并预交鉴定费用。逾期不提出申请或者不预交鉴定费用的，视为放弃申请。对需要鉴定的待证事实负有举证责任的当事人，在人民法院指定期间内无正当理由不提出鉴定申请或者不预交鉴定费用，或者拒不提供相关材料，致使待证事实无法查明的，应当承担举证不能的法律后果”。

机动车交通事故责任纠纷案件中，原告一方很可能在向人民法院提起诉讼前即委托有关部门进行了鉴定。这又包括两种情况：一是当事人或其委托代理人自行委托鉴定机构所作出的鉴定意见；二是经公安交通管理部门委托鉴定机构所作出的鉴定意见。对于诉讼前经鉴定机构出具的鉴定意见的效力，应当视为原告方提交的证据材料，审理中应当依据法定程序进行质证，能够确认其效力的，才能作为认定事实的根据。但需要注意的是，经上述两种委托方式所作出的鉴定意见，法院在认定其效力时存在不同。对公安交通管理部门以其名义委托鉴定机构对交通事故伤者的伤残等级等事项进行的鉴定，由于公安机关委托鉴定履行了必要的法定程序，会依法通知对方当事人参加鉴定、送达鉴定意见书等，因此对于此类鉴定意见，除当事人确有有效证据予以反驳的之外，一般应当认定其效力。对当事人单方自行委托鉴定机构作出的鉴定意见，实践中常常有另一方当事人以其未获通知参加鉴定程序，故认为鉴定程序存在瑕疵为由不认可鉴定意见的效力，若对方当事人申请重新进行鉴定，法院一般会予以准许。因此，为了避免诉讼中双方就诉前委托鉴定的鉴定意见效力产生不必要的争执，也避免因此而增加费用负担，建议原告申请由公安交通管理部门委托鉴定机构进行鉴定，或者与对方协商确定鉴定机构，使对方参与到鉴定程序中来，无法协商的，建议在起诉时或诉讼中再提起鉴定申请。

## 普法提示

中国是一个情谊大国，情谊行为在我国有深厚的存在基础。经济社会的发展加速了出行方式的多元化，在这种社会背景下“借名买车”“好意同乘”应运而生，成为很多人的常态选择。机动车交通事故责任承担以“运行支配”和“运行利益”为基础，借名买车原则上以车辆实际使用者为事故责任承担主体，但登记所有人存在严格的注意义务和交强险投保义务，在存在过错的情况下需承担连带赔偿责任。而“好意同乘”是无偿搭乘人经非营运性机动车的所有人或驾驶人同意后无偿搭乘的行为，具有非营运性、好意性、顺路性、无偿性、合意性的特点。好意同乘中发生交通事故的赔偿责任以过错责任为原则，以公平责任为补充，在机动车使用人有故意或者重大过失的情况下承担赔偿责任，无偿搭乘人如存在明显过错时应适当减轻或折抵善意供乘人的赔偿责任。

案例三

# 醉卧主路被多车碾轧致死谁之过？

## ——交通事故损害赔偿主体及责任认定

李宏宇[①]

## 案情回顾

### （一）人间惨剧：倒卧机动车道遭三车辗轧

2009年5月8日0时35分，行人郝参倒卧在北京市海淀区莲花池东路白云桥西天桥东侧机动车道内，之后发生了可怕的一幕：杨小阳驾驶京FF××号轿车、尹一一驾驶京MU××号轻型普通货车、陈数驾驶京EH××号轿车由西向东行驶时，分别从倒卧于机动车道内的行人郝参身上驶过并碾轧，郝参死亡。事故经交通管理部门调查，无法查证郝参因何倒卧于机动车道内及其死亡原因。随后，郝参的母亲将杨小阳、尹一一、陈数三人及其三人所驾车辆投保车辆保险的中国平安财产保险股份有限公司北京分公司（以下简称平安保险公司）、长安责任保险股份有限公司北京分公司（以下简称长安保险公司）、渤海财产保险股份有限公司北京分公司（以下简称渤海保险公司）共同诉至法院，要求认定杨小阳、尹一一、陈数承担事故全部责任，并要求平安保险公司、长安保险公司、渤海保险公司在机动车交通事故责任强制保险（以下简称交强险）责任限额内先行承担赔偿责任。

### （二）庭审疑云：辗轧致死还是醉酒死亡？

庭审中，关于郝参的死亡原因，双方各执一词。郝参的母亲认为，儿子郝参是遭三车辗轧后身亡。而被告却并不这么认为。

---

① 北京市海淀区人民法院立案庭（诉讼服务中心）。

杨小阳辩称：在与郝参发生事故前，曾有人报案称郝参在道路中间躺着，我认为发生事故前郝参已经死亡，且郝参醉酒倒卧于机动车道内应承担全部责任，因此，不同意承担赔偿责任。

尹一一辩称：当时道路没有路灯，我感觉我的车碾轧了什么东西，我就停车来问正在路边报警的杨小阳，杨小阳说碾轧了一个死人，而且在我之后还有一辆“金杯”车碾轧郝参并驶离现场，我认为郝参严重醉酒并在事故发生前已经死亡，我在事故中没有责任，故我不同意承担赔偿责任。

陈数辩称：我认为在我车之前郝参已被多车碾轧并已经死亡，我不应承担事故责任，故不同意承担赔偿责任。

平安保险公司、长安保险公司、渤海保险公司均认为各自的投保人在事故中没有责任，只同意按照交强险无责限额赔偿。

那么郝参死亡的原因究竟是什么？郝参的死亡责任到底应该由谁来承担呢？我们一起来看法庭审理查明的情况。

### （三）法院判决：碾轧人在过错范围内担责

法院经审理认为，此次交通事故，公安机关交通管理部门虽因无法查证郝参因何倒卧于机动车道内及其死亡原因，故未认定当事人责任，但是，依据法医物证鉴定结论，杨小阳所驾车辆附着的血迹、尹一一所驾车辆附着的血迹、陈数所驾车辆附着的血迹均与郝参的血迹一致，且杨小阳、尹一一、陈数均认可驾车碾轧郝参的事实。同时，依据法医病理学鉴定意见，郝参符合颅脑损伤合并创伤失血性休克死亡，可以证实郝参系遭受外部伤害死亡，而非酒精中毒等自身原因导致死亡。结合郝参分别被杨小阳、尹一一、陈数所驾车辆碾轧的事实，其死亡原因符合被机动车碾轧所致。

虽然在杨小阳报案之前还有两次报案记录，但报案者均只证实在主路上躺着一个人，而未证实该人已遭受侵害、已经死亡。诸被告亦未提供证据证明郝参在此次交通事故之前曾被其他车辆碾轧，进而也不能证明郝参在此次交通事故之前已经死亡。据此，法院认定杨小阳、尹一一、陈数分别驾车碾轧郝参的行为直接结合导致了郝参死亡的后果。根据杨小阳、尹一一、陈数的陈述，三人均未充分尽到安全驾驶、谨慎驾驶的义务，未提前发现倒卧于机动车道内的郝参，也未及时采取有效措施，导致三人分别驾车从郝参身上驶过并碾轧。杨小阳、尹一一、陈数对此次交通事故的发生均存在一定过错。

法院同时指出：郝参醉酒倒卧于机动车道内，严重影响机动车的正常行驶，对此次交通事故的发生存在重大过错，对其自身的损害结果应承担主要责任。此次交通事故发生在三车所投保的交强险期限内，故三保险公司均应在交强险责任限额内先行承担赔偿责任，赔偿郝参母亲因此次交通事故产生的合理经济损失。对于郝参母亲超出交强险责任限额的损失，认定杨小阳、尹一一、陈数共同承担 20% 的赔偿责任。

经核实，郝参母亲应获得的赔偿项目包括：丧葬费 22357.5 元，死亡赔偿金 214940 元，交通费 1000 元。因郝参母亲应获得赔偿的金额未超出三车交强险责任限额的总和，故不涉及杨小阳、尹一一、陈数的赔偿问题。最终，法院判决平安保险公司、长安保险公司、渤海保险公司分别赔偿郝参母亲 79432.5 元。

## 法理分析

结合《道路交通安全法》的立法宗旨及该法第七十六条的具体规定，本案主要应解决以下几个问题。

### （一）郝参的死亡与遭车辆碾轧行为之间是否存在因果关系？

公安机关交通管理部门由于无法查实郝参为何倒卧于机动车道内，也不能查实郝参的死亡是因杨小阳、尹一一、陈数其中一人驾车碾轧、二人驾车碾轧或是三人驾车碾轧所致，所以未认定当事人责任。郝参具体是被哪辆车或哪几辆车碾轧死亡的，举证责任不在原告而在被告，因为每一辆车的碾轧行为均足以造成郝参死亡的后果，各被告均未举证证明其行为不能造成郝参死亡，亦不能证明郝参还被其他车辆碾轧，即还存在其他侵权人，故可以认定杨小阳、尹一一、陈数的行为直接结合导致郝参死亡的后果，两者之间存在直接因果关系。

### （二）是否存在可以减轻或免除碾轧人赔偿责任的事由？

当时有效的《侵权责任法》第二十六条规定："被侵权人对损害的发生也有过错的，可以减轻侵权人的责任。"根据《道路交通安全法》第七十六条的规定，机动车与非机动车驾驶人、行人之间发生交通事故时，机动车一方应承担无过错责任，当非机动车驾驶人、行人有过错时，可以适当减轻机动车一方的赔偿责任，如果交通事故的损失是由非机动车驾驶人、行人故意碰撞机动车造成的，机动车一方不承担赔偿责任。

郝参虽系醉酒状态，但从其死亡原因看，并非酒精中毒等自身原因导致，各被告亦不能证实郝参在发生事故前已死亡，或者郝参具有自杀、故意制造交通事故的行为，所以不存在机动车一方的免责事由。如前所述，杨小阳、尹一一、陈数对此次交通事故的发生均存在一定过错，郝参对此次交通事故的发生存在重大过错，故应当减轻机动车一方的赔偿责任。

### （三）本案赔偿责任的认定依据

《道路交通安全法》第七十六条规定："机动车发生交通事故造成人身伤亡、财产损失的，由保险公司在机动车第三者责任强制保险责任限额范围内予以赔偿；不足的部分，按照下列规定承担赔偿责任：（一）机动车之间发生交通事故的，由有过错的一方承担赔偿责任；双方都有过错的，按照各自过错的比例分担责任。（二）机动车与非机动车驾驶人、行人之间发生交通事故，非机动车驾驶人、行人没有过错的，由机动车一方承担赔偿责任；有证据证明非机动车驾驶人、行人有过错的，根据过错程度适当减轻机动车一方的赔偿责任；机动车一方没有过错的，承担不超过百分之十的赔偿责任。交通事故的损失是由非机动车驾驶人、行人故意碰撞机动车造成的，机动车一方不承担赔偿责任。"

关于原告的损失如何赔偿问题，因保险公司在交强险限额内先行承担赔偿责任，是法定义务，此次事故是三车造成一人死亡，且原告的诉讼请求超出了三车交强险的总额，所以法院要确定超出部分其他被告所应承担赔偿责任的比例，根据过失相抵原则，这个比例为20%。经过法院审核，原告的损失情况并未超出三车交强险的总额，故三家保险公司应平均分担，且不再涉及其他被告的赔偿问题。

## 知识拓展

### （一）《道路交通安全法》的立法宗旨：以人为本、尊重生命

道路交通事故是一种严重危害社会安定和人们生命、健康、财产安全的社会性灾害，是世界各国都在面对的严重社会问题。随着我国经济社会的快速发展，机动车的社会化程度不断提高，机动车数量的增加与交通设施的落后、交通管理力量失衡的矛盾日益突出，同时，机动车与非机动车、行人的矛盾也十分突出，道路交通管理已成为城市管理中的突出问题，道路交通事故业已成为“城市第一大杀手”。

《道路交通安全法》第一条规定：“为了维护道路交通秩序，预防和减少交通事故，保护人身安全，保护公民、法人和其他组织的财产安全及其他合法权益，提高通行效率，制定本法。”这一规定体现了以人为本、尊重生命的立法宗旨。同时设立了交强险制度、交强险先行赔偿制度以及道路交通事故社会救助基金制度。《道路交通安全法》第十七条规定：“国家实行机动车第三者责任强制保险制度，设立道路交通事故社会救助基金……”，第七十六条进一步规定了保险公司在交强险责任限额内先行赔偿的法定义务，继《道路交通安全法》之后，我国又先后施行了《机动车交通事故责任强制保险条例》《道路交通事故社会救助基金管理试行办法》等，充分保障这一立法宗旨的实现。

### （二）交通事故损害赔偿的归责原则

《民法典》第一千一百六十五条规定：“行为人因过错侵害他人民事权益

造成损害的，应当承担侵权责任。依照法律规定推定行为人有过错，其不能证明自己没有过错的，应当承担侵权责任。”第一千一百六十六条规定：“行为人造成他人民事权益损害，不论行为人有无过错，法律规定应当承担侵权责任的，依照其规定。”可见，我国对于侵权责任的归责原则主要分为过错责任原则和无过错责任原则。

机动车交通事故作为一种特殊的侵权行为，在认定交通事故责任和交通事故损害赔偿责任方面采用了不同的归责原则。认定交通事故责任适用的是过错责任原则，主要规定在《道路交通安全法实施条例》第九十一条中：“公安机关交通管理部门应当根据交通事故当事人的行为对发生交通事故所起的作用以及过错的严重程度，确定当事人的责任。”具体规定在《道路交通事故处理程序规定》第六十条中：“公安机关交通管理部门应当根据当事人的行为对发生道路交通事故所起的作用以及过错的严重程度，确定当事人的责任。（一）因一方当事人的过错导致道路交通事故的，承担全部责任；（二）因两方或者两方以上当事人的过错发生道路交通事故的，根据其行为对事故发生的作用以及过错的严重程度，分别承担主要责任、同等责任和次要责任；（三）各方均无导致道路交通事故的过错，属于交通意外事故的，各方均无责任。一方当事人故意造成道路交通事故的，他方无责任。”

由此可以看出，交通事故责任的归责原则主要是适用过错责任原则，认定交通事故责任必须考虑两个因素：一是事故当事人的行为对事故的发生所起的作用，即当事人的行为与事故发生的因果关系，这是认定事故责任的前提。二是事故当事人的过错，在当事人的行为与事故发生的因果关系确定后，根据当事人过错的程度来确定事故责任的大小。

而交通事故损害赔偿责任的认定则不同，它是按照《道路交通安全法》第七十六条的规定，在不同主体之间适用不同的归责原则：保险公司在交强险责任范围内承担无过错责任，超过交强险责任限额的部分，机动车之间发生交通事故的，适用过错责任原则；机动车与非机动车驾驶人、行人之间发生交通事故的，适用无过错责任原则。机动车与非机动车驾驶人、行人之间发生交通事故适用无过错责任原则的法理依据来源于受益者承担风险的报偿理论、高度危险致人损害的严格责任理论、优者危险负担理论等观点，强调作为高度危险作业一方的机动车驾驶员的谨慎注意义务，体现了对基本人权的尊重和对弱势群体的保护。

### （三）交通事故损害赔偿责任主体的确定

依据《道路交通安全法》第七十六条规定，交通事故损害赔偿责任主体一是机动车投保交强险的保险公司，二是“机动车一方”。在机动车交通事故引发的侵权赔偿案件中，重点是如何认定“机动车一方”。

判断“机动车一方”应适用“运行支配权＋运行利益归属”的原则，即损害发生时对机动车拥有实际支配权并对其享有运行利益的一方。对机动车拥有所有权是对机动车拥有运行支配权和运行利益的完整体现，在机动车驾驶人与所有人为同一人时，其既是车辆运行的支配者，又是运行利益的归属者，所以赔偿责任的主体也是同一的。但所有权不是判断承担责任的唯一要素，实践中还存在诸如买卖未过户、挂靠经营、承包经营、租赁、借用等情形，并非当然由所有人承担赔偿责任。《民法典》《最高人民法院关于审理道路交通事故损害赔偿案件适用法律若干问题的解释》都对此作出了具体规定。

### （四）保险公司在强制保险范围内的先行赔偿义务

交强险的强制性主要体现在三个方面：一是投保的强制性，二是承保的强制性，三是赔偿的强制性。《道路交通安全法》第七十六条规定：“机动车发生交通事故造成人身伤亡、财产损失的，由保险公司在机动车第三者责任强制保险责任限额范围内予以赔偿……”保险公司在交强险责任限额内赔偿是一种法定义务，主要是为了及时填补受害人的损失，客观上也具有分散投保人风险的作用。

《机动车交通事故责任强制保险条例》第二十一条规定的交强险赔偿对象为：被保险机动车发生道路交通事故造成本车人员、被保险人以外的受害人的人身伤亡、财产损失。第二十二条规定驾驶人未取得驾驶资格或者醉酒的；被保险机动车被盗抢期间肇事的；被保险人故意制造道路交通事故的，保险公司只在强制保险责任限额内垫付抢救费用。这就导致事故受害人因机动车驾驶人存在无驾驶资格、醉酒驾驶、故意肇事等严重过错时，反而得不到强制保险的保障。

《最高人民法院关于审理道路交通事故损害赔偿案件适用法律若干问题的解释》充分吸收了司法实践的有益尝试，其中第十五条规定驾驶人未取得驾驶资格或者未取得相应驾驶资格的；醉酒、服用国家管制的精神药品或者麻醉药品后驾驶机动车发生交通事故的；驾驶人故意制造交通事故的，由保险公司在交强险责任限额范围内予以赔偿，同时赋予保险公司在赔偿范围内向侵权人的追偿权。

关于机动车未投保强制保险的赔偿问题，《道路交通安全法》与《机动车交通事故责任强制保险条例》均未作出规定。基于交强险的投保强制性，机动车所有人、管理人未投保强制保险，属于违反法定义务，为了有效打击该行为，同时，也为了保障受害人的损失能够得到弥补，《最高人民法院关于审理道路交通事故损害赔偿案件适用法律若干问题的解释》第十六条规定："未依法投保交强险的机动车发生交通事故造成损害，当事人请求投保义务人在交强险责任限额范围内予以赔偿的，人民法院应予支持。投保义务人和侵权人不是同一人，当事人请求投保义务人和侵权人在交强险责任限额范围内承担连带责任的，人民法院应予支持。"第十八条规定："多辆机动车发生交通事故造成第三人损害，其中部分机动车未投保交强险，当事人请求先由已承保交强险的保险公司在责任限额范围内予以赔偿的，人民法院应予支持。保险公司就超出其应承担的部分向未投保交强险的投保义务人或者侵权人行使追偿权的，人民法院应予支持。"

### （五）过失相抵原则的适用及免责事由

《民法典》第一千一百七十三条规定："被侵权人对同一损害的发生或者扩大有过错的，可以减轻侵权人的责任。"第一千一百七十四条规定："损害是因受害人故意造成的，行为人不承担责任。"

适用过失相抵原则应满足以下四个条件：（1）受害人必须具有过错，只有当受害人对于同一损害的发生或者损害结果的扩大具有过错时，才能够适用过失相抵制度；（2）受害人的过错行为必须是同一损害发生或者损害结果扩大的原因，即存在因果关系；（3）受害人的行为必须是不当的行为，在认定是否构成过失相抵时，无须要求受害人的行为具备违法性，只要受害人的行为属于不当行为即可；（4）受害人必须具有过失相抵的认知能力，即受害人具备对其行为将会产生某种损害自身利益后果的认识。过失相抵产生的法律效果就是赔偿义务人赔偿责任的减轻或者免除。

在交通事故中，受害人负有事故责任的过失相抵适用问题在《道路交通安全法》中已有规定。在司法实践中还经常出现受害人在交通事故中不负事故责任，但对损害的发生或损害结果的扩大具有过错的情况，如乘坐摩托车未按规定戴头盔、乘坐饮酒或醉酒人驾驶的机动车、明知机动车超载仍乘坐、知道或者应当知道驾驶人没有驾驶资格仍乘坐其驾驶的车辆以及监护人未尽到监护职责等适用过失相抵原则的情形。

## 普法提示

### （一）交强险必须有，商业三者险很重要

**1. 谁应投保交强险？**

在中华人民共和国境内道路上行驶的机动车的所有人或者管理人应当依法投保交强险。

**2. 不投保交强险的后果**

（1）机动车所有人、管理人未按照国家规定投保交强险的，由公安机关交通管理部门扣留车辆至依照规定投保后，并处依照规定投保最低责任限额应缴纳的保险费的二倍罚款。

（2）未依法投保交强险的机动车发生交通事故造成损害，投保义务人应当在交强险责任限额范围内予以赔偿。投保义务人和侵权人不是同一人，应

当在交强险责任限额范围内承担连带责任。

**3. 交强险赔给谁?**

被保险机动车发生道路交通事故造成本车人员、被保险人以外的受害人人身伤亡、财产损失的，由保险公司依法在交强险责任限额范围内予以赔偿。即承保交强险的保险公司只对被保险机动车造成第三者的损害承担赔偿责任，第三者指的是非本车人员，即排除驾驶人、车上乘客的车外人员。

**4. 交强险有限额吗?**

交强险在全国范围内实行统一的责任限额。根据机动车一方在交通事故中是否负有责任，交强险的赔偿限额分为有责赔偿限额和无责赔偿限额；同时在这两个赔偿限额之下，又根据交通事故所造成的损失类型不同，将赔偿限额进一步分为医疗费用赔偿限额、死亡伤残赔偿限额及财产损失赔偿限额。按照 2008 年《中国保监会关于调整交强险责任限额的公告》规定，交强险的有责赔偿限额为：死亡伤残赔偿限额 11 万元，医疗费用赔偿限额 1 万元，财产损失赔偿限额 2000 元；无责赔偿限额为：死亡伤残赔偿限额 11000 元，医疗费用赔偿限额 1000 元，财产损失赔偿限额 100 元。为了更好地发挥交强险的功能，中国银保监会 2020 年发布《关于调整交强险责任限额和费率浮动系数的公告》，交强险的赔偿额自 2020 年 9 月 19 日起调整。其中交强险有责赔偿限额调整为：死亡伤残赔偿限额 18 万元，医疗费用赔偿限额 1.8 万元，财产损失赔偿限额 2000 元。交强险无责赔偿限额调整为：死亡伤残赔偿限额 1.8 万元，医疗费用赔偿限额 1800 元，财产损失赔偿限额 100 元。

**5. 交强险有免赔情形吗?**

如果道路交通事故的损失是由受害人故意造成的，保险公司不予赔偿。

**6. 在什么情形下，保险公司享有交强险的追偿权?**

当存在驾驶人未取得驾驶资格或者未取得相应驾驶资格，或者醉酒、服用国家管制的精神药品、麻醉药品后驾驶机动车发生交通事故，或者驾驶人故意制造交通事故的，保险公司在交强险责任限额范围承担赔偿责任后，享有在赔偿范围内向侵权人的追偿权。

**7. 商业三者险有什么用？**

商业三者险与交强险都是三者险，都是对被保险机动车因交通事故造成第三者的损害承担赔偿责任，即排除驾驶人、车上乘客的车外人员。商业三者险的制度功能与交强险不同，交强险是强制保险，重在保护受害人的权益，在全国范围内实行统一的责任限额和保费。商业三者险是商业保险，重在分散被保险人的风险，商业三者险从5万元到100万元以上分为不同的限额，由投保人和保险人在签订保险合同时协商确定，限额不同保费不同，提供的保障也不同。

**8. 商业三者险不是万能的**

是不是投保高限额的商业三者险就可以高枕无忧了呢？当然不是，首先，承保商业三者险的保险公司只对第三者超出交强险赔偿限额的损失承担赔偿责任，如果投保义务人未依法投保交强险，则在发生交通事故后其应当在交强险责任限额内先行承担赔偿责任。其次，承保商业三者险的保险公司依据保险合同赔偿，而商业三者险合同的免责条款更为细化，例如对于以下情形或者损失，商业三者险合同规定不予赔偿：机动车无合法有效的行驶证、号牌；机动车未在规定的期限内进行安全检验或检验未通过；机动车在检测、修理、养护、被扣押、被盗抢期间发生交通事故；驾驶人未依法取得驾驶证、持未按规定审验的驾驶证、驾驶与驾驶证载明的准驾车型不符的机动车；驾驶人在驾驶证丢失、损毁、超过有效期或被依法扣留、暂扣期间或记分达到12分，仍驾驶机动车的；驾驶人饮酒或服用国家管制的精神药品或麻醉药品的；驾驶人未经被保险人同意或允许而驾车的；驾驶人利用车辆从事犯罪活动；发生交通事故后，驾驶人驾车逃逸或弃车逃逸，或故意破坏、伪造现场，毁灭证据的；第三者因交通事故停业、停驶、停产等造成的损失；第三者财产的贬值损失；第三者的精神损失等间接损失。

**9. 保险公司的诉讼地位**

承保交强险的保险公司是当然的被告，承保商业三者险的保险公司经当事人申请才成为被告。

人民法院审理道路交通事故损害赔偿案件，应当将承保交强险的保险公司列为共同被告。但该保险公司已经在交强险责任限额范围内予以赔偿且当事人无异议的除外。人民法院审理道路交通事故损害赔偿案件，当事人请求将承保商业三者险的保险公司列为共同被告的，人民法院应予准许。

**10. 交强险和商业三者险的赔偿顺序**

同时投保交强险和商业三者险的机动车发生交通事故造成损害，当事人同时起诉侵权人和保险公司的，人民法院应当按照下列规则确定赔偿责任：（1）先由承保交强险的保险公司在责任限额范围内予以赔偿；（2）不足部分，由承保商业三者险的保险公司根据保险合同予以赔偿；（3）仍有不足的，依照《道路交通安全法》和《侵权责任法》的相关规定由侵权人予以赔偿。

### （二）发生交通事故后应该怎么办？

**1. 交通事故发生后的应对措施**

发生交通事故后，当事人可以根据事故的严重程度、对事故事实及成因有无争议等情况选择不同的应对措施：

（1）自行协商认定责任。机动车与机动车、机动车与非机动车发生财产损失事故，当事人应当在确保安全的原则下，采取现场拍照或者标画事故车辆现场位置等方式固定证据后，立即撤离现场，将车辆移至不妨碍交通的地点，再协商处理损害赔偿事宜。

非机动车与非机动车或者行人发生财产损失事故，当事人应当先撤离现场，再协商处理损害赔偿事宜。发生可以自行协商处理的财产损失事故，当事人可以通过互联网在线自行协商处理；当事人对事实及成因有争议的，可以通过互联网共同申请公安机关交通管理部门在线确定当事人的责任。

当事人自行协商达成协议的，制作道路交通事故自行协商协议书，并共同签名。道路交通事故自行协商协议书应当载明事故发生的时间、地点、天气、当事人姓名、驾驶证号或者身份证号、联系方式、机动车种类和号牌号码、保险公司、保险凭证号、事故形态、碰撞部位、当事人的责任等内容。

（2）报警处理。发生死亡事故、伤人事故的，或者发生财产损失事故且有下列情形之一的，当事人应当保护现场并立即报警：①驾驶人无有效机动车驾驶证或者驾驶的机动车与驾驶证载明的准驾车型不符的；②驾驶人有饮酒、服用国家管制的精神药品或者麻醉药品嫌疑的；③驾驶人有从事校车业务或者旅客运输，严重超过额定乘员载客，或者严重超过规定时速行驶嫌疑的；④机动车无号牌或者使用伪造、变造的号牌的；⑤当事人不能自行移动车辆的；⑥一方当事人离开现场的；⑦有证据证明事故是由一方故意造成的。

在交通警察到达现场后，双方当事人应当如实陈述事故发生过程，配合交通警察进行现场调查。

特别需要强调的是，驾驶人必须在确保安全的原则下，立即组织车上人员疏散到路外安全地点，避免发生次生事故。驾驶人已因道路交通事故死亡或者受伤无法行动的，车上其他人员应当自行组织疏散。

**2. 处理交通事故中应当注意的问题**

发生交通事故后，当事人在处理事故的过程中，有以下几个问题应当特别注意：

（1）优先救助伤者。根据《道路交通安全法》第七十条的规定，在道路上发生交通事故，造成人身受伤的，车辆驾驶人应当立即抢救受伤人员，并迅速报告执勤的交通警察或者公安机关交通管理部门。保护人身安全是道路交通运输的基本原则之一，在发生交通事故后，抢救伤员是需要首先进行的工作。特别需要注意的是，因抢救受伤人员变动事故现场的，应当标明位置，便于交通警察通过勘查现场确定事故责任。

（2）尽快恢复交通。发生交通事故后，若未造成人身伤亡，对事故事实及成因无争议的，事故双方应当尽快撤离现场，将车辆移至不妨碍交通的地点，再协商处理损害赔偿事宜。在事故造成人员伤亡和财产损失确需勘验现场的，可待交通警察勘验完毕后清理现场，恢复交通。对拒不撤离现场的，交通警察可予以强制撤离。

（3）及时进行报险。发生交通事故，造成车辆损坏，若责任明确的，责任方应当及时通知承保交强险的保险公司派定损人员到场，对受损车辆进行勘验、定损，方便日后进行理赔。发生交通事故，造成人员受伤，需要保险公司支付抢救费用的，可以由公安机关交通管理部门负责通知承保交强险的保险公司，由保险公司在交强险责任限额内支付急救费用。

（4）固定保存证据。发生交通事故后，若双方自行协商解决，可以对现场进行拍照或拍摄，对车辆受损部位及其他财物损失进行记录。若因救助伤员需要挪动车辆，应当对车辆现场位置进行标记，必要时也可通过拍照、拍摄等方式对车辆位置、碰撞部位、车痕印记等进行记录。在伤者救治过程中，家属应当保存好医疗机构出具的诊断证明和费用单据，若责任方为伤者垫付费用的，也应当保存好费用单据或伤者及其家属出具的收条，作为日后处理赔偿事宜的凭证。

案例四

# 居民委员会出具“居住证明”能否被起诉？

## ——浅析行政授权行为的法律要点

陈　璐[①]

## 案情回顾

### （一）一纸“居住证明”导致案件管辖变更

李洋起诉张立损害股东利益责任纠纷案被北京市朝阳区人民法院依法受理。张立向朝阳区人民法院提起管辖权异议申请，理由为自己长期居住在海淀区的某小区，要求将案件由朝阳区人民法院移送至海淀区人民法院。但因证据不足，朝阳区人民法院裁定驳回了张立的管辖权异议申请。张立对驳回裁定不服，提起上诉。二审法院在开庭审理时，张立提交了海淀区某小区物业管理处和当地居民委员会出具的居住证明，证明内容为“兹证明，张立女士（身份证号：×××××），自 2014 年 12 月 22 日至今，居住在北京市海淀区某小区 × 室。此证明仅用作居住证明不作他用”。李洋当庭对证明内容的真实性提出质疑，要求对证明内容进行调查核实。

为进一步了解情况，李洋先后到出具证明的居民委员会及物业管理处了解情况。他了解到：王红与张立是夫妻关系，他们共同购买了北京市海淀区某小区 × 室的商品房，并办理了房本。该幢楼房施行封闭式管理，凭门禁卡进入，且大部分房屋出租给企业用于开公司。李洋认为该物业管理处无法核实该幢楼人员出入的具体情况，因此，其所开具的居住证明值得怀疑。

张立以办理出国手续为由，要求物业管理处为其出具居住情况证明，而物业管理处出于对小区业主的信任，根据张立自己陈述的内容为其出具了居

① 北京市海淀区人民法院立案庭（诉讼服务中心）。

住情况说明，但是注明了该居住情况说明只用于办理出国手续。张立要求居民委员会出具居住证明，居民委员会也同样出于对张立的信任和善意，为她出具了证明文书。

### （二）起诉居民委员会开证明违法，法院未予立案

李洋认为，居民委员会受到张立的欺骗而为张立出具了内容不真实的居住证明，将导致其案件被二审法院裁定由朝阳区人民法院移送到海淀区人民法院，侵犯了他的合法权益，故在二审法院审理期间，又将居民委员会列为被告，向海淀区人民法院提起行政诉讼，要求撤销居民委员会作出的证明文书，或判决确定居民委员会出具该居住证明的行政行为无效。

对李洋的起诉，法院经审查认为，居民委员会并非行政机关，其开具居住证明的行为亦非依据法律、法规、规章的授权履行行政管理职责的行为，案件不属于行政诉讼受案范围。经向李洋释明后，李洋坚持起诉，法院最终裁定不予立案。李洋不服一审裁定提起上诉，二审法院裁定驳回上诉，维持原裁定。

本案的争议焦点在于：居民委员会是不是行政机关？居民委员会出具居住证明的行为是否属于行政诉讼的受案范围？

## 法理分析

居民委员会是居民自我管理、自我教育、自我服务的基层群众性自治组织，它兼具政治性、社会性和法律性特征，在发挥基层民主自治、完善城市治理及促进经济发展中，发挥着至关重要的作用。居民委员会能否成为行政诉讼的被告，应从居民委员会的性质和其所实施行为的内容来分析判断。

### （一）居民委员会的性质

#### 1. 居民委员会是基层群众性自治组织

早在 1954 年 12 月 31 日发布的《城市居民委员会组织条例》（1990 年

1月1日已废止）第一条明确规定，居民委员会为群众自治性的居民组织。1982年12月4日公布实施的《宪法》第一百一十一条规定了居民委员会的性质是“基层群众性自治组织”，此后历次修正的《宪法》都沿用了此规定。2018年12月29日修正的《城市居民委员会组织法》第二条也规定，居民委员会是居民自我管理、自我教育、自我服务的基层群众性自治组织。据此，我国现行立法一直将居民委员会定性为群众性自治组织。[①]

**2. 居民委员会不是国家行政机关**

行政机关是指依法行使国家权力、执行国家行政职能的机关。[②]我国的国家行政机关包括中央行政机关和地方行政机关。我国《宪法》第八十五条规定：“中华人民共和国国务院，即中央人民政府，是最高国家权力机关的执行机关，是最高国家行政机关。”第一百零五条规定：“地方各级人民政府是地方各级国家权力机关的执行机关，是地方各级国家行政机关。”

在居民委员会设立初期，因各地居民组织的设立方式、工作内容存在差异，部分由居民自发设立，部分由政府主导成立，不少居民委员会还承担了诸多行政事务，实务中对其是否为行政机关存在较大的争议。[③]1953年6月8日，彭真同志《关于城市街道办事处组织、居委会组织和经费问题的报告》中明确指出，街道居民委员会为群众性自治组织而不是行政机关。我国现行的《城市居民委员会组织法》也明确规定，居民委员会是居民自我管理、自我教育、自我服务的基层群众性自治组织，而非行政机关。

### （二）居民委员会出具“居住证明”的行为不属于可诉的行政行为

分析居民委员会出具“居住证明”的行为是否属于可诉的行政行为，首先需明确行政诉讼的受案范围。《行政诉讼法》第二条对行政诉讼的受案范

① 冯乐坤：《居民委员会制度的反思与重构》，载《海峡法学》2018年第4期。

② 刘萍：《行政管理学》，经济科学出版社2008年版。

③ 高民政、郭圣莉：《居民自治与城市治理——建国初期城市居民委员会的创建》，载《政治学研究》2003年第1期。

围作出了概括性的规定，即“公民、法人或者其他组织认为行政机关和行政机关工作人员的行政行为侵犯其合法权益，有权依照本法向人民法院提起诉讼。前款所称行政行为，包括法律、法规、规章授权的组织作出的行政行为”。第四十九条规定：“提起诉讼应当符合下列条件：（一）原告是符合本法第二十五条[①]规定的公民、法人或者其他组织；（二）有明确的被告；（三）有具体的诉讼请求和事实根据；（四）属于人民法院受案范围和受诉人民法院管辖。”

也就是说，行政诉讼的原告是公民、法人或者其他组织，案件的被告是行政机关（或法律、法规授权的组织），原告提起行政诉讼是因行政机关或其工作人员所实施的行为侵害了原告的合法权益。而居民委员会属于基层群众性自治组织，并非行政机关，在无法律、法规、规章授权的情况下，居民委员会不应成为行政诉讼适格的被告。

《最高人民法院关于适用〈中华人民共和国行政诉讼法〉的解释》第二十四条对居民委员会是否为行政诉讼的被告作出了进一步的规定：“当事人对村民委员会或者居民委员会依据法律、法规、规章的授权履行行政管理职责的行为不服提起诉讼的，以村民委员会或者居民委员会为被告。当事人对村民委员会、居民委员会受行政机关委托作出的行为不服提起诉讼的，以委托的行政机关为被告。”

基于上述法律规定可以看出，居民委员会是居民自我管理、自我教育、自我服务的基层群众性自治组织，其在某些情况下之所以能够成为行政诉讼的被告，并不是因为它们本身属于行政机关，而是因为居民委员会依据法律、

① 《行政诉讼法》第二十五条规定：“行政行为的相对人以及其他与行政行为有利害关系的公民、法人或者其他组织，有权提起诉讼。有权提起诉讼的公民死亡，其近亲属可以提起诉讼。有权提起诉讼的法人或者其他组织终止，承受其权利的法人或者其他组织可以提起诉讼。人民检察院在履行职责中发现生态环境和资源保护、食品药品安全、国有财产保护、国有土地使用权出让等领域负有监督管理职责的行政机关违法行使职权或者不作为，致使国家利益或者社会公共利益受到侵害的，应当向行政机关提出检察建议，督促其依法履行职责。行政机关不依法履行职责的，人民检察院依法向人民法院提起诉讼。”

法规、规章的授权，履行了特定的行政管理职权。

如何界定居民委员会作出的行为是履行行政管理职责的行为？行政管理职能也称行政功能、公共行政职能或政府职能，是指狭义的政府即国家的行政机关，依法对国家社会生活各个领域进行管理所具有的职责和作用。行使行政职能的目的是实现国家行政机关的价值观念和协调有关部门的利益关系。主要涉及政府管什么、管到什么程度、发挥什么作用的问题，是行政职责和行政功能的辩证统一。①

下面以王海诉海湖社区居民委员会撤销证明案为例说明何为“履行行政管理职责的行为”。

王海是精神残疾人，持有残疾证。2016 年 5 月 2 日，经法院确认王海为无民事行为能力人，并指定王艳（其女儿）为王海的监护人。2016 年 8 月，王海提起行政诉讼要求确认其子王克以王海监护人身份与当地房屋征收办公室签订的协议不成立。在诉讼中，房屋征收办公室出示了海湖居民委员会在 2012 年 1 月 2 日出具的《证明》，内容为：“兹有海湖社区居民王海是智力残疾人，其儿子王克长期与王海在本社区居住，王克为王海的监护人。特此证明。”王海认为，海湖社区居民委员会出具虚假的《证明》，在无事实依据、无法律依据的情况下，称王克为王海的监护人，致使王克据此以王海监护人的身份与房屋征收办公室签订了房屋征收协议，侵害了原告王海的合法权益。为此，王海向法院提起行政诉讼，要求撤销海湖社区居民委员会开具证明行为的行政诉讼。

该案经法院审理认为，我国《行政诉讼法》第四十九条第四项规定，公民、法人或者其他组织向人民法院提起行政诉讼，应当属于人民法院行政诉讼的受案范围和受诉人民法院管辖。本案争议焦点即本案之诉是否属于行政诉讼受案范围。王海起诉所指向的《证明》是海湖社区居民委员会依据当时

① 刘萍：《行政管理学》，经济科学出版社 2008 年版。

有效的《民法通则》第十七条[①]的规定所实施的行为，居民委员会出具该类证明的行为，并非行政诉讼的受案范围。依照《行政诉讼法》第四十九条第四项，《最高人民法院关于适用〈中华人民共和国行政诉讼法〉的解释》第六十九条第一款第一项、第三款之规定，裁定驳回王海的起诉。

从上述案例可以看出，居民委员会只有在依据法律、法规、规章授权履行行政管理职责的行为侵害了原告的合法权益时，原告方可以居民委员会为被告提起行政诉讼。如居民委员会依法实施的行为并非依据授权履行行政管理职责，则其不能成为行政诉讼的被告，该行为亦不属于行政诉讼的受案范围。

与本案情况类似，实务中还会遇到当事人对居民委员会推荐诉讼代理人的行为不服提起行政诉讼，同样不属于行政诉讼受案范围。居民委员会依据《民事诉讼法》第五十八条[②]的规定推荐诉讼代理人的行为是依据《民事诉讼法》的规定行使的行为，并非根据法律、法规、规章的授权履行行政管理职责的行为，故也不属于行政诉讼的受案范围。

对应到本案，居民委员会出具"居住证明"的行为是依据《城市居民委员会组织法》第三条第二项[③]办理本地区居民的公共事务，属于居民自治范围，

---

① 2009年8月27日修正的《民法通则》第十七条规定："无民事行为能力或者限制民事行为能力的精神病人，由下列人员担任监护人：（一）配偶；（二）父母；（三）成年子女；（四）其他近亲属；（五）关系密切的其他亲属、朋友愿意承担监护责任，经精神病人的所在单位或者住所地的居民委员会、村民委员会同意的。对担任监护人有争议的，由精神病人的所在单位或者住所地的居民委员会、村民委员会在近亲属中指定。对指定不服提起诉讼的，由人民法院裁决。没有第一款规定的监护人的，由精神病人的所在单位或者住所地的居民委员会、村民委员会或者民政部门担任监护人。"

② 《民事诉讼法》第五十八条规定："当事人、法定代理人可以委托一至二人作为诉讼代理人。下列人员可以被委托为诉讼代理人：（一）律师、基层法律服务工作者；（二）当事人的近亲属或者工作人员；（三）当事人所在社区、单位以及有关社会团体推荐的公民。"

③ 《城市居民委员会组织法》第三条规定："居民委员会的任务：（一）宣传宪法、法律、法规和国家的政策，维护居民的合法权益，教育居民履行依法应尽的义务，爱护公共财产，开展多种形式的社会主义精神文明建设活动；（二）办理本居住地区居民的公共事务和公益事业；（三）调解民间纠纷；（四）协助维护社会治安；（五）协助人民政府或者它的派出机关做好与居民利益有关的公共卫生、计划生育、优抚救济、青少年教育等项工作；（六）向人民政府或者它的派出机关反映居民的意见、要求和提出建议。"

不是依据法律、法规、规章的授权履行行政管理职责的行政行为。居民委员会出具居住证明的行为不属于可诉的行政行为，亦不属于行政诉讼的受案范围。

## 知识拓展

### （一）行政授权与行政委托

实践中，行政授权和行政委托是经常会混淆的两个概念。

行政授权是指法律、法规、规章直接将某行政职权授予其他组织，或者行政主体依据法律、法规、规章的规定将某行政职权授予其他组织的法律行为。被授权者在所授职权范围内，有处理有关事务的自主权，同时也承担相应的责任。[①]

行政委托是指行政机关在其职权职责范围内依法将其行政职权或行政事项委托给有关行政机关、社会组织或者个人，受委托者以委托机关的名义实施管理行为和行使职权，并由委托机关承担法律责任。

实践中，应当注意区分行政授权行为与行政委托行为的区别：

1. 法律依据不同。行政授权必须有明确的法律、法规或者规章的依据，行政委托不强调有明确的法定依据，但不得违背法律的特别规定。

2. 权利来源的方式不同。行政授权一般是基于法律、法规或者规章，某行政机关可以根据法律规定的条件，将某个特定的行政职权授予某个组织。在不违反法律规定的情况下，行政委托的方式比较灵活。

3. 法律后果不同。行政授权是根据法律、法规、规章的授权在授权范围内以自己的名义行使行政职权，并独立承担法律后果。[②]行政委托是指受委托组织接受行政机关的委托，以委托行政机关的名义实施行政管理行为，由该委托行政机关承担相应的法律后果和责任。即委托他人行使行政管理职

---

① 罗豪才、湛中乐主编：《行政法学》，北京大学出版社 2012 年版。

② 马小莉：《对被征收房屋进行评估的行为不属于行政委托行为》，载《人民法院报》2018 年 11 月 12 日。

责，但行为责任仍归属于委托方。

下面，就以杜青起诉当地民政局不履行社会救助义务纠纷案为例说明何为行政委托行为。杜青为智力残疾人，于2008年7月开始依照有关规定领取残疾人低保费。2009年12月1日，当地居民委员会告知杜青将取消其低保费。2010年6月12日，受民政局指派，当地居民委员会派遣工作人员随同民政局工作人员一起来到杜青家中，向杜青出示了民政局新发布的文件，告知杜青由于个人情况已不符合新文件规定的残疾人低保费的申请条件，因此杜青以后不能再申领该项费用，即使申领也不会获得批准。杜青认为，居民委员会及民政局的行为违反了残疾人证发放换证的规定，属于故意刁难自己，剥夺其申请低保费的资格，将导致其无法生活，这属于违规违法行为，给其造成了损失。故杜青以民政局为被告提起了行政诉讼。在该案中，民政局作为居民委员会的上级机构，委托居民委员会实施本辖区居民最低生活保障的管理工作，该行为是一种委托行为，而非授权行为。因此，在该起行政诉讼中，居民委员会不具有被告主体资格，其行为的法律后果应由民政局承担。

### （二）村民委员会是否为行政诉讼适格被告？

《村民委员会组织法》第二条规定："村民委员会是村民自我管理、自我教育、自我服务的基层群众性自治组织，实行民主选举、民主决策、民主管理、民主监督。村民委员会办理本村的公共事务和公益事业，调解民间纠纷，协助维护社会治安，向人民政府反映村民的意见、要求和提出建议。"从以上规定可以看出，村民委员会与居民委员会性质一致，亦是基层群众性自治组织，不属于行政机关。只有当事人对村民委员会依据法律、法规、规章授权作出的履行行政管理职责的行政行为不服提起行政诉讼的，村民委员会才能成为适格的被告。

## 普法提示

居民委员会、村民委员会虽然并非行政机关，但随着社会发展，越来越多地参与到社会治理之中。社会公众对居民委员会、村民委员会提起诉讼时，应在厘清双方法律关系的基础上，注意以下几点：

1. 居民委员会、村民委员会均不是行政机关，在通常情况下，都不是行政诉讼的适格被告。只有居民委员会、村民委员会依据法律、法规、规章的授权履行行政管理职责的行为时，才可以将居民委员会或村民委员会列为被告。

2. 居民委员会、村民委员会因行政主体委托，在受托权限范围内作出行政行为的，对外由委托的行政主体承担责任。

3. 在双方均为平等主体的情况下，与居民委员会、村民委员会产生的财产关系或人身关系，应提起民事诉讼。如个人与村民委员会签订租赁合同，租用集体所有的房屋，双方是平等主体之间签订的合同，属于合同法的调整范围，若双方因合同履行发生争议，应提起民事诉讼。

# 案例五 不服铁路失信惩戒措施，可以提起行政诉讼吗？

## ——失信惩戒措施与行政处罚的边界认定

杨 阳[①]

## 案情回顾

### （一）火车站起冲突被禁乘

2018年8月，孙琳于H市车站乘火车时，就车票改签问题与车站工作人员交涉，双方发生分歧，协商无果冲突升级。报警后，警方未对孙琳作出处理。

2018年9月12日，孙琳发现自己已被铁路部门认定为“限制乘坐火车严重失信人”，并进行了公示，起始时间为2018年9月12日，持续时间为六个月。铁路部门认定的理由是“扰乱铁路站车运输秩序且危及铁路安全、造成严重社会不良影响”。根据相关规定，被列为“限制乘坐火车严重失信人”后，将在六个月内无法购买火车票乘坐火车出行。

孙琳认为，《国务院关于建立完善守信联合激励和失信联合惩戒制度 加快推进社会诚信建设的指导意见》《关于在一定期限内适当限制特定严重失信人乘坐火车 推动社会信用体系建设的意见》对于“限制乘坐火车严重失信人”规定了职权、程序、实体等方面要求，铁路部门的前述认定，事前未警示、事中无沟通、事后无解释，与前述诸规定相悖。铁路部门将其列为“限制乘坐火车严重失信人”之行为严重侵犯其合法权益。

为此，孙琳将中国铁路总公司（后更名为中国国家铁路集团有限公司，以下简称中铁集团公司）列为被告，向法院提起行政诉讼，请求确认中铁集团公司2018年9月12日认定其为“限制乘坐火车严重失信人”并进行公示

① 北京市海淀区人民法院立案庭（诉讼服务中心）。

的行为违法，并要求解除对其“限制乘坐火车严重失信人”的认定。

### （二）法院裁定不予立案

法院经审查认为，公民、法人或者其他组织提起行政诉讼，应当符合法定的起诉条件。本案中，中铁集团公司依据《关于在一定期限内适当限制特定严重失信人乘坐火车 推动社会信用体系建设的意见》的规定，认定起诉人孙琳为限制乘坐火车严重失信人，孙琳不服提起诉讼。因中铁集团公司不属于行政机关，其所依据的《关于在一定期限内适当限制特定严重失信人乘坐火车 推动社会信用体系建设的意见》不属于法律、法规、规章，故该认定行为不属于《行政诉讼法》规定的可以被诉的行政行为，孙琳的起诉不符合法定起诉条件。据此，依照《行政诉讼法》第四十九条第二项、第四项之规定，对起诉人孙琳的起诉裁定不予立案。

孙琳对该裁定不服，上诉至中级人民法院。上诉意见包括：第一，中铁集团公司是法律授权的组织，负有管理铁路运营秩序和安全的职责，不同意一审法院认定中铁集团公司不属于行政机关。第二，同意一审法院认定《关于在一定期限内适当限制特定严重失信人乘坐火车 推动社会信用体系建设的意见》不属于法律、法规、规章。第三，中铁集团公司依据相关红头文件对孙琳实施的一定期限内限乘火车的行政强制行为，是具体行政行为。

中级人民法院审查后认为，当事人提起行政诉讼，应当属于人民法院行政诉讼的受案范围。中铁集团公司并非行政机关，不能对其提起行政诉讼，孙琳的起诉不符合法定起诉条件。一审法院裁定不予立案正确，应予维持。依据《行政诉讼法》第八十九条第一款第一项之规定，裁定驳回上诉，维持一审裁定。

本案是因乘客不服铁路部门的失信惩戒措施而引发。失信惩戒是指通过行政、经济、行业管理等手段，对列入失信名单的行为人给予一定的警示限制和约束的制度。[①] 公民被实施失信惩戒措施后，将对其工作生活产生种种

---

① 张晓莹：《行政处罚视域下的失信惩戒规制》，载《行政法学研究》2019 年第 5 期

不利影响。本案所涉及的法律问题是：铁路部门认定特定乘客为失信人，禁止其在一定期限内购买火车票乘坐火车的行为是否属于行政行为？

## 法理分析

依据我国现行行政诉讼法的规定，作为行政诉讼的适格被告的必要条件是具有行政主体资格，而具有行政主体资格的前提条件是依法行使行政职权的行政机关或享有法律、法规、规章授权的组织。在上述案例中，一审法院认为中铁集团公司不是行政机关，且《关于在一定期限内适当限制特定严重失信人乘坐火车 推动社会信用体系建设的意见》不属于法律、法规、规章，故中铁集团公司的认定行为不属于行政诉讼法规定的可以被诉的行政行为。下文进行具体分析。

### （一）失信惩戒制度的发展沿革

21 世纪以来，我国日益重视社会信用建设，提倡逐步建立健全社会信用体系。2003 年 10 月 14 日，党的十六届三中全会通过了《中共中央关于完善社会主义市场经济体制若干问题的决定》，第一次从国家层面提出建立健全社会信用体系。2007 年以来，失信惩戒制度开始适用于司法领域，对失信被执行人实施全方位的规制。2014 年以来，国务院陆续出台《社会信用体系建设规划纲要（2014—2020 年）》《国务院关于建立完善守信联合激励和失信联合惩戒制度 加快推进社会诚信建设的指导意见》《征信业管理条例》等。2016 年，中央全面深化改革领导小组第二十五次会议提出，要加快推进对失信被执行人信用监督、警示和惩戒建设，要建立健全跨部门协同监管和联合惩戒机制，以构建“一处失信、处处受限”的信用惩戒大格局，让失信者寸步难行。近年来，在铁路运输行业，“霸座哥”“霸座姐”的新闻屡见报端，极具社会关注度。2018 年 3 月 2 日，国家发展改革委、中央文明办、最高人民法院、财政部、人力资源社会保障部、税务总局、证监会、铁路总公司八部门为防范部分旅客违法失信行为对铁路运行安全的不利影响，进一步加大对其他领域严重违法失信行为的惩戒力度，联合出台《关于在一定期限内适当限制特定严重失信人乘坐火车 推动社会信用体系建设的意见》。那么，《关于在一定期限内适当限制特定严重失信人乘坐火车 推动社会信用体系建设的意见》是否属于法律、法规或规章呢？

### （二）《关于在一定期限内适当限制特定严重失信人乘坐火车 推动社会信用体系建设的意见》的性质分析

根据《立法法》的相关规定，全国人民代表大会和全国人民代表大会常务委员会行使国家立法权（第七条）。国务院根据宪法和法律，制定行政法规（第六十五条）。省、自治区、直辖市的人民代表大会及其常务委员会根据本行政区域的具体情况和实际需要，在不同宪法、法律、行政法规相抵触的前提下，可以制定地方性法规（第七十二条）。国务院各部、委员会，中国人民银行，审计署和具有行政管理职能的直属机构，可以根据法律和国务院的行政法规、决定、命令，在本部门的权限范围内，制定规章（第八十条）。从制定主体上分析，《关于在一定期限内适当限制特定严重失信人乘坐火车 推动社会信用体系建设的意见》的制定主体是国家发展改革委等八部门，其性质显然不是法律、法规。那么《关于在一定期限内适当限制特定严重失信人乘坐火车 推动社会信用体系建设的意见》是属于部门规章还是一般的规范性文件呢？

从形式上看，根据《立法法》第八十五条，部门规章由部门首长签署命令予以公布。而一般性规范文件则无此要求，可由行政机关办事机构的首长签发。从程序上看，部门规章的制定需依循《规章制定程序条例》，有严格的程序要求，并需报国务院备案，而一般性规范文件没有如此正式、严格的程序要求。从名称上看，《规章制定程序条例》第七条规定，规章的名称一般称“规定”“办法”，但不得称“条例”。而一般规范性文件的名称多为“通知”“意见”等。

综上，《关于在一定期限内适当限制特定严重失信人乘坐火车 推动社会信用体系建设的意见》并未以“令”的形式发布，且其名称并非“规定”“办法”，其性质应为一般性规范文件，而不是部门规章。

### （三）中铁集团公司的主体资格分析

2013 年 3 月 10 日，根据第十二届全国人民代表大会第一次会议审议的《国务院关于提请审议国务院机构改革和职能转变方案》的议案，铁道部实行铁路政企分开。国务院将铁道部拟定铁路发展规划和政策的行政职责划入交通运输部；组建国家铁路局，由交通运输部管理，承担铁道部的其他行政职责；组建中国铁路总公司，承担铁道部的企业职责；不再保留铁道部。2013 年 3 月 14 日，《国务院关于组建中国铁路总公司有关问题的批复》发布：中国铁路总公司是经国务院批准，依据《全民所有制工业企业法》设立，由中央管理的国有独资企业，由财政部代表国务院履行出资人职责，交通运输部、国家铁路局依法对公司进行行业监管。中国铁路总公司注册资金为 10360 亿元人民币，为国家授权投资机构和国家控股公司。2019 年 6 月 14 日，中国铁路总公司更名为中国国家铁路集团有限公司。

因此，中铁集团公司有别于原铁道部，其性质是国有独资企业，并非行政机关。

### （四）中铁集团公司作出的认定行为分析

《行政诉讼法》第二条规定：“公民、法人或者其他组织认为行政机关和行政机关工作人员的行政行为侵犯其合法权益，有权依照本法向人民法院提起诉讼。前款所称行政行为，包括法律、法规、规章授权的组织作出的行政行为。”从法律规定可以看出，可诉的行政行为包括行政机关和行政机关工作人员所实施的行政行为，还包括法律、法规、规章授权的组织所作出的行政行为。那么，中铁集团公司认定孙琳为限制乘坐火车严重失信人的行为，是否属于可诉的行政行为呢？

因认为孙琳在火车站内的行为扰乱铁路站车运输秩序且危及铁路安全、造成严重社会不良影响，中铁集团公司认定孙琳为限制乘坐火车严重失信人。中铁集团公司作出该认定行为的依据是《关于在一定期限内适当限制特定严重失信人乘坐火车 推动社会信用体系建设的意见》:“一、限制范围:(一)严重影响铁路运行安全和生产安全有关的行为责任人被公安机关处罚或铁路站车单位认定的:1. 扰乱铁路站车运输秩序且危及铁路安全、造成严重社会不良影响的……”“行为责任人发生严重影响铁路运行安全和生产安全有关行为第 1~3、7 条的,各铁路运输企业限制其购买车票,有效期为 180 天,自公布期满无有效异议之日起计算,180 天期满自动移除,铁路运输企业对其恢复发售车票。”

上文已经详细分析,《关于在一定期限内适当限制特定严重失信人乘坐火车 推动社会信用体系建设的意见》并非法律、法规、规章,而是国家发展和改革委员会发布的一般规范性文件,而中铁集团公司的性质是国有独资企业,不属于行政机关。因此,中铁集团公司不具备行政诉讼被告主体资格,其认定乘客为限制乘坐火车严重失信人的行为不是法律、法规、规章授权的组织作出的行政行为。因此,本案不属于行政诉讼受案范围,应裁定不予立案。

## 知识拓展

目前,失信惩戒措施的使用存在向社会各领域泛化的倾向,在交通、招投标、保险、证券、医疗等行业均有应用,其法律依据多为国务院部委联合发布的失信惩戒备忘录。失信惩戒措施带有强制性、限制性、惩戒性,与行政处罚的法律效果类似。那么,失信惩戒措施与行政处罚有何联系与区别?失信惩戒措施能否纳入司法审查范畴?

### (一)失信惩戒的分类

要回答上述问题,首先需要先对失信惩戒措施进行分类。目前,我国关于失信惩戒的规定散见于各类联合惩戒规定及地方政府出台的规章中,学界和实务界对失信惩戒措施的分类没有统一标准。《国务院关于建立完善守信联合激励和失信联合惩戒制度 加快推进社会诚信建设的指导意见》对加强失信惩戒措施有以下分类表述：

一是行政性约束和惩戒，如对严重失信主体从严审核行政许可审批项目，从严控制生产许可证发放，限制新增项目审批、核准，限制股票发行上市融资或发行债券等。有学者根据行政性惩戒功能不同，又将其分为加强管理类措施、不予收益类措施、行政“黑名单”措施、限制资格权益类措施。①

二是市场性约束和惩戒，如对严重失信主体实施限制出境和限制购买不动产、乘坐飞机、乘坐高等级列车和席次、旅游度假、入住星级以上宾馆及其他高消费行为等措施。本案中，中铁集团公司认定孙琳为严重失信人并限制其在六个月内购买火车票的失信惩戒措施，即属于市场性约束和惩戒。

三是行业性约束和惩戒，如行业协会商会按照行业标准、行规、行约等，视情节轻重对失信会员实行警告、行业内通报批评、公开谴责、不予接纳、劝退等惩戒措施。

四是社会性约束和惩戒。如有关社会组织依法对污染环境、侵害消费者或公众投资者合法权益等群体性侵权行为提起公益诉讼等。

### （二）行政处罚与失信惩戒的界别

要分析行政处罚与失信惩戒有何联系和区别，首先需明确何为行政处罚。《行政处罚法》第四条规定：“公民、法人或者其他组织违反行政管理秩序的行为，应当给予行政处罚的，依照本法由法律、法规或者规章规定，并由行政机关依照本法规定的程序实施。”没有法定依据或者不遵守法定程序的，行政处罚无效。由此可知，行政处罚的构成要件为：行政处罚的实施主体是行政机关；行政处罚的适用对象是公民、法人或者其他组织；行政处罚实施的前提是公民、法人或者其他组织违反行政管理秩序；行政处罚具有法定性，要遵从实体上和程序上的要求。

在行政法理论上，一般将行政处罚分为人身罚（限制或剥夺违法者人身

---

① 王伟：《失信惩戒的类型化规制研究——兼论社会信用法的规则设计》，载《中州学刊》2019 年第 5 期。

自由）、财产罚（强迫违法者缴纳金钱或物品等）、行为罚（限制或剥夺行政违法者某些特定行为能力和资格）、申诫罚（指向违法者发出警戒，申明其有违法行为，通过对其名誉、荣誉等施加影响，引起其精神上的警惕不再违法）。[①]

胡建淼教授提出的行政处罚区别于其他行政行为的特征是：行政处罚具有制裁性（对违法者的制裁）、处分性（处分了相对人的权利与义务）、不利性（对相对人不利）和法定性（必须依法设定和依法实施）。[②]

因失信惩戒措施的种类繁多，其法律性质不能一概而论，需针对不同失信惩戒措施的特点予以分析。

从实施主体角度判断，市场性惩戒、行业性惩戒和社会性惩戒的实施主体均不是行政机关，上述三类失信惩戒措施与行政处罚的区分较为清晰，一般不构成行政处罚。[③]但行政性惩戒与行政处罚的边界较为模糊，需要予以界别。

目前，对于行政性惩戒中的加强管理类措施（如加强行政检查的次数）、不予收益类措施（如限制或剥夺失信人获得奖励），多数学者认为其没有处分失信人的核心权利，不构成行政处罚。[④]而对于行政"黑名单"、限制资格权益类措施仍有争议。以下重点分析这两种行政性惩戒措施与行政处罚的关系。

行政"黑名单"是指行政机关通过对违法主体设置"不良信息记录"，以一定方式向社会公布，并对其相关行为或权利予以限制的综合监管措施。[⑤]行政"黑名单"的应用由来已久，现在存在行政"黑名单"属于行政处罚、

---

① 姜明安主编：《行政法与行政诉讼法》（第5版），北京大学出版社、高等教育出版社2011年版，第272–275页。

② 胡建淼：《"黑名单"制度——行政机关实施"黑名单"是一种行政处罚》，载《人民法治》2017年第5期。

③ 张晓莹：《行政处罚视域下的失信惩戒规制》，载《行政法学研究》2019年第5期

④ 张晓莹：《行政处罚视域下的失信惩戒规制》，载《行政法学研究》2019年第5期；王伟：《失信惩戒的类型化规制研究——兼论社会信用法的规则设计》，载《中州学刊》2019年第5期。

⑤ 范伟：《行政黑名单制度的法律属性及其控制——基于行政过程论分析的视角》，载《政治与法律》2018年第9期。

行政强制或行政指导等多种观点。[①] 行政“黑名单”措施在理论上可归为行政处罚。行政机关公示“黑名单”，虽然不会直接限制失信人的特定行为能力和资格，也不会直接剥夺其财产权利，但“黑名单”对失信人带有极强的负面评价，其对社会公众公布后，经过媒体的传播，会对失信人的名誉、荣誉有明显减损，会大大削弱其市场竞争力，可能对其造成间接的负面经济影响，具有极强的制裁意味。行政“黑名单”的特征与行政处罚中的申诫罚的特征高度一致，其达到的法律效果也与申诫罚类似，都是通过引起失信人精神上的警惕避免其再次发生失信行为。因此，行政“黑名单”措施的法律性质在理论上可归于行政处罚。

限制资格权益类措施，如限制失信主体取得某领域的资质，有学者认为，这是将“失信状况”增设为行政许可的消极许可条件；[②] 也有学者认为，限制资格权益类措施对失信主体的资格和权益限制带有明显处罚性，构成行政处罚。[③] 限制资格权益类措施在理论上应构成行政处罚。限制资格权益类措施，带来的直接影响是限制或禁止失信主体在某个领域的执业，会对该失信主体的生活、生产造成较为负面的影响，严重限制了相对人的行为和权利，带有明显的制裁性、处分性、不利性。该类行政惩戒措施的法律效果与行政处罚中的暂扣或吊销执照类似，从理论上可归于行为罚。

总之，市场性惩戒、行业性惩戒和社会性惩戒由于实施主体不是行政机关，一般不构成行政处罚。而行政性惩戒中的行政“黑名单”、限制资格权益类措施与行政处罚中的申诫罚、行为罚特征和法律效果类似，在理论上可归为行政处罚。当然，行政处罚具有法定性，在现行法律框架下，因《行政处罚法》没有明确将行政“黑名单”、限制资格权益类措施列入调整范围，在一些地方的司法实践中，上述两种失信惩戒措施并未被认定为行政处罚。

---

① 范伟:《行政黑名单制度的法律属性及其控制——基于行政过程论分析的视角》，载《政治与法律》2018 年第 9 期。

② 沈毅龙，《论失信的行政联合惩戒及其法律控制》，载《法学家》2019 年第 4 期

③ 王伟，《失信惩戒的类型化规制研究——兼论社会信用法的规则设计》，载《中州学刊》2019 年第 5 期。

### （三）失信惩戒制度有待进一步完善

《国务院关于印发社会信用体系建设规划纲要（2014—2020年）的通知》指出，我国社会信用体系建设虽然取得一定进展，但仍存在很多问题，包括社会诚信意识和信用水平偏低，重特大生产安全事故、食品药品安全事件时有发生，商业欺诈、制假售假、偷逃骗税、虚报冒领、学术不端等现象屡禁不止，政务诚信度、司法公信度离人民群众的期待还有一定差距等。不断完善社会信用体系建设，降低诚信缺失带来的市场成本，具有现实紧迫性。

失信惩戒制度作为一种新型社会管理工具，是我国信用建设探索中有益的尝试，与行政处罚等方式注重事后处罚不同，失信惩戒措施更注重事前预防，通过加大对失信行为的威慑力，防止失信人作出更为严重的违法甚至犯罪行为，因此极具灵活性和强大的惩戒效果，在信用社会建设中有着不可替代的作用。当前，我国各地方政府陆续出台征信管理办法，国务院各部门陆续出台各行业失信联合惩戒备忘录，我国已经初步建立了失信惩戒制度体系。

失信惩戒制度作为一种新生事物，并非十全十美。当前，失信惩戒制度的法律规定仍有待不断完善，需逐步从立法的高度明确各种类别的失信惩戒措施的法律性质，统一各类别失信惩戒措施的认定标准，严格制定失信惩戒措施的适用程序和救济方式，并对各行业针对失信惩戒措施的不同规定予以全面统筹、综合规划。

## 普法提示

失信惩戒作为一种新型的社会管理手段，类型多样、表现多样，其与行政处罚存在一定的区别。判断一个行为是不是《行政诉讼法》规定的可诉的行政行为，从行为主体角度来说，需要判断该行为是否是行政机关或有法律、法规、规章授权的组织为行使行政职能作出的行为。如果该行为的实施主体并非行政机关，且没有法律、法规、规章的授权，那么该主体不具备行政诉讼被告主体资格，其行为不构成可以被诉的行政行为，对该行为的起诉亦不属于行政诉讼的受案范围。

公民、组织在日常生产生活中，应当遵守法律、法规、规章及各类规范性文件的规定，规范自己的行为，珍惜自己的信誉，切莫因为违法违规举动而导致负面的信用评价，一处失信，处处受限。

第四章

# 法律适用篇

案例一

# 立案阶段对诉讼请求的审查

## ——如何理解"起诉要有具体的诉讼请求"?

邹阿琴[1]

## 案情回顾

### (一)怕纸上签字被人利用,老汉状告村委会

2019年2月24日,老李到村委会会计室办理壁挂炉修理费报销事项时,工作人员让老李在一张表格上签字,老李签完字后,认为没有看清纸上的内容,要求拍照留存,遭到拒绝后,老李认为其中有诈,要求工作人员把纸张退还给他,双方发生口角,争执过程中纸张被工作人员当场撕毁。老李认为村委会工作人员撕毁的并不是他签字的那张纸,而是以欺诈手段私藏了有他签字的纸张,老李担心自己的权利被侵害,就决定到法院起诉村委会。老李提出的诉讼请求为:"判决确认村委会以欺诈手段留有一张表格纸,其工作人员与本人所签的无落款日期且内容不详的协议,无论在任何时间出现,任何双方签署的材料都属无效,本人不承担任何责任。"

### (二)诉讼请求不具体,法院裁定不予受理

法院经过审查,认为:根据《民事诉讼法》第一百一十九条第三项的规定,起诉要有具体的诉讼请求和事实、理由。老李的诉讼请求不具体,且缺乏事实与理由,所诉法律关系不明确,起诉不符合法律规定的条件,最终对老李的起诉裁定不予受理。

本案的焦点在于:老李的诉讼请求是否足够具体,符合法定的起诉条

① 北京市海淀区人民法院立案庭(诉讼服务中心)。

件？接下来我们将对“什么是具体的诉讼请求”“为何要明确具体诉讼请求”以及“如何认定诉讼请求是否达到‘具体’的要求”进行分析。

## 法理分析

诉讼请求是民事诉讼的核心，明确具体的诉讼请求是提起诉讼的第一步。

### （一）什么是具体的诉讼请求？

诉讼请求是指原告通过诉讼对想要得到的法律效果的主张。提出诉讼请求的依据既可以是实体法也可以是程序法，例如《民事诉讼法》中的第三人撤销之诉和申请再审等。诉讼请求是否具体会直接影响到当事人的起诉能否被受理。而《民事诉讼法》第一百一十九条仅要求诉讼请求要“具体”，并没有对它进行解释，如何认定某一诉讼请求是否达到“具体”的要求呢？

立法机关认为具体的诉讼请求是指，原告必须明确其起诉所要解决的问题，也就是向人民法院提出保护自己民事权益的具体内容。一般有以下几种类型：一是请求人民法院确认某种法律关系，比如请求确认原被告双方的收养关系，请求确认某公民失踪或死亡；二是请求对方当事人履行给付义务，比如请求对方赔偿损失，请求对方偿还贷款本息，请求对方履行合同约定的义务；三是请求变更或者消灭一定的民事法律关系，比如请求离婚，请求变更或者撤销合同。[①]

简单来说，具体的诉讼请求实际上就是原告通过诉讼对想要达到的法律效果进行主张，并根据法律关系的不同，将诉讼请求的内容予以明确化和详细化，使法院能明确审理对象和裁判范围。回到前述案例中，老李请求法院“判决确认村委会以欺诈手段留有一张表格纸，其工作人员与本人所签的无落款日期且内容不详的协议，无论在任何时间出现，任何双方签署的材料都属无效”，其诉讼请求形式上看是确认之诉，但又无法明确双方之间是何种法律关系和需要确

① 全国人大常委会法制工作委员会民法室：《民事诉讼法条文说明、立法理由及相关规定》，北京大学出版社 2012 年版，第 199–200 页。

认的内容是什么，也没有证据证明发生纠纷的事实，无法确定法院审理的对象和裁判范围，不符合《民事诉讼法》第一百一十九条第三项关于起诉要有具体的诉讼请求和事实、理由的规定，因此他的起诉被法院裁定不予受理。

## （二）诉讼请求具体化的法理依据

### 1. 处分原则的要求

《民事诉讼法》第十三条第二款规定："当事人有权在法律规定的范围内处分自己的民事权利和诉讼权利。"按照处分原则的要求，诉讼请求的范围由当事人自行决定，法院对当事人的诉讼请求不得漏判，但也不能对超出当事人诉讼主张的部分主动审理和判决。法院的审判权受当事人处分权的制约，如果当事人的诉讼请求不具体，无法确定法律关系，法院将无法确定审判范围，但由于对当事人的诉讼请求不论是否支持，法院都必须作出回应，有相应的裁判结果，所以最终可能裁定驳回当事人的起诉。

### 2. 辩论原则的要求

《民事诉讼法》第十二条规定："人民法院审理民事案件时，当事人有权进行辩论。"辩论是指在人民法院的主持下，民事诉讼双方当事人就争议的事实、争议的问题以及法律的适用，各自陈述自己的主张和根据，互相进行反驳和答辩，以维护自己的合法权益。[①] 辩论阶段是法官和当事人相互沟通信息，掌握基本案情的关键，法院也只能以当事人提出的并经过充分辩论的证据为基础进行裁判。当事人提出诉讼请求是当事人进行辩论的基础和前提，如果当事人没有提出相对具体的诉讼请求，双方就无法在法庭上有针对性地根据对方的主张提供相应证据并展开辩论，最终将影响法院对整个案件的审理和裁判。

## （三）如何认定诉讼请求是否达到"具体"的要求？

当事人提出的诉讼请求是否具体，关键在于其内容是否明确了裁判对象

① 全国人大常委会法制工作委员会民法室：《民事诉讼法条文说明、立法理由及相关规定》，北京大学出版社 2012 年版，第 21 页。

和法律效果。所谓裁判对象，是指请求法院审理的民事法律关系，即平等的民事主体间发生的财产关系和人身关系。民事法律关系由主体、内容和客体三项基本要素构成：（1）主体，即起诉书上的当事人；（2）内容，即民事主体所享有的民事权利和所承担的民事义务；（3）客体，一般包括物、行为、智力成果和商业标识、人身利益、财产权利五类。[①] 在确定当事人是依据何种权利和义务进行主张时，实践中，法院通常会建议原告在起诉书中注明案由，如物权纠纷、合同纠纷、离婚纠纷等。民事案件案由是民事案件名称的重要组成部分，反映案件所涉及的民事法律关系的性质，是对诉讼争议所包含的法律关系进行的概括，是人民法院进行民事案件管理的重要手段。[②] 只要明确了案由，民事法律关系的内容相应也就明确了。

法律效果，即原告通过诉讼想要达到的目的。根据诉讼目的的不同，通常可以将诉分为三类：确认之诉、给付之诉和形成之诉。不同种类的诉，其诉讼请求的审查标准也有所差别。

**1. 确认之诉和形成之诉诉讼请求“具体”的判断**

与给付之诉相比，确认之诉和形成之诉的诉讼请求表述较为简单，一般明确了法律关系的性质就达到了具体的要求。

确认之诉是指原告要求人民法院确认其主张的法律关系存在或不存在的诉讼，确认法律关系存在的属于积极确认之诉，确认法律关系不存在的属于消极确认之诉。在确认之诉中，原告的诉讼目的是对双方当事人是否存在某种民事法律关系进行确认，并不需要法院判决被告履行一定民事义务，不存在履行或强制执行的问题。因此，判断确认之诉的诉讼请求是否“具体”的关键在于判断原告请求确认的民事法律关系是否具体。只要明确了法律关系的名称（即案由），并将客体通过时间、空间、行为、名称等加以具体化，确认之诉的诉讼请求也就明确了。例如：原告要确认某一房屋的所有权，需明

---

① 陈华彬：《民法总论》，中国法制出版社 2011 年版，第 333 页。

② 最高人民法院民事案件案由规定课题组：《最高人民法院民事案件案由规定理解与适用》，人民法院出版社 2011 年版，第 11 页。

确该房屋的具体位置或房产证号，如要求确认 ×× 小区 ×× 号楼 ×× 单元 ×× 号房屋归原告所有；要确认某一车辆的所有权，需明确该车辆的车牌号、发动机编号等，如要求确认车牌号为 ×××× 的 ×× 牌小客车归原告所有；要确认某一合同关系是否有效，应通过签订时间、合同编号等使该合同关系特定化，如要求确认 ×××× 年 ×× 月 ×× 日原被告之间签订的 ×× 合同有效或无效。

形成之诉又称为变更之诉，是指当事人请求人民法院改变或消灭其与对方当事人之间现存的民事法律关系的诉。形成之诉分为实体法上的形成之诉和程序法上的形成之诉。实体法上的形成之诉是为了使当事人的实体法律关系发生变动，如离婚纠纷、变更抚养关系纠纷、解除收养关系纠纷、债权人撤销权纠纷、共有物分割纠纷等。诉讼法上的形成之诉的目的是变更诉讼法效果，如执行异议之诉、第三人撤销之诉，以及上诉和再审都属于诉讼法上的形成之诉。[①]

实体法上的形成之诉诉讼请求“具体”的确定与确认之诉相同，都是以某一民事法律关系为对象，确认之诉是确认民事法律关系是否存在，而形成之诉是使民事法律关系改变或消灭。对于实体法上的形成之诉，只要将具体的法律关系与追求的法律效果结合起来就满足了具体化的要求。例如，请求判决原被告离婚，或判令子女由原 / 被告抚养，或请求撤销原被告之间关于北京市 ×× 区 ×× 小区 ×× 号房屋的买卖合同等。

诉讼法上的形成之诉具有救济功能，但对于当事人提出的执行异议之诉、第三人撤销之诉等形成之诉，法院只对当事人请求不服的部分进行审理，因此，当事人的诉讼请求要明确体现其对原裁判的态度：是对裁决全部判项不服还是对部分判项不服，以及对具体哪部分判项不服。[②] 以执行异议之诉

① 常怡主编：《民事诉讼法学》，中国政法大学出版社 2013 年版，第 164 页。

② 《民事诉讼法》第五十六条第三款规定：“前两款规定的第三人，因不能归责于本人的事由未参加诉讼，但有证据证明发生法律效力的判决、裁定、调解书的部分或者全部内容错误，损害其民事权益的，可以自知道或者应当知道其民事权益受到损害之日起六个月内，向作出该判决、裁定、调解书的人民法院提起诉讼。”第一百六十八条规定：“第二审人民法院应当对上诉请求的有关事实和适用法律进行审查。”《最高人民法院关于适用〈中华人民共和国民事诉讼法〉的解释》第四百零五条第一款规定：“人民法院审理再审案件应当围绕再审请求进行。当事人的再审请求超出原审诉讼请求的，不予审理；符合另案诉讼条件的，告知当事人可以另行起诉。”

为例，执行异议之诉有两种，一是案外人执行异议之诉，二是当事人执行异议之诉。案外人执行异议之诉是指在执行过程中，案外人以其享有对执行标的足以排除强制执行的权利，诉请法院停止对该标的进行执行的诉讼。当事人执行异议之诉是指申请执行人因不服人民法院对特定标的中止执行裁定，诉请法院对执行标的继续执行的诉讼。因此案外人在提起执行异议之诉时，需将其排除法院对执行标的继续执行的诉讼请求加以明确，如请求判令停止对原告名下位于 ×× 小区 ×× 号楼 ×× 单元 ×× 号房屋的强制执行；而申请执行人在提起执行异议之诉时，需将其要求法院对执行标的继续执行的诉讼请求加以明确，如请求判令查封被告名下位于 ×× 小区 ×× 号楼 ×× 单元 ×× 号房屋。

**2. 给付之诉诉讼请求“具体”的判断**

给付之诉是指原告请求法院判令被告向其履行某种特定给付义务的诉讼。给付作为一种民事义务，主要来源于债。实践中，有些当事人在起诉时，在案由部分写“债务纠纷”，这种表述实际上是不具体的，因为民法上的债依据发生原因的不同，可以分为合同之债、侵权之债、不当得利之债和无因管理之债。这四种债对应的基础法律关系分别为合同法律关系、侵权法律关系、不当得利法律关系和无因管理法律关系。不同的民事法律关系所对应的给付责任形式也不同。

以最常见的侵权之债和合同之债为例，依据侵权法律关系可以主张的责任形式包括：停止侵害、排除妨碍、消除危险、返还财产、恢复原状、赔偿损失、赔礼道歉、消除影响、恢复名誉。依据合同法律关系可以主张的责任形式为继续履行，采取补救措施，赔偿损失，修理、重作、更换、退货，减少价款或者报酬，支付违约金等。

在给付之诉中，要确定“具体”的诉讼请求，首先，要确定提起诉讼请求的民事法律关系，也即确定案由，然后将诉讼请求归入相对应的责任承担方式。例如，在加害给付的情况下，原告既可基于违约要求对方承担违约责任，也可基于侵权要求对方承担侵权责任。在同一事实同时符合不同法律规范要件的情形下，原告必须作出选择，明确自己选择哪种法律关系，并从所对应的责任形式中提出合适的、具体的、与争议法律关系相适应的责任形式。例如，选择主张违约责任时，不能请求对方给付精神损害赔偿金或赔礼道歉；选择主张侵权责任时，不能请求对方支付违约金。

其次，要对给付行为本身进行明确。给付责任分为财产类责任和行为类责任。财产类责任又分为金钱类责任和非金钱类责任。对于金钱类责任，如请求支付货款、违约金、定金、赔偿损失等，如果属于合同有明确约定的，可以只列明具体数额。赔偿损失可分为侵权损害赔偿和违约损害赔偿，也可分为人身损害赔偿和财产损害赔偿，提出主张时需要明确具体损失种类、具体损失数额和计算方法。例如请求依法判令被告支付：医疗费 ×× 元、护理费 ×× 元、营养费 ×× 元；请求法院判决被告向原告支付本金 ×× 万元及利息（以所欠货款数额为基础，按照全国银行间同业拆借中心公布的贷款市场报价利率，自逾期付款之日起计算至判决生效之日止）。对于非金钱类责任，要写清楚给付的是种类物还是特定物。如果交付的是特定物，要将交付的对象特定化，例如返还车牌号为 ×××× 的 ×× 牌小客车。如果交付的是种类物，要将标的物具体化到某一类别，例如标明物的名称、类别、规格和数量等。行为类责任包括继续履行、赔礼道歉、消除影响、恢复名誉、停止侵害等方式，提出主张时，应明确具体履行的范围、内容和形式，例如在 ×× 报刊上连续刊登 ×× 次向原告赔礼道歉的内容。

## 知识拓展

确定诉讼请求是审判的第一要务，也是诉讼的基本要求，但诉讼请求具体不代表诉讼请求适当，只有适当的诉讼请求才有利于诉讼目的的实现。

诉讼请求不适当，是指当事人的诉讼请求在现实中难以实现，或者在现实中能够实现，但在法律上不能成立。例如，对已经结束的侵权行为要求停止侵害，或者原物灭失后要求返还原物，都属于在现实中不可能实现。还有一些当事人错误地认为自己的诉讼请求标的额越大，法院对自己的主张就会支持得越多，为了追求利益最大化，在没有证据支持的情况下盲目提高诉讼请求金额。如果提出的诉讼请求不适当会产生哪些法律后果呢?

案例:王大力和王小丽的母亲梁女士于2015年11月28日因心脏病发作住进第三医院,手术后梁女士不幸去世。王大力和王小丽认为,第三医院没有为患者选择风险较小的支架手术,而是为了利益选择了搭桥手术,使患者遭受巨大痛苦并失去生命,也给家属造成了巨大的心理痛苦,故到法院起诉,请求判令:(1)第三医院书面承认医疗事故,并给予道歉;(2)退还医疗费用238606元;(3)赔偿原告精神损害抚慰金100万元;(4)诉讼费由第三医院承担。诉讼过程中,王大力、王小丽变更诉讼请求为:(1)第三医院书面承认医疗事故,并给予道歉;(2)退还医疗费用自费部分64165.18元;(3)赔偿精神损害抚慰金100万元、死亡赔偿金30万元、丧葬费3332元、护理费9000元、鉴定费12000元、交通费8240元;(4)诉讼费由第三医院承担。

审理过程中,法院根据鉴定机构的鉴定结论确认:第三医院手术时机选择欠妥,与梁女士死亡的损害后果存在因果关系,同时考虑到梁女士病情严重,其自身疾病为其损害后果的根本性原因,第三医院的赔偿比例为10%。因第三医院并非故意侵权,且其应承担的责任轻微,法院对王大力和王小丽要求第三医院承认医疗事故、书面赔礼道歉的诉讼请求不予支持。同时,法院认为第三医院的诊疗行为存在过错,对梁女士的死亡存在一定责任,王大力、王小丽有权主张精神损害抚慰金,但其主张金额过高。最终,法院判决第三医院向王大力、王小丽赔偿医疗费6416.52元、丧葬费333.2元、死亡赔偿金30000元、精神损害抚慰金5000元,上述款项共计41749.72元,驳回王大力和王小丽的其他诉讼请求。案件受理费17371元,由王大力和王小丽负担17197.3元,由第三医院负担173.7元。

本案中,原告对精神损害抚慰金的诉讼请求即属于具体但不适当。2001年《最高人民法院关于确定民事侵权精神损害赔偿责任若干问题的解释》第十条规定:"精神损害的赔偿数额根据以下因素确定:(一)侵权人的过错程度,法律另有规定的除外;(二)侵害的手段、场合、行为方式等具体情节;(三)侵权行为所造成的后果;(四)侵权人的获利情况;(五)侵权人承担责任的经济能力;(六)受诉法院所在地平均生活水平。法律、行政法规对残疾赔偿金、死亡赔偿金等有明确规定的，适用法律、行政法规的规定。”根据《医疗事故处理条例》的相关规定，医疗事故赔偿应当考虑医疗事故等级、医疗过失行为在医疗事故损害后果中的责任程度和医疗事故损害后果与患者原有疾病状况之间的关系，以此确定具体赔偿数额。精神损害抚慰金按照医疗事故发生地居民年平均生活费计算，造成患者死亡的，赔偿年限最长不超过 6 年。本案中，原告在要求被告支付死亡赔偿金的同时，还主张支付其 100 万元的精神损害抚慰金，该金额明显过高。虽然第三医院的诊疗行为存在过错，但法院考虑到梁某死亡的后果主要因其自身疾病所致，最终酌定由第三医院承担的精神损害抚慰金数额为 5000 元。

从法律效果上看，当诉讼请求不具体时，法官可能以起诉不符合法定条件为由裁定不予立案或驳回起诉。但对于诉讼请求的不适当，其产生的原因要么是在法律上不能成立，要么是在现实中难以实现，其本质是诉讼请求本身难以成立，而不是起诉不符合法定条件，法官经过实体审理，如果认为当事人的诉讼请求不适当，可能会判决驳回其诉讼请求。

但除了得不到法院支持外，诉讼请求不适当还可能加大案件审理难度，延长举证质证时间，造成案件无法早日执行，而且可能出现“赢了官司输了钱”的情况。根据《诉讼费用交纳办法》的规定，当事人在起诉时必须预交诉讼费，一般情况下，财产案件根据当事人的诉讼请求金额来确定受理费，诉讼请求金额越大，案件受理费也越高。受理费通常由最终败诉方承担，但即使被告是败诉方，如果原告诉讼请求金额提得过高，而法院判决只支持了其中的一部分，那么超出部分就由原告自行承担。以本案为例，原告提出 100 万元的精神损害抚慰金，最终被法院认定为过高而不予支持，原告对这部分未获支持的主张只能自行承担相应的诉讼费用。

## 普法提示

明确诉讼请求是提起诉讼的第一步，而且是当事人行使处分权的表现，法官无法替其作出选择。诉讼请求具体和恰当与否对当事人合法权益的保障至关重要。起诉时要提出“具体”的诉讼请求，要从两方面入手：首先，应结合实体法的规定，根据实体法关于民事法律关系、民事责任的形式去确定诉讼请求的内容。其次，要从诉的种类出发，根据确认之诉、给付之诉和形成之诉的不同特征，将诉讼请求详细化，具体如下。

第一，确认之诉和形成之诉的诉讼请求要重点明确民事法律关系，对民事法律关系的客体要通过时间、空间、行为、名称、物理性质等加以具体化，确认之诉的诉讼请求一般表达为：确认 ×× 小区 ×× 号楼 ×× 单元 ×× 号房屋归原告所有，确认 ×××× 年 ×× 月 ×× 日原被告之间签订的 ×× 合同无效。

第二，形成之诉的诉讼请求区分为实体法上的形成之诉和程序法上的形成之诉，将具体的法律关系与当事人所追求的法律效果相结合，就可以达到诉讼请求的具体化，例如：请求判令原被告离婚，请求判令停止对原告名下位于 ×× 小区 ×× 号楼 ×× 单元 ×× 号房屋的强制执行，解除对该房屋的查封。

第三，给付之诉要确定“具体”的诉讼请求，首先要确定提起诉讼请求的民事法律关系，并将诉讼请求归入相对应的责任承担方式。要特别注意，在同一事实同时符合不同法律规范要件的情形下，当事人必须作出选择，明确自己选择哪种法律关系，并从所对应的责任形式中提出合适的、具体的、与争议法律关系相适应的责任形式。财产类给付之诉如果不是特定物或合同有约定的情况，需要明确具体种类、数额和计算方法。行为类给付之诉应明确具体履行的范围、内容和形式。

此外，当事人在提出诉讼请求时还应注意，诉讼请求合理更有利于诉讼目的的实现，财产类案件诉讼请求标的金额越大，案件受理费越高，如果盲目提出过高的不合理的诉讼请求，可能存在败诉后承担高额诉讼费的风险。

案例二

# 遗产继承起纠纷，知法明理免纷争

## ——关于遗产继承你需要知道的那些事

胡美青[①]

## 案情回顾

### （一）诉讼缘起：兄妹因遗产起争执

李大海祖籍北京，年轻时是一名工程师，在上海工作时认识了上海女子孙兰，二人恋爱并结婚。婚后二人先后生育一儿一女，儿子李小洋与女儿李小荷。李大海与孙兰结婚后，购置了两套房子，一套位于北京市海淀区，另一套位于上海市徐汇区，徐汇区这套房子系李大海与李小洋共同出资购买，所有权人登记的是李大海和李小洋。

2008年4月，孙兰去世。2017年11月，李大海也去世了。李小洋认为，父母去世后，他和妹妹李小荷作为父母的法定继承人，有权继承遗产，两套房屋中属于父母夫妻共同财产的部分都应作为遗产。因为兄妹二人就继承分配问题始终无法协商一致，李小洋只好以继承纠纷为由，向北京市海淀区人民法院提起了诉讼，请求判决李大海遗留的北京市海淀区房屋由李小荷继承；判决李大海遗留的上海市徐汇区房屋由李小洋继承。

### （二）被告异议：原告起诉的法院有误

法院受理李小洋的起诉后，案件还没开始审理，李小荷就提出了管辖权异议：她认为，案件不应该在北京市海淀区人民法院审理，而应该在上海市徐汇区人民法院审理。理由是：父亲李大海自1996年起就在上海工作生活直

---

① 北京市海淀区人民法院立案庭（诉讼服务中心）。

到去世，而李小洋自1999年起长期旅居国外。而且父亲在上海的遗产价值远大于在北京的遗产价值，父亲去世时的住所地和主要遗产都在上海，因此要求北京市海淀区人民法院将本案移送至上海市徐汇区人民法院审理。

### （三）法院裁定：移送有管辖权的法院审理

法院经过审查认为，因继承遗产纠纷提起的诉讼，由被继承人死亡时住所地或者主要遗产所在地人民法院管辖。经过询问，李小洋也认可父亲李大海和母亲孙兰从1996年起共同到上海工作、生活，直到两人去世前都居住在上海市徐汇区。另外，根据李小洋起诉状的陈述，上海房屋当中属于遗产部分的价值也高于北京房屋价值。考虑到被继承人死亡时住所地和主要遗产所在地均位于上海市徐汇区，北京市海淀区人民法院认为，其对本案无管辖权，李小荷提起的管辖权异议成立。最终裁定将案件移送至上海市徐汇区人民法院审理。裁定作出后，李小洋和李小荷都没有提出异议。

## 法理分析

上面这个案件中，双方争议的焦点就是管辖权异议问题，那么什么是管辖权异议？民事诉讼的管辖权异议制度有何价值？管辖权异议申请又该如何提起呢？

### （一）什么是管辖权异议？

管辖权异议，是指在民事诉讼中，人民法院受理案件后，当事人认为第一审法院对案件没有管辖权的意见或主张。实践中，经常发生原告提起诉讼并且受诉法院登记立案后，对方当事人可能会对受诉法院是否具有管辖权提出异议的情形。

### （二）管辖权异议制度的价值

管辖权异议制度的设立价值主要体现在两个方面，一是可以保障当事人的合法诉权，二是有利于法院正确行使审判权。一般情况下，原告会选择自己认为有管辖权的法院提起诉讼，虽然原告需要在起诉状中列明原被告信息并提交管辖相关证据，但不排除原告为了自身利益“虚构管辖”，甚至隐瞒对己方不利的管辖证据的情形。在立案登记制前提下，立案阶段法院对起诉材料进行形式审查，很有可能受到原告的“误导”，依据原告方提供的证据先予登记立案。但是，正因为法律赋予了当事人有提起管辖权异议的权利，如果一方当事人认为受诉法院没有管辖权，就可以立刻提出异议。人民法院收到当事人提出的异议申请后，应当立即对管辖问题进行审查。异议成立的，裁定将案件移送有管辖权的人民法院；异议不成立的，裁定驳回。因此，对管辖权异议的审查，是法院依法行使审判权和确保程序公正的关键环节。

### （三）管辖权异议的提起

依据《民事诉讼法》第一百二十七条第一款规定，人民法院受理案件后，当事人对管辖权有异议的，应当在提交答辩状期间提出。可见，当事人提出管辖权异议申请应当具备两个条件：一是提起管辖权异议须在人民法院受理案件后，也就是原告向法院提起诉讼，法院经审查认为符合立案登记条件并依法受理案件后。二是提起管辖权异议须在提交答辩状期间。

上面这个案例中，海淀区人民法院受理了李小洋提起的继承纠纷后，被告李小荷认为海淀区人民法院对此案没有管辖权，故在提交答辩状期间提出管辖权异议，法院受理并审查管辖权异议后，最终依法裁定李小荷提出的管辖权异议成立，将案件移送至上海市徐汇区人民法院审理。

## 知识拓展

通过以上介绍，我们对继承纠纷的管辖问题有了基本的了解。除了上面讲的管辖问题，继承纠纷还需要了解哪些法律知识，发生继承纠纷，应该如何诉讼呢？让我们再深入地了解一下与继承有关的其他法律知识吧。

## （一）继承的方式

继承，是指公民死亡后，其遗留的个人合法财产依法由继承人继承所有的法律制度。随着经济的发展，人们的财产也在不断积累、升值，因房产、银行存款等遗产继承引发的纠纷越来越多。

继承自被继承人死亡时开始，主要分为法定继承和遗嘱继承。此外还有遗赠和遗赠扶养协议。我们重点介绍实践中常见的法定继承和遗嘱继承。

### 1. 法定继承

法定继承，指在无遗嘱或者无有效遗嘱的情况下，由特定继承人依法定顺序与份额分配遗产的继承方式。但是如果存在合法有效的遗嘱，就要优先适用遗嘱继承，按照遗嘱内容进行遗产的分配。

法定继承人包括：配偶、子女、父母；兄弟姐妹、祖父母、外祖父母。但需要注意的是，继承人有第一顺序、第二顺序之别。继承开始后，由第一顺序继承人继承，第二顺序继承人不继承。第一顺序包括：配偶、子女、父母。第二顺序包括：兄弟姐妹、祖父母、外祖父母。另外需要注意，这里的子女，包括婚生子女、非婚生子女、养子女和有扶养关系的继子女[①]。

关于继承人的范围，我国法律还确立了特别规则。一是遗产分割时，应当保留胎儿的继承份额。胎儿娩出时是死体的，保留的份额按照法定继承办理[②]。二是丧偶儿媳对公婆，丧偶女婿对岳父母，尽了主要赡养义务的，作为第一顺序继承人[③]。三是酌情分得遗产，对继承人以外的依靠被继承人扶养的人，或者继承人以外的对被继承人扶养较多的人，可以分给适当的遗产[④]。

继承人享有继承遗产的权利，但是继承人也会因为某些行为丧失继承权。根据《民法典》第一千一百二十五条的相关规定，如果继承人存在下列行为之一的，丧失继承权：（1）故意杀害被继承人；（2）为争夺遗产而杀害

---

① 详见《民法典》第一千一百二十七条。

② 《民法典》第一千一百五十五条。

③ 《民法典》第一千一百二十九条。

④ 《民法典》第一千一百三十一条。

其他继承人；（3）遗弃被继承人，或者虐待被继承人情节严重；（4）伪造、篡改、隐匿或者销毁遗嘱，情节严重；（5）以欺诈、胁迫手段迫使或者妨碍被继承人设立、变更或者撤回遗嘱，情节严重。继承人有前述第三项至第五项行为，确有悔改表现，被继承人表示宽恕或者事后在遗嘱中将其列为继承人的，该继承人不丧失继承权。

**2. 遗嘱继承**

遗嘱继承，指法定继承人按照有效遗嘱所确定份额继承遗产的继承方式。遗嘱包括以下几种①：（1）公证遗嘱。公证遗嘱由遗嘱人经公证机构办理，一般同时应由两名以上的公证员共同办理。（2）自书遗嘱。指遗嘱人生前亲手书写的遗嘱。自书遗嘱必须由遗嘱人亲自“书写”，须注明年、月、日，还必须有遗嘱人的亲笔签名。（3）代书遗嘱。指由遗嘱人口述遗嘱内容，他人代为书写制作的遗嘱。代书遗嘱须2个以上无利害关系的见证人在场见证，其中一人代书，遗嘱人、代书人、其他见证人签名，并注明年、月、日。（4）打印遗嘱。打印遗嘱应当有两个以上见证人在场见证。遗嘱人和见证人应当在遗嘱每一页签名，注明年、月、日。（5）录音录像遗嘱。以录音录像形式立的遗嘱，应当有两个以上见证人在场见证。遗嘱人和见证人应当在录音录像中记录其姓名或者肖像，以及年、月、日。（6）口头遗嘱。遗嘱人在危急情况下，可以立口头遗嘱。口头遗嘱应当有两个以上见证人在场见证。危急情况消除后，遗嘱人能够以书面或者录音录像形式立遗嘱的，所立的口头遗嘱无效。

根据《民法典》第一千一百四十二条的规定，遗嘱人可以撤回、变更自己所立的遗嘱。立遗嘱后，遗嘱人实施与遗嘱内容相反的民事法律行为的，视为对遗嘱相关内容的撤回。立有数份遗嘱，内容相抵触的，以最后的遗嘱为准。

遗嘱也必须表示遗嘱人的真实意思，受欺诈、胁迫所立的遗嘱无效，伪造的遗嘱无效，遗嘱被篡改的，篡改的内容也是无效的。

---

① 《民法典》第一千一百三十四条至第一千一百三十九条。

## （二）遗产的范围与分配

### 1. 遗产的范围

按照 1985 年《继承法》第三条的规定，遗产具体包括如下内容：公民的收入；公民的房屋、储蓄和生活用品；公民的林木、牲畜和家禽；公民的文物、图书资料；法律允许公民所有的生产资料；公民的著作权、专利权中的财产权利；公民的其他合法财产。《民法典》第一千一百二十二条规定："遗产是自然人死亡时遗留的个人合法财产。依照法律规定或者根据其性质不得继承的遗产，不得继承。"随着社会生活的发展和时代的进步，遗产的范围也在不断扩大，针对遗产的范围，《民法典》作了概括性规定，从而将多样化的财产纳入遗产范围，最大限度保障公民的继承权。需要注意的是，我们这里所说的遗产，是指公民死亡时遗留的个人财产，而且必须是合法财产，非其个人名下财产不属于遗产范围，非法取得的财产也不属于遗产的范围。

那么死亡赔偿金、丧葬补助费、死亡抚恤金是否属于遗产，能否在继承案件中一并处理呢？在继承案件中，当事人也往往会提出要求法院依法分割死亡赔偿金、丧葬补助费、死亡抚恤金等财产的请求，从性质上来讲，死亡赔偿金、丧葬补助费、死亡抚恤金等财产是在被继承人死亡之后产生，并非公民死亡时遗留的个人合法财产，不属于遗产范围。但考虑到以上财产是因被继承人死亡而产生，且也是在被继承人近亲属间分配，大部分情况下，近亲属与继承纠纷当事人是重合的。因此出于诉讼便利考虑，本着婚姻家庭案件一并处理的原则，如果当事人提出了请求，法院在继承案件中也会一并对上述财产进行分割处理。

《民法典》第一千一百五十三条规定，夫妻共同所有的财产，除有约定的外，遗产分割时，应当先将共同所有的财产的一半分出为配偶所有，其余的为被继承人的遗产。遗产在家庭共有财产之中的，遗产分割时，也应当先分出他人的财产。

### 2. 遗产的分配

《民法典》第一千一百三十条规定，同一顺序继承人继承遗产的份额，一般应当均等。这是《民法典》关于继承份额的原则性规定，在司法实践中一般也是按照份额均等来处理的。但是有几种特殊情况需要注意。一是对生活有特殊困难的缺乏劳动能力的继承人，分配遗产时，应当予以照顾。二是对被继承人尽了主要扶养义务或者与被继承人共同生活的继承人，分配遗产时，可以多分。三是对有扶养能力和有扶养条件的继承人，不尽扶养义务的，分配遗产时，应当不分或者少分。当然，如果继承人对于遗产的分配可以协商，只要继承人协商同意的，也可以按照协商达成的方案来分配遗产。

此外，司法实践当中遗产分割也会遵循有利于生产和生活需要，不损害遗产的效用的原则。具体来说，分割的方式主要有以下几种：实物分割、变价分割、折价补偿、共同共有或者按份共有分割。不宜分割的遗产，比如房产，可以采取折价、适当补偿或者共有等方法处理。

继承人取得被继承人的遗产后，根据实际情况可能要清偿被继承人的债务。一般来讲，继承人以所得遗产实际价值为限清偿被继承人依法应当缴纳的税款和债务。超过遗产实际价值部分，继承人自愿偿还的不在此限。继承人放弃继承的，对被继承人依法应当缴纳的税款和债务可以不负清偿责任。

### （三）继承纠纷的起诉

继承人之间存在一定的亲缘关系，我们提倡继承人本着互谅互让、和睦团结的精神，协商处理继承问题。对遗产分割的时间、办法和份额，继承人可以协商确定。协商不成的，可以由人民调解委员会调解或者向人民法院提起诉讼。

如果提起继承纠纷诉讼，需要准备哪些材料呢？一般来讲，立案阶段需要提交的材料主要包括：（1）起诉状。继承纠纷起诉书一般有固定的格式和内容，继承纠纷的起诉状应该包括原告和被告的基本情况；诉讼请求与起诉的事实理由等。（2）与诉讼相关的证据材料。比如被继承人的死亡证明；原、被告与被继承人之间的亲属关系证明；需要法院分割的遗产的相关证据。（3）当事人身份证明材料。主要包括当事人本人的身份证明以及委托手续。（4）与继承纠纷管辖相关的证据。如果依据被继承人死亡时住所地确定管辖法院，应提供被继承人死亡时住所地的证据，比如死亡前的户口簿、居住证明、公安机关开具的证明信等；如果依据主要财产所在地确定管辖法院，应提交主要财产所在地的证据，比如房产证、开户行证明等。

### （四）独生子女继承难问题

近年来，独生子女无法继承遗产的情形常见于媒体报道。独生子女继承面临怎样的难题，该如何解决呢？

实践中，独生子女在父母去世后主要通过公证和诉讼途径实现继承权，然而，想要获取公证书或法院生效文书却不那么容易。公证机构要求独生子女提供被继承人的详细遗产信息，如房产信息、存款账户信息等，同时要求提供被继承人及继承人身份及亲属关系证明、独生子女证明等，如果不能完备提供上述材料，公证机构就不会向其出具公证书。而通过诉讼途径，在被继承人去世且未留遗嘱的情况下，如果法定继承人仅剩独生子女一人，由于没有诉讼对象，其提起继承之诉时则会陷入无人可诉的困境。

对此，我们建议当事人树立生前遗产公证的理念。对于只有一个子女又没有其他继承人的，父母可以考虑提前订立遗嘱，明确遗产的范围，并对遗嘱进行公证。这样可以全面确定遗产的范围，避免遗漏，父母去世后子女也可以直接凭公证遗嘱到银行和房管部门办理存款和房产的继承过户手续，避免父母百年之后出现独生子女继承难的困境。

## 普法提示

近年来，随着私有财产价值提高、群众法律意识增强，法院审理的继承纠纷案件也呈多发态势。结合我们实际受理的案件，对继承纠纷诉讼，我们提出以下建议：

### （一）核查继承人范围，避免遗漏当事人

继承纠纷案件中当事人众多，涉及复杂的亲属关系。根据法律规定，配

偶、子女、父母均为第一顺序继承人，其中，子女包括婚生子女、非婚生子女、养子女和有扶养关系的继子女；父母包括生父母、养父母和有扶养关系的继父母；此外，丧偶儿媳对公、婆，丧偶女婿对岳父、岳母，尽了主要赡养义务的，作为第一顺序继承人。在法定继承纠纷中，当事人在起诉时容易遗漏继承人，因此，起诉前要对继承人的范围进行收集和梳理，按照正确的顺位列明，同时避免遗漏应当参加诉讼的继承人。起诉后，法院也会审查继承人的范围并追加当事人参加诉讼。

### （二）注重证据收集，明确遗产的范围

随着经济的快速发展，个人拥有的财产越来越多，财产形式也多种多样。对于被继承人突然死亡，生前未定遗嘱，亦未留下财产线索的继承纠纷，继承人难以掌握被继承人的遗产范围。因此，起诉前，需要对被继承人可能遗留的存款、股票、基金等财产信息尽可能列明并提供相应的财产权属证明，以免后期因遗产范围难以查明等问题影响诉讼进度。同时查明遗产范围，也能尽可能确定主要遗产所在地，以便选择向有管辖权的法院提起诉讼。

### （三）增强法律意识，依法主张权利

受传统社会“重男轻女”等观念的影响，家产“传男不传女”，出嫁女多自愿放弃父母遗产的继承；一些人也认为“家丑不可外扬”，即使因继承问题产生纠纷，也不愿意诉至法院。其实，我们应该摒弃传统“重男轻女”的观念，增强法律意识，现代社会男女平等，如果因继承引发纠纷，能协商解决当然最好，但是到法院打官司也不是“丢脸”的事，继承人可以通过法律途径维护自己的合法利益。

案例三

# 昔日恩爱烟消云散，对簿公堂已成陌路

## ——离婚诉讼中的一些法律常识

杨青[①]

## 案情回顾

### （一）再遇真命天子　不想劳燕分飞

2009年10月，刚刚走出离婚阴霾的郝健在一次朋友聚会中，认识了同样离婚不久的薛照，两人都刚经历了一场失败的婚姻，相识后，有种同病相怜找到知音的感觉。经过两个月的交往，两人决定登记结婚组建新的家庭。婚后一年，两人有了爱情的结晶，薛照生下一子，取名郝兴奋。有了儿子后，郝健与薛照都觉得生活的担子加重了，为了孩子今后能有一笔教育基金，薛照提出建立共同存款账户，每人每月存2000元作为家庭共同存款。前三个月两人都按时将2000元存入共同存款账户，但从第四个月开始，薛照便以自己产后收入减少为由，停止了存款。郝健认为仅靠自己的存款，设定共同存款账户已无意义，就提出了取消共同存款的计划，把账户里薛照存入的6000元退还给了薛照。没有了共同存款账户，薛照感觉家庭生活缺少经济保障，便要求郝健每月将工资交她管理，郝健觉得这样自己花钱太不自由，就拒绝了薛照的要求，夫妇俩为此闹了矛盾，还发生了争吵。薛照觉得，丈夫把收入交给妻子保管是天经地义的事，郝健不愿意交出工资，是不信任自己，心里很不高兴。

不久后的一个周末，郝健和母亲去参加朋友的婚礼，留薛照一人在家照顾孩子，郝健母子直到很晚才回家，累了一天的薛照心里很委屈，郝健一进

① 北京市海淀区人民法院立案庭（诉讼服务中心）。

门就跟他吵了起来，两人越吵越凶，吵架的过程中薛照把郝健的母亲也捎带着一起骂了，郝健气急了就扇了薛照一耳光，薛照一气之下带孩子回了娘家。郝健几次去看望孩子，都被薛照拒绝，双方的矛盾越发激化。郝健认为，这样的婚姻已没有存续的必要，就向法院提起了离婚诉讼，同时坚持要求抚养3周岁的儿子郝兴奋，由薛照每月负担抚养费2500元。

### （二）曾经半路夫妻　如今对簿公堂

半路夫妻，俗称"一婚生，二婚熟"，本应更懂珍惜，更擅经营，如今却再次面临离婚纷争，对簿公堂。

庭审中，薛照辩称，郝健所陈述的婚姻事实属实，婚后双方的确为生活琐事经常产生矛盾。孩子出生后，郝健经常不在家，孩子全靠自己一人照看，郝健不仅不体谅自己的辛苦，在家庭的经济开支上也没有主动分担，不仅如此还数次动手殴打自己，存在家庭暴力行为，严重伤害了夫妻感情。薛照表示自己同意离婚，但孩子太小，还离不开妈妈，今后仍应由自己抚养，要求郝健每月支付3500元抚养费。

法院经审理认为，郝健与薛照虽系自由恋爱、自主结婚，但婚后双方为生活琐事及经济问题产生矛盾，未能妥善处理，以致矛盾已不可调和，夫妻感情破裂。现郝健起诉要求离婚，薛照表示同意，法院准许。离婚后子女的抚养问题应本着有利于子女健康成长的原则依法判定。诉讼中，薛照擅自将婚生子郝兴奋接走，法庭当庭已给予严肃批评，薛照亦表示接受。但考虑婚生子郝兴奋年龄较小，且长期由薛照照顾生活，与薛照生活较为稳定，故今后继续由薛照抚养为宜，郝健应依法负担相应的抚养费，抚养费的给付数额应视郝健实际收入依法判定。共同财产双方已达成一致，法院不持异议，最终判决：一、郝健与薛照离婚；二、婚生之子郝兴奋由薛照抚养，郝健每月给付郝兴奋抚养费2200元，至其年满18周岁时止。

### （三）不服一审判决　上诉主张抚养权

郝健不服一审法院判决，提出上诉，请求依法改判婚生子郝兴奋由自己抚养，理由为：尽管自己照看儿子不如薛照时间长，但自己的父母一直帮忙照顾儿子，祖孙感情很好，并且表示自己离婚后可以继续帮忙照顾孩子；其次，自己的经济能力、居住环境及周边就学条件都好于薛照。孩子由自己抚养也有利于今后入托、入学，薛照虽有固定工作和稳定收入，但经济条件不如自己，并且性格偏执不利于孩子的成长。此外，郝健还提出一审法院在判决抚养权的同时，没有考虑到上诉人的探望权。

二审法院经审理认为，父母对子女有抚养、教育的义务；父母与子女间的关系，不因父母离婚而消除。离婚后，子女无论由父还是母直接抚养，仍是父母双方的子女。郝健上诉主张对其子郝兴奋的抚养权，一审法院认为子女抚养权的确定应本着有利于子女健康成长的原则依法判定；考虑到双方婚生子郝兴奋年龄尚幼小，与母亲共同生活较有利于心智健康成长，相关证据亦证明薛照的工作、生活状态较为稳定，且并无证据证明薛照自身存在不利于抚养孩子的因素，故一审法院判决双方离婚后由薛照抚养孩子郝兴奋并无不当。离婚后，不直接抚养子女的父或母，有探望子女的权利，另一方有协助的义务。行使探望权利的方式、时间由当事人协议；协议不成时，由人民法院判决。郝健上诉主张一审法院在判决抚养权的同时，没有考虑到上诉人的探望权。而在一审诉讼中，郝健、薛照均未提出对孩子探望权的主张，一审法院未对此做出处理亦无不当；郝健可与薛照就行使探望权利的方式、时间协商确定，协商不成时，可另行提起诉讼由人民法院判决。最终二审法院判决驳回上诉，维持原判。

## 法理分析

本案中双方争议的问题主要有两个方面：一是婚生子女抚养权的确定；二是探望权问题应该如何处理。

### （一）子女抚养权的确定

抚养权是父母对子女的一项人身权利，同时，抚养未成年子女也是父母的一项法定义务，基于亲子关系的特殊情感联系和家庭共同生活状态，子女的抚养权如今也是大多数离婚诉讼中经常存在的争议焦点。

《婚姻法》（现已失效）第三十六条规定："父母与子女间的关系，不因父母离婚而消除。离婚后，子女无论由父或母直接抚养，仍是父母双方的子女。离婚后，父母对于子女仍有抚养和教育的权利和义务。离婚后，哺乳期内的子女，以随哺乳的母亲抚养为原则。哺乳期后的子女，如双方因抚养问题发生争执不能达成协议时，由人民法院根据子女的权益和双方的具体情况判决。"该法第三十七条规定："离婚后，一方抚养的子女，另一方应负担必要的生活费和教育费的一部或全部，负担费用的多少和期限的长短，由双方协议；协议不成时，由人民法院判决。关于子女生活费和教育费的协议或判决，不妨碍子女在必要时向父母任何一方提出超过协议或判决原定数额的合理要求。"根据上述法律规定，抚养权的确定，应从有利于子女身心健康，保障子女的合法权益出发，结合父母双方的抚养能力和抚养条件等具体情况妥善解决。

《最高人民法院关于人民法院审理离婚案件处理子女抚养问题的若干具体意见》第一条规定："两周岁以下的子女，一般随母方生活。母方有下列情形之一的，可随父方生活：（1）患有久治不愈的传染性疾病或其他严重疾病，子女不宜与其共同生活的；（2）有抚养条件不尽抚养义务，而父方要求子女随其生活的；（3）因其他原因，子女确无法随母方生活的。"第三条规定："对两周岁以上未成年的子女，父方和母方均要求随其生活，一方有下列情形之一的，可予优先考虑：（1）已做绝育手术或因其他原因丧失生育能力的；（2）子女随其生活时间较长，改变生活环境对子女健康成长明显不利的；（3）无其他子女，而另一方有其他子女的；（4）子女随其生活，对子女成长有利，而另一方患有久治不愈的传染性疾病或其他严重疾病，或者有其他不利于子女身心健康的情形，不宜与子女共同生活的。"

现行《民法典》第一千零八十四条、第一千零八十五条，《最高人民法院关于适用〈中华人民共和国民法典〉婚姻家庭编的解释（一）》第四十四条、第四十六条基本沿用了上述规定。此外，《民法典》第一千零八十四条第三款修改了《婚姻法》第三十六条第三款的规定："离婚后，不满两周岁的子女，以由母亲直接抚养为原则。已满两周岁的子女，父母双方对抚养问题协议不成的，由人民法院根据双方的具体情况，按照最有利于未成年子女的原则判决。子女已满八周岁的，应当尊重其真实意愿。"

可以看出，关于离婚后子女抚养权的确定，对于不满2周岁的幼儿以母亲直接抚养为原则，除非母方存在患有久治不愈的传染性疾病或其他疾病，子女不宜与其共同生活，或母方有抚养条件不尽抚养义务而父方坚持要求抚养子女的，才会确定由父方抚养。对2周岁以上的孩子抚养权的确定，也主要以最有利于未成年子女身心健康并同时兼顾考虑抚养人自身的条件为原则；其中，子女随一方生活时间较长，长期由一方照料生活起居，是法院考虑的重要因素。对于已满8周岁的孩子，应当尊重其真实意愿。本案中郝健虽然经济能力以及居住、就学等条件优于薛照，但两审法院均考虑到孩子自幼一直由薛照贴身照顾，母方对孩子生活习惯的了解明显优于父方，离婚后不宜突然改变孩子的生活环境，且没有证据证明薛照存在不利于孩子成长的因素，故由薛照继续抚养照顾孩子更有利于孩子的健康成长。因此，两审法院将孩子判归女方抚养是符合法律规定的。

### （二）子女探望权

探望权是基于父母子女关系而享有的专属身份权，具体是指夫妻离婚后，不直接抚养子女的父或母按照离婚协议或法院判决，遵循一定的方式和时间，探望子女的权利。《婚姻法》第三十八条规定："离婚后，不直接抚养子女的父或母，有探望子女的权利，另一方有协助的义务。行使探望权利的方式、时间由当事人协议；协议不成时，由人民法院判决。"自2021年1月1日起实施的《民法典》第一千零八十六条延续了这条规定。从法律规定可以看出，探望权的行使方式和时间主要采取协商方式，即"协议优先"原则，双方可以自愿达成协议来约定探望权的行使方式和具体时间。之所以遵循协议优先原则，主要是考虑到探望权的人身属性，即该项权利的实现极大地依赖于当事人的主动配合，如果当事人带有抵触和反对情绪，即便法院强制裁判，在执行过程中也会出现重重阻碍，不仅不利于探望权的实现，更不利于对未成年子女身心健康的保护。

那么，在协议探望方式时应注意哪些问题呢？首先，双方应当明确约定见面的时间和地点，例如可以约定每周的某天中某个时间段内在某个地点与孩子见面。其次，可以采取短期生活在一起的方式，双方可以在协议中约定在一个时间段内子女可以与不直接抚养子女的父或母方生活几天，让对方来陪伴子女的成长，这种方式能够给予父母离异后的未成年子女更多的家庭温暖，让其与父母更好地沟通感情，更有助于子女的身心成长，防止出现内心缺失感。在孩子的成长过程中，来自父母双方的陪伴教育和家庭的氛围是极其重要的，是未成年子女健康成长的根基。对于不直接抚养子女的一方，应当尽可能多地与子女沟通联系，比如发短信、微信或打电话，都可以很好地建立沟通。最后，选择在特定的纪念日或节日赠送礼品、照片或物品，可能会让孩子成长过程中留下深刻的印象，成为童年的美好记忆。如果有条件，还可以创造一些与子女游玩或短期旅行的机会，在游玩或旅行的过程中了解孩子的心理、喜好和思想发展的问题，及时交流、指导和沟通感情，这些对于弥补父母离异对子女造成的心灵创伤很有帮助，同时也为日后更好地行使探望权奠定了基础。

探望权的实现在离异子女的成长过程中发挥着至关重要的作用，现实中的很多例子可以让我们看到，离异子女的性格发展通常会呈现不同趋势，一种趋势是因夫妻双方矛盾严重，具有抚养权的一方出于报复的心理，阻碍和防止不直接抚养子女的一方与子女见面，或者在子女面前表现出对于对方与子女见面的排斥，成长在这种环境下的孩子往往会产生胆怯、察言观色、缺乏安全感和自闭的心理；另一种趋势是，夫妻双方即使离婚，但在子女面前仍保持和谐相处、相互尊重，在这种情况下成长的孩子往往性格会更加温和，更加阳光。一场婚姻关系的结束，对于心智发育尚未健全的未成年子女来说是一个巨大的伤害，定期让孩子的母方或父方来探望，对孩子的成长是极为必要的。在司法实践中，一些离异夫妻，由于夫妻矛盾尖锐，离婚后，直接抚养子女的一方用拒绝让对方见到孩子的方式来惩戒和报复对方，有的甚至将孩子隐匿起来，让父子或母子亲情割离，将对方亲情分离的痛苦作为对自己的感情慰藉，这种做法是极端错误的，也是违法的，更对孩子的健康成长极为不利。夫妻双方虽然因为感情不和分开，但是对孩子的抚养和教育义务仍然继续存续，未成年子女尤其更需要来自父母双方的关爱，父爱或母爱的缺失都会给未成年子女的成长历程带来不可弥补的伤害，因此即使夫妻离婚，也一定要从孩子健康成长的最大利益出发，将离婚对子女的影响降到最低。从某个角度来看，探望权既是一种权利，也是离异父母对孩子应尽的一项抚育义务，是对离异家庭未成年子女成长教育的一种补救方式。

本案中，郝健与薛照并没有事先通过离婚协议就探望权进行约定，也没有就探望权提出主张。在一审过程中，法院针对原告郝健的诉讼请求作出判决，是根据民事诉讼"不告不理"的原则，原告的起诉是法院启动审判程序的前提，对原告不主动提出的诉请，法院不能主动进行审判。《最高人民法院关于适用〈中华人民共和国婚姻法〉若干问题的解释（一）》（现已失效）第二十四条规定："人民法院作出的生效的离婚判决中未涉及探望权，当事人就探望权问题单独提起诉讼的，人民法院应予受理。"《最高人民法院关于适用〈中华人民共和国民法典〉婚姻家庭编的解释（一）》第六十五条沿用了该规定。本案中，郝健作为不直接抚养子女的一方，可以在离婚后，另行就探望权单独提起诉讼。

## 知识拓展

离婚纠纷在实践中属于较为常见的民事纠纷类型，在向法院提起离婚诉讼时，在起诉阶段最常见的法律问题主要有：如何确定管辖法院？如何准备离婚诉讼的相关证据等。下面，就简要介绍一下离婚纠纷中应当注意的法律问题。

### （一）离婚诉讼中一些法定期间的限制

1.男方提起离婚诉讼的时间限制。《民法典》第一千零八十二条规定："女方在怀孕期间、分娩后一年内或中止妊娠后六个月内，男方不得提出离婚；

但是，女方提出离婚或者人民法院认为确有必要受理男方离婚请求的除外。”凡存在以上情形，男方起诉的，人民法院不予受理，已经受理的，应当裁定驳回起诉。之所以这样规定，主要是出于对妊娠和产后妇女权益的保护。

2. 第二次提起离婚诉讼的时间限制。《民事诉讼法》第一百二十四条第七项规定：“判决不准离婚和调解和好的离婚案件，判决、调解维持收养关系的案件，没有新情况、新理由，原告在六个月内又起诉的，不予受理。”《最高人民法院关于适用〈中华人民共和国民事诉讼法〉的解释》第二百一十四条第二款规定：“原告撤诉或者按撤诉处理的离婚案件，没有新情况、新理由，六个月内又起诉的，比照民事诉讼法第一百二十四条第七项的规定不予受理。”

根据上述法律规定，首次起诉离婚被判决驳回或诉讼中经调解和好以及撤诉的，原告再次提起离婚诉讼要受到六个月的时间限制。值得注意的是：首先，前次起诉被判决不准离婚的，六个月应从判决书生效后次日开始计算；其次，六个月是针对原审原告的限制，不包括原审被告。原审被告起诉离婚的，不受六个月的限制。

3. 发生新情况、新理由时，再次起诉不受六个月期限限制。比如有证据证明对方又实施了破坏夫妻感情的行为，严重的如实施了打骂、虐待另一方的行为，转移或变卖夫妻共同财产，与异性发生不正当关系等。发生以上情形的，原告可以向人民法院提供相关证据，以出现新情况、新理由要求重新起诉，是否准许由人民法院审查后决定。

## （二）离婚诉讼的管辖

### 1. 一般情况下由被告住所地人民法院管辖

《民事诉讼法》第二十一条第一款规定：“对公民提起的民事诉讼，由被告住所地人民法院管辖；被告住所地与经常居住地不一致的，由经常居住地人民法院管辖。”根据该条法律规定，离婚诉讼的管辖原则应采取“原告就被告”原则。那么，如何理解法律规定的“住所地”呢？根据《最高人民法院关于适用〈中华人民共和国民事诉讼法〉的解释》第三条第一款的规定：

“公民的住所地是指公民的户籍所在地，法人或者其他组织的住所地是指法人或者其他组织的主要办事机构所在地。”《民事诉讼法》第二十一条第一款规定：“……被告住所地与经常居住地不一致的，由经常居住地人民法院管辖。”《最高人民法院关于适用〈中华人民共和国民事诉讼法〉的解释》第四条规定：“公民的经常居住地是指公民离开住所地至起诉时已连续居住一年以上的地方，但公民住院就医的地方除外。”由此可知，一般情况下，离婚诉讼应由被告住所地（户籍地）人民法院管辖，户籍地与经常居住地不一致的，由被告经常居住地人民法院管辖。但是，原告在向被告经常居住地法院起诉时，应向法院提供证据，证明被告离开户籍地至起诉时已连续在此地址居住一年以上，该证明一般可由被告经常居住地的居委会或派出所出具。

**2. 由原告住所地管辖的情形**

离婚诉讼属于解除身份关系的诉讼，《民事诉讼法》第二十二条规定：“下列民事诉讼，由原告住所地人民法院管辖；原告住所地与经常居住地不一致的，由原告经常居住地人民法院管辖：（一）对不在中华人民共和国领域内居住的人提起的有关身份关系的诉讼；（二）对下落不明或者宣告失踪的人提起的有关身份关系的诉讼；（三）对被采取强制性教育措施的人提起的诉讼；（四）对被监禁的人提起的诉讼。”以上条款是对适用原告住所地管辖的特别规定，即当离婚诉讼出现这四种情形时，应适用原告住所地管辖。此外，《最高人民法院关于适用〈中华人民共和国民事诉讼法〉的解释》第十二条规定：“夫妻一方离开住所地超过一年，另一方起诉离婚的案件，可以由原告住所地人民法院管辖。夫妻双方离开住所地超过一年，一方起诉离婚的案件，由被告经常居住地人民法院管辖；没有经常居住地的，由原告起诉时被告居住地人民法院管辖。”以上规定都是离婚诉讼“原告就被告”原则的特殊情况，凡是符合以上情形的，原告都可以提供相关证据，向原告住所地人民法院提起离婚诉讼。

**3. 涉外离婚诉讼的管辖规定**

关于涉外离婚诉讼的管辖，除了前述《民事诉讼法》第二十二条第一项规定的对不在中华人民共和国领域内居住的人提起的有关身份关系的诉讼可以在原告住所地法院起诉外，《最高人民法院关于适用〈中华人民共国民事诉讼法〉的解释》第十五条规定："中国公民一方居住在国外，一方居住在国内，不论哪一方向人民法院提起离婚诉讼，国内一方住所地人民法院都有权管辖。国外一方在居住国法院起诉，国内一方向人民法院起诉的，受诉人民法院有权管辖。"第十六条规定："中国公民双方在国外但未定居，一方向人民法院起诉离婚的，应由原告或者被告原住所地人民法院管辖。"

《最高人民法院关于适用〈中华人民共国民事诉讼法〉的解释》中规定了针对定居国外或在国外结婚并定居国外的人提起离婚诉讼管辖以及已经离婚针对国内财产分割提起诉讼的管辖条款。该司法解释第十三条规定："在国内结婚并定居国外的华侨，如定居国法院以离婚诉讼须由婚姻缔结地法院管辖为由不予受理，当事人向人民法院提出离婚诉讼的，由婚姻缔结地或者一方在国内的最后居住地人民法院管辖。"第十四条规定："在国外结婚并定居国外的华侨，如定居国法院以离婚诉讼须由国籍所属国法院管辖为由不予受理，当事人向人民法院提出离婚诉讼的，由一方原住所地或者在国内的最后居住地人民法院管辖。"第十七条规定："已经离婚的中国公民，双方均定居国外，仅就国内财产分割提起诉讼的，由主要财产所在地人民法院管辖。"

### （三）《民法典》关于离婚冷静期的规定

《婚姻法》第三十一条规定："男女双方自愿离婚的，准予离婚。双方必须到婚姻登记机关申请离婚。婚姻登记机关查明双方确实是自愿并对子女和财产问题已有适当处理时，发给离婚证。"婚姻自由是我国婚姻立法的一项基本原则。男女双方从相识相恋到结为伉俪，是缘分也是命运，在万千人中携手组建家庭实属不易。实践中，轻率离婚的现象增多，不利于婚姻家庭和社会的和谐稳定。为此，2021 年 1 月 1 日起实施的《民法典》在《婚姻法》的基础上，创新地增加了离婚冷静期制度，其中第一千零七十七条规定："自婚姻登记机关收到离婚登记申请之日起三十日内，任何一方不愿意离婚的，可以向婚姻登记机关撤回离婚登记申请。前款规定期限届满后三十日内，双方应当亲自到婚姻登记机关申请发给离婚证；未申请的，视为撤回离婚登记申请。”本规定是对《婚姻法》第三十一条的补充，值得指出的是，离婚冷静期制度并非限制了离婚自由，其仅适用于婚姻登记机关为双方自愿协议离婚而办理的离婚登记的程序之中，而不适用于离婚诉讼程序。

### （四）离婚诉讼需要准备哪些证据？

除了前文提到的离婚诉讼应提供的管辖证据外，以下证据材料也是起诉时需要准备的：

**1. 结婚证或其他证明婚姻关系的证据**

结婚证是证明双方存在婚姻关系的基础证明，现实中经常会有结婚证遗失或被损毁的情形，起诉一方可以向当地婚姻登记机关申请出具结婚证明，或到档案馆申请调取结婚登记档案，另外，有婚生子女的，需要提交子女的出生证。

**2. 夫妻共同财产的相关证据**

婚姻关系是一种特殊的法律关系，夫妻双方在长期相处的过程中会出现财产共同管理的情形，提起离婚诉讼时必然会涉及对夫妻共同财产的分割问题。《民法典》第一千零六十二条第一款：“夫妻在婚姻关系存续期间所得的下列财产，为夫妻的共同财产，归夫妻共同所有：（一）工资、奖金、劳务报酬；（二）生产、经营、投资的收益；（三）知识产权的收益；（四）继承或者受赠的财产，但是本法第一千零六十三条第三项规定的除外；[①]（五）其他应当归共同所有的财产。”

在提起离婚诉讼时，起诉方在离婚诉讼中要求分割夫妻共同财产应提交相关的权属证明。此外，如果在离婚诉讼中双方都没有就共同财产主张分割，人民法院在审理时将按照“不告不理”的原则，对未主张分割的财产不做处理。在这种情况下，夫妻婚后共同购置的房屋、车位、商铺等法律规定以登记作为权属认定标准的不动产，一旦离婚诉讼时未进行处理，即便离婚时

---

① 《民法典》第一千零六十三条规定：“下列财产为夫妻一方的个人财产：……（三）遗嘱或者赠与合同中确定只归一方的财产；……”

双方自行达成分割协议，若一方离婚后反悔或不配合办理过户登记，则需要另行通过离婚后财产纠纷的诉讼再要求法院做一次处理，无疑增加了诉讼成本。同理，对车辆这种特殊动产，如果离婚时未明确进行分割，离婚后实际使用车辆的一方则无法直接转让或变卖。因此，建议离婚双方在离婚诉讼中对房屋、车辆等特殊财产一并主张分割，避免日后产生不必要的麻烦。

**3. 其他相关证据**

离婚诉讼是一种法律关系相对复杂的诉讼，根据民事诉讼“谁主张，谁举证”的原则，当事人需要对自己的主张准备好相应的证据。例如，主张己方有抚养子女优势的，应准备相关证据；主张双方已符合《民法典》第一千零七十九条规定的准予离婚情形的，亦应提交相关证据。①

## 普法提示

“在天愿作比翼鸟，在地愿为连理枝”是人们对美好爱情的期许，也是忠贞不渝的誓言，古往今来太多美好的诗词都在歌颂甜蜜的爱情和美好的婚姻。然而，随着经济社会的快速发展，人们的生活节奏加快，婚姻、家庭和个人面临的各种压力也增大，各类家事纠纷也不断呈现上升趋势，随之产生的申请离婚诉讼、夫妻共同财产分割、变更抚养权纠纷、确认婚姻无效纠纷、离婚后财产纠纷等成为近年来民事诉讼家事纠纷中的主要案件类型。在处理离婚诉讼引发的纠纷时，也让我们感受到在保护离婚自由的同时，更要充分考虑对未成年子女权益、无过错方，以及妇女权益的衡平保障。

---

① 《民法典》第一千零七十九条规定：“夫妻一方要求离婚的，可以由有关组织进行调解或者直接向人民法院提起离婚诉讼。人民法院审理离婚案件，应当进行调解；如果感情确已破裂，调解无效的，应当准予离婚。有下列情形之一，调解无效的，应当准予离婚：（一）重婚或者与他人同居；（二）实施家庭暴力或者虐待、遗弃家庭成员；（三）有赌博、吸毒等恶习屡教不改；（四）因感情不和分居满二年；（五）其他导致夫妻感情破裂的情形。一方被宣告失踪，另一方提起离婚诉讼的，应当准予离婚。经人民法院判决不准离婚后，双方又分居满一年，一方再次提起离婚诉讼的，应当准予离婚。”

“婚姻不易，且行且珍惜”，家庭是社会的缩影，婚姻家庭的稳定与和谐关乎社会的和谐稳定，因此，当婚姻已不可挽回地走到终点时，建议夫妻双方能够互谅互让、和平、冷静地去处理子女抚养、探望权、夫妻共同财产分割等问题，协商解决纠纷有助于父母与子女之间亲情的维护，最大限度地降低对抗，亦有助于共同财产的处理和解决。如果协商方式不能解决矛盾而必须诉诸法律时，应务必在起诉前了解婚姻诉讼的相关法律规定，准备相关证据，以免诉讼程序启动后，由于举证期的限制，在保障自己权利时处于被动。

案例四

# 劳动争议不遥远，知法维权才不难

## ——劳动争议维权需要知道的那些事

郑真真[①]

## 案情回顾

### （一）遭遇解聘

2016年9月1日，张东方在经过一系列招聘流程后正式入职自己心仪已久的不败科技公司，双方签订了《劳动合同》。合同约定，张东方担任不败科技公司销售部总监，税前固定月薪人民币26000元，还享有五险一金、商业保险、带薪年假等福利，工作地点位于北京市海淀区，劳动合同期限自2016年9月1日至2019年12月31日。顺利入职的张东方信心满满，准备好好施展拳脚，在公司大干一场！入职不败科技公司后，张东方工作还算顺利，对未来也充满了希望，本以为自己会一直顺利地工作下去，然而，2018年5月25日张东方突然接到不败科技公司人事经理的口头通知，自己被公司解雇了！

### （二）申请仲裁

突如其来的解聘通知给张东方泼了一盆冷水。在公司人事部的一再催促下，张东方很不情愿地办理了离职手续，但失业回家后，他反复考虑了自己在不败公司这些年的工作经历，发现公司在一些问题的处理上存在很多问题，冷静思考后，张东方向当地劳动争议仲裁委员会提交了仲裁申请。在申请书中张东方提到：按照劳动合同约定，张东方在不败科技公司的月工资为

① 北京市海淀区人民法院立案庭（诉讼服务中心）。

26000元，2016年9月至2018年6月，公司应发工资（税后）436199.13元，但实际银行到账工资为197293.86元（税后），因此公司欠发工资238905.27元。2018年5月25日，公司人事部经理口头通知张东方被解雇，张东方要求公司按照相关法律进行赔偿，公司不仅不同意，还以不发其他业绩提成相威胁，致使张东方被迫办理离职手续。2016年9月，张东方入职前，不败科技公司口头承诺有十三薪福利，公司招聘广告宣传也承诺了十三薪，但张东方入职后公司只支付了2017年度的十三薪，2016年及2018年十三薪并没有按照约定发放。

基于上述事实和理由，张东方请求仲裁机构裁决不败科技公司支付其工资差额、违法解除劳动合同的赔偿金和任职期间的十三薪。2018年12月20日，仲裁委作出裁决，驳回了张东方的全部仲裁请求。

### （三）提起诉讼

接到仲裁裁决后，张东方犹如挨了当头一棒！但他并不甘心，他认为自己的要求都是合法有据的，一周以后张东方向法院提起了劳动争议诉讼。他要求法院判令不败科技公司支付：（1）2016年9月1日至2018年6月13日期间，工资差额2390114.48元及赔偿金59725.87元；（2）违法解除劳动合同赔偿金104000元；（3）2016年9月1日至2016年12月31日期间、2018年1月1日至2018年6月13日期间十三薪17300元。

庭审中，不败科技公司辩称，给张东方的工资已经通过银行转账和“关爱通”积分形式足额发放，不存在欠付工资的情形，同时提交了张东方工资明细表以证实此主张。公司称，采取“关爱通”积分发放工资是出于避税目的，“关爱通”积分1分可折抵1元使用，通过网络平台可用于购买购物卡、充值缴费、偿还信用卡等。因为张东方是自行离职，所以公司无需支付赔偿金。另外，十三薪是根据公司经营状况决定的，不是每年都有，而且公司后来已经将十三薪制度变更为以年终奖形式发放。因此不同意张东方的诉讼请求。

张东方则认为，“关爱通”积分并非工资组成部分，属于公司福利，且通过“关爱通”积分消费需支付6%的手续费，自己是被迫离职，不是自愿离职，因此，张东方坚持自己的诉讼请求不变，要求不败科技公司支付赔偿金、工资差额以及给付十三薪。

## （四）法院判决

### 1. 一审裁判结果

一审法院审理后认为，张东方主张不败科技公司发放的“关爱通”积分并不是工资而属于公司福利，但就此没有提交相应证据。因张东方在职期间长达近两年均未对其工资发放方式提出异议，法院有理由认为双方已就张东方工资支付方式达成一致，认可不败科技公司通过银行转账及“关爱通”积分方式支付工资。但经查明，不败科技公司确实存在未足额支付张东方工资之情形，经过法院核算，不败科技公司应向张东方支付 2016 年 9 月 1 日至 2018 年 6 月 13 日期间工资差额 4442 元。

就张东方主张的违法解除劳动合同赔偿金，法院认为，虽张东方主张不败科技公司曾口头解除劳动合同，并提交了录音证据，但录音证据形成时间晚于张东方所主张之公司提出解除劳动合同时间，且该录音证据未能明确显示不败科技公司曾提出与张东方解除劳动合同。反而，不败科技公司提交的《员工主动离职申请及审批表》所载文件抬头即载有“员工主动离职”字样，离职原因处勾选理由为“公司经营状况”，与不败科技公司所说的张东方因公司经营状况不佳而主动提出离职的主张相符。因此，张东方要求不败科技公司支付违法解除劳动合同赔偿金，依据不足，法院不予支持。

关于十三薪的问题，张东方主张每年年底存在十三薪，然而双方签署的劳动合同明确约定工资待遇以录用通知为准，而《录用通知函》中确未显示有不败科技公司与张东方存在十三薪的约定，仅凭招聘广告不足以证明双方存在十三薪约定。对于张东方要求不败科技公司支付十三薪的诉讼请求，法院也不予支持。

最终，一审法院判令不败科技公司在判决书生效之日起七日内支付张东方 2016 年 9 月 1 日至 2018 年 6 月 13 日期间工资差额 4442 元，驳回了张东方的其他诉讼请求。

一审判决作出后，张东方对判决结果不服，向上级法院提出了上诉。

**2. 二审裁判结果**

二审法院经审理认为，《劳动法》第五十条规定，“工资应当以货币形式按月支付给劳动者本人。不得克扣或者无故拖欠劳动者的工资”。该规定属于强制性规定，工资应当以货币方式支付，以非货币形式支付工资的行为，不发生工资支付的法律效力。鉴于双方就张东方对每月工资标准没有争议，对工资发放情况亦没有争议，经法院核算，不败科技公司应向张东方支付 2016 年 9 月 1 日至 2018 年 6 月 13 日期间未足额发放的货币工资为 167403.03 元。

关于张东方主张的拖欠工资赔偿金的请求，二审法院与一审法院判决一致，认为张东方的主张没有事实和法律依据，不予支持。

关于十三薪问题，不败科技公司在庭审中，自认其公司曾实行十三薪制度，只是后来变更为年终奖，但未提交证据证明这一变更已经过员工同意。二审法院认为，不败科技公司对此应承担举证不能的后果，张东方 2016 年 9 月至 2016 年 12 月、2018 年 1 月至 2018 年 6 月期间十三薪（年终奖）17300 元的请求并未超过法定标准，法院予以支持。

最终，二审法院判决撤销一审判决，改判不败科技公司支付张东方 2016 年 9 月 1 日至 2018 年 6 月 13 日期间工资差额 167403.03 元和 2016 年 9 月至 2016 年 12 月、2018 年 1 月至 2018 年 6 月期间十三薪 17300 元。

## 法理分析

本案有两个争议焦点，一是不败科技公司以积分形式发放工资是否合法？二是公司自行将十三薪制度变更为年终奖的行为是否合法？以下我们来具体分析。

### （一）以积分形式发放工资是否合法？

关于用人单位对劳动者工资的发放形式，除《劳动法》第五十条规定“工资应当以货币形式按月支付给劳动者本人。不得克扣或者无故拖欠劳动者的工资”之外，《工资支付暂行规定》第五条亦强调：“工资应该以法定货币支付。不得以实物及有价证券替代货币支付。”因此，工资应当以货币方式支付，不以非货币形式支付工资的行为，不发生工资支付的法律效力。本案当中，不败科技公司主张以“关爱通”积分的形式向张东方发放工资，显然违背了法律规定，且张东方对这种以积分方式发放工资的形式并不认可。因此，不败科技公司主张通过“关爱通”积分发放工资的主张不成立，二审法院据此支持了张东方要求补足工资差额的请求。

### （二）公司自行将十三薪制度变更为年终奖是否合法？

本案张东方提出的诉讼请求中“十三薪”到底是什么？公司声称“十三薪是根据公司经营状况决定的，不是每年都有，而且公司后来已将十三薪变更为以年终奖形式发放”，那年终奖又是什么？公司能否在未与员工协商一致的情况下擅自将十三薪变更为年终奖？

十三薪，通常是指用人单位在员工工作期满一年后，在第十二个月向员工多发放一个月的工资，即第十三个月的工资，也称年底双薪。对于企业工资的分配，《劳动法》只规定工资分配应当遵循按劳分配原则，实行同工同酬，实行最低工资保护，但对企业是否应当发放十三薪及发放标准，法律并无明确规定，所以主要取决于用人单位与员工的约定。

年终奖，是指用人单位在每年度末根据企业全年经济效益和员工工作业绩情况，一次性给予员工的奖金。年终奖的发放额度和形式一般由企业自己根据情况调整。《国家统计局关于工资总额组成的规定》第七条规定，奖金是指支付给职工的超额劳动报酬和增收节支的劳动报酬。《国家统计局〈关于工资总额组成的规定〉若干具体范围的解释》第二条“关于奖金的范围”中指出，生产（业务）奖包括超产奖、质量奖、安全（无事故）奖、考核各项经济指标的综合奖、提前竣工奖、外轮速遣奖、年终奖（劳动分红）等。

由此可以看出，十三薪与年终奖均是劳动报酬，但是两者有明显区别，年终奖属于奖金，而十三薪则属于工资，并不是奖金。具体来说，十三薪的计算方式是按照劳动者当年平均工资作为计算参考依据，发放时间和方式是确定的，通常为年度最后一个月随12月工资发放，不存在其他的发放形式和发放理由，属于劳动者的工资组成，不是额外奖金。而年终奖是奖金，更能体现绩效考核的结果，年终奖的计算以及发放既要考虑到员工的工作业绩，同时又要考虑到企业的经营状况，因而具体发放金额弹性较大。

本案中，不败科技公司通过在招聘广告上作出十三薪这一宣传，吸引社会人员参加招聘，后与入职的员工签订劳动合同时，不败科技公司并没有在劳动合同中对十三薪制度进行明确，但在庭审中，不败科技公司自认曾发放过十三薪，同时又辩称“而且实际上公司后来已经将十三薪制度变更为以年终奖形式进行发放”，即虽未在劳动合同中明确十三薪这一工资制度，但公司实际上是按照招聘广告上的宣传履行了发放十三薪这一约定。那么本案重点在于不败科技公司将十三薪制度变更为年终奖的行为是否有效？根据《劳动合同法》第三十五条规定，用工单位与劳动者协商一致，可以变更劳动合同约定的内容。变更劳动合同，应当采用书面形式。变更后的劳动合同文本由用工单位和劳动者各执一份。本案中不败科技公司未能提出有效证据证明公司已与张东方就变更十三薪这一事项进行过协商，所以不败科技公司应该承担举证不能的后果，理应按照约定给张东方发放十三薪。

## 知识拓展

通过上面的案例，我们对发生劳动争议后的维权程序有了初步的了解。那么，劳动争议的范围有哪些？有哪些具体解决途径？劳动争议仲裁与劳动争议诉讼之间是什么关系？向法院提起劳动争议诉讼时需要注意哪些问题？下面我们来具体了解一些相关知识。

### （一）劳动争议的含义、范围及解决途径

#### 1. 劳动争议的含义和范围

前述案例中，张东方与公司之间因解聘和拖欠工资等问题引发了劳动争

议。那么，劳动争议是什么？具体包括哪些情形？

劳动争议，是指劳动法律关系双方当事人即劳动者和用人单位，在执行劳动法律、法规或履行劳动合同过程中，因劳动关系中的权利和义务所产生的纠纷。实践中，劳动者与用人单位之间发生劳动争议的情形极为复杂，对此，法律规定也相对零散，具体如下。

《劳动争议调解仲裁法》第二条规定："中华人民共和国境内的用人单位与劳动者发生的下列劳动争议，适用本法：（一）因确认劳动关系发生的争议；（二）因订立、履行、变更、解除和终止劳动合同发生的争议；（三）因除名、辞退和辞职、离职发生的争议；（四）因工作时间、休息休假、社会保险、福利、培训以及劳动保护发生的争议；（五）因劳动报酬、工伤医疗费、经济补偿或者赔偿金等发生的争议；（六）法律、法规规定的其他劳动争议。"

此外，根据《最高人民法院关于审理劳动争议案件适用法律问题的解释（一）》第一条的规定，劳动者与用人单位之间发生的下列纠纷也属于《劳动法》规定的劳动争议，当事人不服劳动争议仲裁机构作出的裁决，依法向人民法院起诉的，人民法院应当受理：（1）劳动者与用人单位在履行劳动合同过程中发生的纠纷；（2）劳动者与用人单位之间没有订立书面劳动合同，但已形成劳动关系后发生的纠纷；（3）劳动者与用人单位因劳动关系是否已经解除或者终止，以及应否支付解除或者终止劳动关系经济补偿金发生的纠纷；（4）劳动者与用人单位解除或者终止劳动关系后，请求用人单位返还其收取的劳动合同定金、保证金、抵押金、抵押物发生的纠纷，或者办理劳动者的人事档案、社会保险关系等移转手续发生的纠纷；（5）劳动者以用人单位未为其办理社会保险手续，且社会保险经办机构不能补办导致其无法享受社会保险待遇为由，要求用人单位赔偿损失发生的纠纷；（6）劳动者退休后，与尚未参加社会保险统筹的原用人单位因追索养老金、医疗费、工伤保险待遇和其他社会保险待遇而发生的纠纷；（7）劳动者因为工伤、职业病，请求用人单位依法给予工伤保险待遇发生的纠纷；（8）劳动者依据《劳动合同法》

第八十五条规定，要求用人单位支付加付赔偿金发生的纠纷[①]；(9)因企业自主进行改制发生的纠纷。

那么，哪些纠纷不属于劳动争议呢？根据《最高人民法院关于审理劳动争议案件适用法律问题的解释（一）》第二条的规定，下列纠纷不属于劳动争议：(1)劳动者请求社会保险经办机构发放社会保险金的纠纷；(2)劳动者与用人单位因住房制度改革产生的公有住房转让纠纷；(3)劳动者对劳动能力鉴定委员会的伤残等级鉴定结论或者对职业病诊断鉴定委员会的职业病诊断鉴定结论的异议纠纷；(4)家庭或者个人与家政服务人员之间的纠纷；(5)个体工匠与帮工、学徒之间的纠纷；(6)农村承包经营户与受雇人之间的纠纷。

特别应当指出的是，劳动者以用人单位的工资欠条为证据直接向人民法院起诉，诉讼请求不涉及劳动关系其他争议的，视为拖欠劳动报酬争议，按照普通民事纠纷受理。[②]用人单位与其招用的已经依法享受养老保险待遇或领取退休金的人员发生用工争议而提起诉讼的，人民法院应当按劳务关系处理。[③]

**2. 劳动争议的解决途径**

发生劳动争议纠纷后应当如何解决呢？《劳动法》第七十七条第一款规定："用人单位与劳动者发生劳动争议，当事人可以依法申请调解、仲裁、提起诉讼，也可以协商解决。"《劳动争议调解仲裁法》第五条规定："发生劳动争议，当事人不愿协商、协商不成或者达成和解协议后不履行的，可以向调解组织申请调解；不愿调解、调解不成或者达成调解协议后不履行的，

---

① 《劳动合同法》第八十五条："用人单位有下列情形之一的，由劳动行政部门责令限期支付劳动报酬、加班费或者经济补偿；劳动报酬低于当地最低工资标准的，应当支付其差额部分；逾期不支付的，责令用人单位按应付金额百分之五十以上百分之一百以下的标准向劳动者加付赔偿金：(一)未按照劳动合同的约定或者国家规定及时足额支付劳动者劳动报酬的；(二)低于当地最低工资标准支付劳动者工资的；(三)安排加班不支付加班费的；(四)解除或者终止劳动合同，未依照本法规定向劳动者支付经济补偿的。"

② 《最高人民法院关于审理劳动争议案件适用法律问题的解释（一）》第十五条。

③ 《最高人民法院关于审理劳动争议案件适用法律问题的解释（一）》第三十二条。

可以向劳动争议仲裁委员会申请仲裁；对仲裁裁决不服的，除本法另有规定的外，可以向人民法院提起诉讼。”可见，劳动者与用人单位双方发生劳动争议后，可以通过自行协商、调解组织调解、申请劳动争议仲裁委员会仲裁、向人民法院提起诉讼的方式解决。

关于协商和调解，《劳动争议调解仲裁法》第四条规定，发生劳动争议，劳动者可以与用人单位协商，也可以请工会或者第三方共同与用人单位协商，达成和解协议。第十条第一款规定，发生劳动争议，当事人可以到下列调解组织申请调解：（1）企业劳动争议调解委员会①；（2）依法设立的基层人民调解组织；（3）在乡镇、街道设立的具有劳动争议调解职能的组织②。第十四条、第十五条规定，自劳动争议调解组织收到调解申请之日起十五日内未达成调解协议的，或者达成调解协议后，一方当事人在协议约定期限内不履行调解协议的，双方当事人都可以依法申请仲裁。

劳动争议仲裁，是指劳动人事争议仲裁委员会根据劳动者或用人单位的申请，依法对劳动争议在事实上作出判断、在权利义务上作出裁决的一种法律制度。劳动争议诉讼是指劳动者或用人单位对劳动人事争议仲裁委员会做出的仲裁裁决不服的，可以在收到裁决书之日起十五日内向人民法院提起诉讼，要求人民法院按照诉讼程序对双方存在的劳动争议纠纷作出判决，当事人起诉之日，仲裁裁决即不再发生法律效力。

### （二）劳动争议仲裁与劳动争议诉讼之间的关系

劳动争议仲裁是处理劳动争议非常重要的程序，是法定的必经程序。不经过仲裁，当事人无权直接向人民法院提起诉讼，因此，劳动争议仲裁是提起劳动争议诉讼必经的前置程序。

---

① 《劳动争议调解仲裁法》第十条第二款规定：“企业劳动争议调解委员会由职工代表和企业代表组成。职工代表由工会成员担任或者由全体职工推举产生，企业代表由企业负责人指定。企业劳动争议调解委员会主任由工会成员或者双方推举的人员担任。”

② 《劳动争议调解仲裁法》第十一条规定：“劳动争议调解组织的调解员应当由公道正派、联系群众、热心调解工作，并具有一定法律知识、政策水平和文化水平的成年公民担任。”

仲裁程序介于调解与法院审判程序之间，既具有调解程序的灵活性，又具有法院审判的权威性和强制效力。法律之所以规定将劳动争议仲裁作为诉讼的前置程序，其原因和意义在于：一是有助于高效快捷地解决劳动争议纠纷，劳动争议纠纷数量大，纠纷繁易差别也较大，而诉讼程序较为严格，审理过程要严格受到诉讼法的程序要求的限制，审理时限也较长；而劳动争议仲裁程序相对简单，解决纠纷用时较短，一般为四十五天[①]，仲裁阶段可以先行化解部分案情简单、争议不大，或者有调解可能的劳动争议。根据法律规定，当事人申请劳动争议仲裁后，可以自行和解。达成和解协议的，可以撤回仲裁申请[②]。仲裁庭在作出裁决前，应当先行调解[③]。经过仲裁调解或裁决后，部分简单的劳动争议即彻底解决，有助于双方尽快解决纠纷恢复正常的工作和生活，节约诉讼成本。二是劳动争议涉及的政策法律问题专业性很强，劳动人事争议仲裁委员会是各地区处理劳动人事争议纠纷的专门机构，专业性强，先裁后审可以充分发挥仲裁机构对劳动法专业业务熟悉的优势，更有利于人民法院及时、准确地了解双方劳动争议纠纷的焦点，快速处理劳动争议案件。三是人民法院直接审理的各类案件体量庞大，尤其是各地基层法院普遍存在"案多人少"的客观矛盾，如果大量的劳动争议纠纷不经仲裁前置程序，直接涌向法院审理，必然会极大增加人民法院的办案压力，不仅影响劳动争议个案的快速处理，也会造成人民法院审理的其他案件审理周期延长，不利于各类纠纷案件当事人权益的保护。

因此，劳动者与用人单位产生劳动争议纠纷后，如果协商或调解不成，则应按照法定程序，先向劳动人事争议仲裁委员会申请劳动争议仲裁，对仲

---

① 《劳动争议调解仲裁法》第四十三条规定："仲裁庭裁决劳动争议案件，应当自劳动争议仲裁委员会受理仲裁申请之日起四十五日内结束。案情复杂需要延期的，经劳动争议仲裁委员会主任批准，可以延期并书面通知当事人，但是延长期限不得超过十五日。逾期未作出仲裁裁决的，当事人可以就该劳动争议事项向人民法院提起诉讼。仲裁庭裁决劳动争议案件时，其中一部分事实已经清楚，可以就该部分先行裁决。"

② 《劳动争议调解仲裁法》第四十一条。

③ 《劳动争议调解仲裁法》第四十二条。

裁裁决不服的，才可向法院提起劳动争议诉讼。

### （三）劳动争议诉讼需要注意的法律问题

劳动争议当事人对仲裁裁决不服的，可以自收到仲裁裁决书之日起十五日内向人民法院提起诉讼。当事人提起劳动争议诉讼，需要注意以下问题。

**1. 劳动争议诉讼的管辖**

对劳动争议仲裁裁决不服，应该向哪个法院提起诉讼？《最高人民法院关于审理劳动争议案件适用法律问题的解释（一）》第三条规定："劳动争议案件由用人单位所在地或者劳动合同履行地的基层人民法院管辖。劳动合同履行地不明确的，由用人单位所在地的基层人民法院管辖。法律另有规定的，依照其规定。"劳动争议诉讼管辖和劳动争议仲裁的管辖原则是一致的，一般情况下，劳动争议纠纷在经过仲裁裁决后，当事人若打算提起劳动争议诉讼，可以选择在用人单位所在地或劳动合同履行地法院起诉。例如，小张与单位发生劳动争议纠纷，小张平时工作地位于A区，单位的住所地位于B区，小张向A区仲裁委提起劳动仲裁，A区仲裁委作出仲裁裁决书后，小张不服仲裁裁决，准备向法院起诉，这时A区法院和B区法院对该起劳动争议纠纷都有管辖权。此外，需要注意的是，如果当事人双方就同一仲裁裁决分别向有管辖权的人民法院起诉的，后受理的人民法院应当将案件移送给先受理的人民法院。[①]

**2. 劳动争议的起诉期限**

对仲裁裁决不服提起劳动争议诉讼，受到法定期限的约束。《劳动法》及《劳动争议调解仲裁法》均规定了当事人不服仲裁裁决，应在收到仲裁裁决书之日起十五日内向人民法院提起诉讼。

《民事诉讼法》第八十二条第一款、第二款规定："期间包括法定期间和人民法院指定的期间。期间以时、日、月、年计算。期间开始的时和日，不计算在期间内。"立案审查时关于十五天法定期限的计算是从当事人收到仲

---

① 《最高人民法院关于审理劳动争议案件适用法律问题的解释（一）》第四条。

裁裁决书当日的第二天开始计算。对仲裁裁决不服应在十五日内向法院起诉。如遇十五日届满的最后一日是节假日的，应该如何计算起诉期限呢？该条第三款、第四款规定：“期间届满的最后一日是节假日的，以节假日后的第一日为期间届满的日期。期间不包括在途时间，诉讼文书在期满前交邮的，不算过期。”例如，小张于 9 月 16 日从仲裁委领取到裁决书后不服裁决，其应于 10 月 1 日前向法院提起诉讼。因 10 月 1 日至 10 月 7 日是国家法定节假日，那么小张的起诉期应当顺延至 10 月 8 日，如果小张没有在 10 月 8 日当天递交起诉材料，那么将丧失起诉权利，同时仲裁裁决发生法律效力。

2020 年初，由于新冠疫情，不仅人们的生产生活受到重大影响，很多人在起诉维权方面也受到影响。比如，期间将要届满，但是由于疫情防控期间居民需要隔离或者住院治疗，导致很多当事人无法到法院提起诉讼，最终超出提起诉讼的法定期限。《民事诉讼法》第八十三条规定：“当事人因不可抗拒的事由或者其他正当理由耽误期限的，在障碍消除后的十日内，可以申请顺延期限，是否准许，由人民法院决定。”因此当事人可以对因疫情防控这一客观原因导致延误起诉的事实提供相关证据，由法院审查后作出相应处理。

**3. 劳动争议的诉讼请求**

诉讼请求是原告通过诉讼想要得到的法律效果的主张，诉讼请求必须明确具体，写明起诉所要解决的问题，也就是原告向人民法院提出保护自己权益的具体内容。在立案实践中，经常会发现一些劳动争议起诉书在诉讼请求部分撰写不规范，而劳动争议案件又不同于一般的民事案件，在程序上具有仲裁前置的特殊性，因此在诉讼请求的表述上需要特别注意以下问题：

一是要注意诉讼请求的事项应与仲裁阶段的请求事项相一致。由于仲裁是起诉前必经的法定程序，当事人在诉讼阶段提出的所有请求事项都应先经过仲裁程序进行审理，仲裁裁决后当事人不服才可提起诉讼。

《最高人民法院关于审理劳动争议案件适用法律问题的解释（一）》第十四条规定：“人民法院受理劳动争议案件后，当事人增加诉讼请求的，如该诉讼请求与讼争的劳动争议具有不可分性，应当合并审理；如属独立的劳动争议，应当告知当事人向劳动争议仲裁委员会申请仲裁。”劳动者和用人单位对自己提出的诉讼请求应该与仲裁阶段提出的仲裁请求相一致，如果变更、增加请求，应当就变更、增加的请求另行申请劳动仲裁。例如：在仲裁期间申请的是“工资”，在后续的诉讼中不能变更为“赔偿金”，也不能增加诸如“赔偿金”等项，但在诉讼时可根据实际情况对仲裁事项的期限、金额等进行变更，例如：仲裁时申请的请求为支付 2018 年 8 月至 2019 年 8 月的工资 ××× 元，关于这一事项对裁决结果不服在提起诉讼时，诉讼请求可以修改这一事项中的时间，当事人可以根据实际情况把这一时间段延长至 2019 年 8 月后，也可以缩短至 2019 年 8 月前，同时，也可以将要求支付的金额进行更改。

二是要注意诉讼请求的规范表述。一些当事人经常在诉讼请求中提出“要求判决撤销 ×× 劳动仲裁委作出的仲裁裁决”，这是不规范的表述，根据法律规定，只要一方当事人提起诉讼，原仲裁裁决即已不发生法律效力，因此，当事人只需在诉讼请求中写明要求法院支持的具体内容即可。劳动者一方可明确写明要求支付的工资、加班费等具体事项及要求给付的金额，用人单位一方则可写明“无需向 ×× 支付 ××（事项及给付金额）”。

**4. 对“一裁终局”的劳动争议纠纷的处理方式**

（1）法律规定

“一裁终局”是指对一些法律特别规定的劳动争议纠纷，仲裁裁决为终局裁决，除法律另有规定的外，裁决书自作出之日起发生法律效力。对此，《劳动争议调解仲裁法》第四十七条作出了具体规定：“下列劳动争议，除本法另有规定的外，仲裁裁决为终局裁决，裁决书自作出之日起发生法律效力：（一）追索劳动报酬、工伤医疗费、经济补偿或者赔偿金，不超过当地月最低工资标准十二个月金额的争议；（二）因执行国家的劳动标准在工作时间、休息休假、社会保险等方面发生的争议。”但是，劳动人事争议仲裁委员会作出的同一仲裁裁决同时包含终局裁决事项和非终局裁决事项，当事人不服该仲裁裁决向人民法院提起诉讼的，应当按照非终局裁决处理[①]。

---

① 《最高人民法院关于审理劳动争议案件适用法律问题的解释（一）》第二十条。

终局裁决并不意味着劳动争议的处理就此“终了”，为避免仲裁结果的不公正，《劳动争议调解仲裁法》在对一些特定案件规定“一裁终局”的同时，对劳动者和用人单位分别规定了提起诉讼和申请撤销两种不同的救济途径。该法第四十八条规定：“劳动者对本法第四十七条规定的仲裁裁决不服的，可以自收到仲裁裁决书之日起十五日内向人民法院提起诉讼。”但要注意特殊情况[①]。第四十九条规定：“用人单位有证据证明本法第四十七条规定的仲裁裁决有下列情形之一，可以自收到仲裁裁决书之日起三十日内向劳动争议仲裁委员会所在地的中级人民法院申请撤销裁决：（一）适用法律、法规确有错误的；（二）劳动争议仲裁委员会无管辖权的；（三）违反法定程序的；（四）裁决所根据的证据是伪造的；（五）对方当事人隐瞒了足以影响公正裁决的证据的；（六）仲裁员在仲裁该案时有索贿受贿、徇私舞弊、枉法裁决行为的。人民法院经组成合议庭审查核实裁决有前款规定情形之一的，应当裁定撤销。仲裁裁决被人民法院裁定撤销的，当事人可以自收到裁定书之日起十五日内就该劳动争议事项向人民法院提起诉讼。”

（2）注意区分提起诉讼与申请撤销仲裁裁决二者的区别

对“一裁终局”案件，劳动者一方不服仲裁裁决的可在收到裁决书之日起十五日内向基层人民法院提起诉讼，起诉当日，原仲裁裁决不再发生法律效力；而用人单位一方不服仲裁裁决的，无权直接起诉，而是在有证据证明裁决存在法定情形的情况下，可自收到裁决书之日起三十日内向劳动争议仲裁委员会所在地的中级人民法院申请撤销裁决，但递交申请书并不必然导致原仲裁裁决失去法律效力，只有在人民法院作出裁定撤销仲裁裁决时，才不再发生法律效力，如果人民法院最终驳回撤销申请，原仲裁裁决仍具有法律效力，双方当事人均应按照仲裁裁决执行。

---

① 《最高人民法院关于审理劳动争议案件适用法律问题的解释（一）》第十九条：“……劳动者依据调解仲裁法第四十七条第一项规定，追索劳动报酬、工伤医疗费、经济补偿或者赔偿金，如果仲裁裁决涉及数项，每项确定的数额均不超过当地月最低工资标准十二个月金额的，应当按照终局裁决处理。”

**5. 劳动争议案件撤诉后的法律后果**

实践中，很多当事人在劳动争议诉讼过程中提出撤诉申请，或者在开庭时却因为自身原因没有及时到庭参加诉讼，导致法院裁定按照撤诉处理，很多当事人不清楚自己的这一行为导致了什么样的法律后果。

根据法律规定，仲裁裁决作出后，一方起诉可以起到阻却仲裁裁决发生法律效力的作用，如果双方均未提起诉讼，仲裁裁决即发生法律效力。如果一方当事人不履行裁决，另一方当事人可直接向法院申请强制执行。

《最高人民法院关于人民法院对经劳动争议仲裁裁决的纠纷准予撤诉或驳回起诉后劳动争议仲裁裁决从何时起生效的解释》第一条规定：“当事人不服劳动争议仲裁裁决向人民法院起诉后又申请撤诉，经人民法院审查准予撤诉的，原仲裁裁决自人民法院裁定送达当事人之日起发生法律效力。”因此，在劳动争议诉讼中，如果当事人已经提起诉讼但又申请撤诉，或因为没有到庭而被法院裁定按照撤诉处理，都会导致原仲裁裁决立即发生法律效力，当事人将丧失再次起诉的权利。一方当事人不履行裁决，另一方当事人可直接向法院申请强制执行。

## 普法提示

劳动争议的产生，与不同时期的经济发展和政策环境密切相关，近年来劳动争议案件数量持续增加，一方面，我国劳动力市场供给远大于需求，企业中的工会组织尚不健全，在一定程度上加剧了劳资双方地位的不平等性，易引发纠纷。另一方面，很多企业特别是一些中小企业片面追求盈利而忽视公司规章制度的完善，管理中操作不规范，也导致大量劳动争议纠纷出现。

为尽量避免劳动争议，首先用人单位应当严格按照《劳动合同法》等法律的规定制定劳动合同文本，在处理劳动关系过程中应严格按照劳动合同的约定履行自己的合同义务，不能随意单方更改劳动合同条款，如有变动应先与劳动者进行协商，在协商一致的情况下再对合同进行书面变更，以免产生不必要的争议。

另外，劳动者在与用人单位签订劳动合同时，亦应注意审查合同内容，看用人单位承诺的内容是否有所体现，在确认劳动合同内容平等、公平后再签订劳动合同。在产生劳动争议纠纷时，劳动者须理性对待，注意保存好相关证据。在协商、调解不成时，要及时用法律手段解决问题。

案例五

# 担心官司打赢要不回钱？

## ——诉前财产保全不让判决成“白条”

胡美青[①]

## 案情回顾

### （一）多年好友突反目，欠钱不还玩失踪

李小东与张年是好朋友。2018 年 10 月，李小东因做生意需要资金周转，向好友张年提出借款 220 万元，还拍胸脯保证三个月后归还。看到朋友有难，又考虑到李小东常年做生意，资产丰厚，一向对朋友十分义气的张年毫不犹豫出手相助，当天就向李小东个人银行账户打款 220 万元。然而，到了约定的还款日期，李小东却以资金困难为由，一拖再拖，迟迟不还款，到后来干脆对张年避而不见，就连电话也不接了。张年从两人共同的好友那里了解到，李小东欠了很多债，而且正在变卖名下房产。

### （二）迫不得已提诉讼，诉前保全封账户

担心借出去的钱打了水漂，张年决定向法院提起诉讼。但是他又担心李小东接到法院传票后，会提前转移财产，今后就算官司打赢了，自己也拿不到钱。张年向立案法官道出了自己的担忧，法官告诉他，起诉前可以申请法院采取诉前财产保全措施，这样就可以防止李小东在得知被起诉后转移财产。听了法官的释明，张年决定向法院申请诉前财产保全，请求法院对李小东名下价值人民币 220 万元的财产进行查封、冻结。

① 北京市海淀区人民法院立案庭（诉讼服务中心）。

### （三）“以保促调”质效佳，握手言和解纷争

法院经过审查认为，张年向法院提交了证明其与李小东之间存在借款关系的相关证据，同时提交了李小东正意图将自己名下的房屋出售的证据，证明李小东存在变卖、转移财产的可能。另外，张年提供了李小东名下财产信息，还按照法律规定提供了保险公司出具的担保函，保险公司承诺对申请人张年提出的诉前财产保全申请提供担保。综合以上情况，法院认为，张年提起的诉前财产保全申请符合法律规定，为保障债权人的合法权益，应当依法采取诉前财产保全措施，故裁定查封、冻结了李小东名下价值人民币 220 万元的财产。

法院对李小东的财产采取保全措施后，张年及时向法院提起了诉讼。不久，李小东得知自己财产被冻结，其本人主动联系法院，申请与张年协商解决纠纷，最终双方握手言和，本案以调解方式结案。

## 法理分析

那么，什么是诉前财产保全程序，提起诉前财产保全申请应该符合什么条件，其作用又是什么？我们逐一来分析。

### （一）诉前财产保全程序

根据《民事诉讼法》第一百零一条的规定，利害关系人因情况紧急，不立即申请保全将会使其合法权益受到难以弥补的损害的，可以在提起诉讼或者申请仲裁前向被保全财产所在地、被申请人住所地或者对案件有管辖权的人民法院申请采取保全措施。由此可见，诉前财产保全，是指人民法院在民事案件受理前，因情况紧急，为了不使利害关系人的合法权益受到难以弥补的损害，根据利害关系人的申请，对被申请人的财产依法采取查封、扣押、冻结或法律规定的其他方法的一种财产保全措施。本案中，张年在立案前，了解到李小东想要转移自己名下的大额财产，情况紧急，为保障自己财产利

益的实现，向法院提起了诉前财产保全申请。

### （二）提起诉前财产保全申请的条件

当事人提起诉前财产保全申请应当符合以下条件。

**1. 申请人应为利害关系人**

诉前财产保全应当由利害关系人（一般是民事诉讼的原告）提起[①]。被申请人一般为民事诉讼的被告，即与本案原告存在权利义务关系的相对方。向法院申请诉前财产保全时，应当提交申请人的身份证明及申请人与被申请人之间存在民事权利义务关系的证据。

本案中，根据张年提供的借据、转账记录等证据，可以从形式上判断其与李小东之间存在借贷关系，李小东借款并欠款的事实对张年的财产权益产生直接影响，因此，张年属于《民事诉讼法》规定的本案利害关系人，亦是将来民事诉讼的原告，有权在起诉前先行提出财产保全申请，要求查封、扣押、冻结被申请人李小东名下的财产。

**2. 法院对保全申请应有管辖权**

所谓管辖，就是指各级人民法院之间以及同级人民法院之间受理第一审民事案件的权限和分工，简言之就是该法院是否有权受理申请人提出的诉前财产保全申请。根据《民事诉讼法》第一百零一条的相关规定，申请人可以向被保全财产所在地、被申请人住所地或者对案件有管辖权的人民法院申请采取保全措施。《最高人民法院关于适用〈中华人民共和国民事诉讼法〉的解释》第一百六十条规定，当事人向采取诉前保全措施以外的其他有管辖权的人民法院起诉的，采取诉前保全措施的人民法院应当将保全手续移送受理案件的人民法院。

在本案中，法院经审查查明，被申请人李小东户籍地位于该法院辖区，因此，该法院对张年提出的诉前财产保全有管辖权。

---

① 根据《民事诉讼法》第一百一十九条的规定，原告是与本案有直接利害关系的公民、法人和其他组织。

### 3. 存在情况紧急的情形

情况紧急是判断诉前财产保全申请是否成立的关键。诉前财产保全属于应急性的保全措施，目的是保护利害关系人不致因被申请人转移财产而遭受无法弥补的损失。由于从债权人起诉到法院受理需要一段时间，法律有必要赋予利害关系人在情况紧急时，为防止被申请人转移财产而请求法院对被申请人的财产先行采取保全措施的权利。

在司法实践中，情况紧急要结合案件情况及当事人提交的材料进行综合判断。常见情形有：被申请人名下与本案争议有关的财产或其他财产正在不动产管理、市场监督管理等部门办理转让过户手续，如房产登记中心出具的查册表中房产登记状态为“交易中”；被申请人与他人签订合同、会议纪要、函件等材料含有被申请人应向他人转让财产等可能损害申请人利益的内容；当地公安、管委会、村委会、居委会证明或视频等证据证明被申请人正在实施转移财产、搬运设备的行为，或者被申请人存在企业停产、企业负责人失联、工人聚集讨薪、供应商聚集追讨货款等体现被告已经资不抵债的情形等。

上面这个案例中，李小东欠张年大额借款，张年提供了聊天记录和电话录音，证明了李小东正在紧急出售自己名下的房产，如果不采取保全措施，一旦李小东将名下财产转让、过户给他人，并转移卖房款项，张年即使日后拿到胜诉判决，也很难通过执行追回出借款，其合法权益可能遭受难以弥补的损害。因此，本案存在情况紧急的情形。

### 4. 争议应有给付内容

与诉前财产保全有关的民事争议必须有给付内容。法律规定的给付内容有很多，比如交付财物、支付金钱都属于给付，对于有给付内容的民事争议可以申请诉前财产保全。倘若争议不涉及给付内容，不存在生效判决履行的问题，法院就不能也没有必要采取诉前财产保全措施。

上面这个案例当中，李小东负有向张年给付 220 万元欠款的义务，因此双方争议的法律关系具有给付内容。

### 5. 申请人应提供有效担保

《民事诉讼法》第一百零一条第一款规定，利害关系人申请诉前保全的，应当提供担保，不提供担保的，裁定驳回申请。《最高人民法院关于人民法院办理财产保全案件若干问题的规定》第五条第二款规定，利害关系人申请诉前财产保全的，应当提供相当于请求保全数额的担保；情况特殊的，人民法院可以酌情处理。

诉前财产保全的担保方式有物的担保、现金担保、财产保全责任保险担保以及经法院许可的金融机构、融资性担保公司提供的信用担保等。申请人以上述方式提供担保的，人民法院可以依据申请人的资信状况、案件情况、担保人的资信状况、担保财产的价值以及变现的难易程度等决定接受担保的方式。

本案中，张年向法院提供了保险公司的担保函，担保手续符合法律规定，属于有效担保。

**6. 保全应有可执行性**

保全的可执行性，是指法院能够根据申请人的申请对被保全的财产采取相应的执行行为。需要说明的是，财产保全措施仅可针对被申请人名下的财产或诉争标的物实施。为了保证保全措施的顺利执行，申请人须向法院提供被保全财产的明确信息。法院接受诉前财产保全申请后，应当立即审查。符合条件的，应当在接受诉前财产保全申请后四十八小时内作出裁定。裁定采取保全措施的，应当立即开始执行。

在实践中，法院可采取诉前财产保全措施的财产范围包括有形财产，即动产和不动产，如房产、货币、车辆、船舶等，还包括无形财产，如使用权、收益权、到期债权以及财产所有权派生出的其他财产权利等。以往，法院采取诉前财产保全措施多集中在查封被申请人的房产、车辆，冻结银行存款等。但近几年，法院采取诉前财产保全措施的类型逐渐多样化，不仅可以对被申请人的银行存款、房产、车辆、股票账户、应得收益和到期债权采取财产保全措施，也可以对被申请人的抵押物、质押物、留置物等采取财产保全措施。本案当中，张年在提出诉前财产保全申请的同时，向法院提交了李小东名下明确的财产信息，包括房屋位置、房产证号等，财产信息明确，法院可以依据财产信息采取相应的保全措施，其保全申请具有可执行性。

### （三）诉前财产保全的作用

诉前财产保全的作用主要体现在以下两方面：

**1. 有利于民事纠纷的快速解决**

利害关系人采取诉前财产保全措施，及时查封、扣押、冻结被申请人财产，会对被申请人的财产利益形成限制，有利于纠纷的及时解决，减少当事人诉累，起到“以保促调”的作用。例如，冻结被申请人公司的账户，会促使被申请人主动与申请人进行沟通，从而提高和解或调解结案的可能性。在诉讼中，当诉讼双方的争议焦点集中在特定诉讼标的上时，对争议标的物申请诉前财产保全措施，可以有效防止被诉方转移或隐匿上述财产，从而更好地保护申请人的利益。

**2. 有利于生效裁判的顺利执行**

当事人提起诉讼的目的在于维护自身合法利益，如果在诉讼开始前，被诉方就已将相关财产隐匿或转移销毁，那么诉讼也就失去了其实质意义，即使胜诉也可能出现生效裁判无法执行的情况。诉前财产保全目的，就在于保障生效裁判的顺利执行。起诉前及时进行财产保全，不仅有助于生效裁判的顺利执行，也有助于生效裁判的自动履行，起到“以保促执”的作用。司法实践中，一些案件由于及时采取诉前财产保全措施，提前控制了被告的财产，判决生效之后尚未进入执行程序，被告即提前主动履行完毕；即使进入执行程序，绝大部分裁判也能全额履行，这说明诉前财产保全措施对保障当事人的合法权益具有重要意义。

在上面的案例中，因为张年提起诉前财产保全申请，法院及时冻结了李小东名下财产，促使李小东主动与张年进行沟通，协商解决方案，使案件最终得以调解方式解决，极大地减少了双方当事人的诉累。

## 知识拓展

通过以上介绍，我们已经了解诉前财产保全的提起条件及其作用，下面我们再具体了解一些与诉前财产保全相关的其他知识。

## （一）财产保全的责任保险担保

《最高人民法院关于人民法院办理财产保全案件若干问题的规定》第五条第二款规定，利害关系人申请诉前财产保全的，应当提供相当于请求保全数额的担保。前面我们介绍了当事人申请诉前财产保全的几种担保方式，一般人民法院受理财产保全申请时，会向申请人说明可以现金、不动产等财产提供担保。但实践当中，经常出现因需要保全的财产数额较大，而申请人无力提供相应金额财产担保的情形。如果遇到这种情况，当事人除了可以选择金融机构提供信用担保外，还可以选择财产保全责任保险担保。下面我们就来详细介绍这种担保方式。

**1. 什么是财产保全责任保险担保?**

财产保全责任保险担保，是财产保全申请人作为投保人与保险人签订财产保全责任险合同，约定财产保全责任险权利义务，投保人按照合同约定支付保险费，保险人按照合同约定承担赔偿或者给付保险金责任的担保方式。财产保全责任保险担保适用于各类涉及财产诉讼的案件，申请人可以是自然人，也可以是法人、其他组织，保险人是指接受国务院保险监督管理机构监管，与投保人订立保险合同，并按照合同约定承担赔偿或者给付保险金责任的保险公司[①]。

**2. 申请人应提供哪些资料?**

保险人以其与申请保全人签订财产保全责任险合同的方式为财产保全提供担保的，应当向人民法院出具担保书。担保书应当载明，因申请财产保全错误，由保险人赔偿被保全人因保全所遭受的损失等内容，并附相关证据材料。[②]据此，选择财产保全责任保险担保方式的申请人除了向人民法院提交财产保全申请书、被保全财产的信息及具体财产信息等材料外，还应提交以下材料，由人民法院审查：

---

① 参见《保险法》第九条第一款、第十条第一款。

② 《最高人民法院关于人民法院办理财产保全案件若干问题的规定》第七条。

（1）保险人的书面担保书（函），担保书（函）应写明担保人名称、被担保人名称、担保的案件、担保方式、担保范围、担保期限等内容；（2）保险人与财产保全申请人签订的保单（保险合同），保单内容与书面担保书（函）内容应当保持一致；（3）担保书（函）及保单中的保险责任应当明确，如：“申请人财产保全申请错误致使被申请人遭受损失，被保险人依法应当承担的责任，保险人在赔偿限额内不可抗辩地进行赔偿”；（4）担保书（函）、保单中的保函有效期间、保险期间应当明确，如，可以写明“保险有效期为自被保险人向法院提出财产保全申请之日起至财产保全之诉全部结案且权利人申请执行时效届满之日止，包括因财产保全错误引发诉讼全部结案且权利人申请执行时效届满之日止”；（5）书面担保书（函）及保单可使用保险人的保单专用章，保险人出具的其他资质证明文件均需使用其公章；（6）保险人出具的风险评估证明，即保险人对所承保的财产保全责任险，结合自身经营业务规模、风险程度、偿付能力、一次保险事故可能造成的最大损失范围所承担的责任。

除此以外，还应当提供保险公司营业执照副本、经营许可证、注册资本证明等有权承接财产保全险种的证明文件；法定代表人或者负责人身份证明；无违法犯罪记录且无拒不承担为财产保全申请人履行担保义务记录的书面保证；无纳入人民法院失信被执行人名单的书面保证；财产保险公司保险条款和保险费率备案表；保险公司偿付能力证明材料等（包括审计报告、偿付能力报表）。

总之，财产保全责任保险担保对需要申请诉前财产保全但又没有能力提供相应财产担保的当事人来说，是一个不错的选择。当然，具体采取哪种担保方式，当事人可以根据自己需要和实际情况，在法律允许的范围内自由选择。

### （二）诉前财产保全的解除

#### 1. 法定解除

《最高人民法院关于适用〈中华人民共和国民事诉讼法〉的解释》第一百六十六条第一款规定：“裁定采取保全措施后，有下列情形之一的，人民法院应当作出解除保全裁定：（一）保全错误的；（二）申请人撤回保全申请的；（三）申请人的起诉或者诉讼请求被生效裁判驳回的；（四）人民法院认为应当解除保全的其他情形。”

**2. 申请解除**

《最高人民法院关于人民法院办理财产保全案件若干问题的规定》第二十三条第一款、第二款规定：“人民法院采取财产保全措施后，有下列情形之一的，申请保全人应当及时申请解除保全：（一）采取诉前财产保全措施后三十日内不依法提起诉讼或者申请仲裁的；（二）仲裁机构不予受理仲裁申请、准许撤回仲裁申请或者按撤回仲裁申请处理的；（三）仲裁申请或者请求被仲裁裁决驳回的；（四）其他人民法院对起诉不予受理、准许撤诉或者按撤诉处理的；（五）起诉或者诉讼请求被其他人民法院生效裁判驳回的；（六）申请保全人应当申请解除保全的其他情形。人民法院收到解除保全申请后，应当在五日内裁定解除保全；对情况紧急的，必须在四十八小时内裁定解除保全。”

### （三）诉前财产保全错误的后果

《民事诉讼法》第一百零五条规定，申请有错误的，申请人应当赔偿被申请人因保全所遭受的损失。《最高人民法院关于人民法院办理财产保全案件若干问题的规定》第二十三条第三款规定，申请保全人未及时申请人民法院解除保全，应当赔偿被保全人因财产保全所遭受的损失。可见，诉前财产保全申请有错误或者申请保全人未及时申请人民法院解除保全的，应当赔偿被保全人因财产保全所遭受的损失。如果因为保全错误引发纠纷，可以向采取保全措施的人民法院提起诉讼。根据《最高人民法院关于适用〈中华人民共和国民事诉讼法〉的解释》第二十七条的规定，当事人申请诉前保全后没有在法定期间起诉或者申请仲裁，给被申请人、利害关系人造成损失引起的诉讼，由采取保全措施的人民法院管辖。

## 普法提示

随着我国诉前财产保全法律制度的不断完善，人们的法律意识和诉讼风险防范意识也在不断提高，在起诉前向法院申请财产保全的案件数量正逐年上升。基于实践操作中发现的一些问题，为了更好地帮助大众正确适用这一措施维护自己的合法权益，我们对诉前财产保全的适用作出如下提醒。

### （一）利害关系人在紧急情况下可及时申请诉前财产保全

利害关系人如遇到紧急情况，可及时向有管辖权的法院提起诉前财产保全申请。所谓紧急情况，是指客观上被申请人正在转移、变卖财产，不立即采取保全措施有可能导致日后生效判决无法执行的情况。利害关系人如果遇到和上述案例中张年类似的特别紧急的情况，应当及时行使自己的权利，向法院提起诉前财产保全申请，以免债务人转移财产后，自己的财产权益受损或者增加维权成本。

### （二）利害关系人提起诉前财产保全应符合法律规定

诉前财产保全的提起并不是想当然，而是要符合一定的法定条件。建议当事人在提起诉前财产保全申请前，先依据法律规定确定管辖法院，向有管辖权的法院提出申请。此外还要详细了解被申请人的财产信息，如财产构成、价值、分布情况，向法院提供明确的财产信息，同时提交情况紧急的相关证据材料。另外，要选择合适的担保方式，提供充分有效的担保。申请人提起的诉前财产保全申请不符合法律规定的条件的，人民法院将依法驳回其申请。

### （三）利害关系人提起诉前财产保全应出于正当目的

利害关系人须出于必要，切勿恶意提起保全申请。实践中发现一些案件中，双方就给付金额无法达成一致，申请人因为“斗气”而恶意提起财产保全，不但造成双方矛盾急剧加深，还可能因保全错误给对方造成损失，自己也可能因此而承担不利法律后果。另外，提起诉前财产保全的金额不得超过对方应当履行的给付数额。比如，要求对方给付欠款200万元，那么保全的数额应当以请求对方给付的数额为限。提起诉前财产保全后，应当及时起诉，如果发现应当申请解除的情形，要及时向法院申请解除保全措施，以免承担不必要的赔偿责任。

### （四）利害关系人提起诉前财产保全应提供财产信息

诉前财产保全能否快速有效执行，关键在于利害关系人提供被保全的财产信息是否明确、准确。因此，为了保全措施的快速、顺利执行，利害关系人应积极向法院提供被保全财产的信息。被保全财产为不动产的，应当提供产权证明材料（房产证复印件、产权查询单等）或者不动产具体信息（包括但不限于所有权人名称、产权证号或预售网签号、不动产所在行政区域、道路、楼盘名称、具体房号等）；被保全财产为银行存款的，应当提供储户姓名、开户银行名称、账号、币种和账户类型；被保全财产为机动车辆的，应当提供机动车的车牌号、车辆登记管理机关等信息，请求扣押的，还应当提供该机动车现具体的停放位置；被保全财产为有限责任公司或非上市股份有限公司股权的，应当提供具体公司名称、组织机构代码及注册（或托管）机构、出资额度和股权份额等信息；保全财产为上市公司股票或有价证券的，应当提供相应账户信息及交易场所或证券公司名称及地址。

为了便于人民法院全面审查，进而对被申请人的财产及时采取保全措施，申请人应当在提交诉前财产保全申请时，对相关财产信息一次性提供完毕。

案例六

# 诉讼时效需注意，超期起诉难支持

## ——诉讼时效的法律规定与适用分析

胡美青[①]

### 案情回顾

李林与田小光是多年好友。2011年前后，田小光陆续从李林处借款2000元。2011年2月27日，田小光给李林写了一张借条，承诺最迟2011年3月15日偿还2000元借款。如果还不了，就按20%的年利率计算利息。写完借条，田小光还在落款处签下了自己的名字。可自此之后，田小光像是人间蒸发了一般，不仅人不知去向，电话也停机了。李林虽然郁闷，但因为田小光欠的钱不多，时间一长便把这件事抛在脑后了。

时间一晃到了2019年，李林从朋友那听说田小光出现了，便想起多年前那张借条，于是向田小光催要借款。可田小光却说借条是他写的不假，可写完借条之后李林压根就没给自己钱。这一句话差点把李林气得背过气去。无奈之下，李林向法院提起了诉讼，要求法院判令田小光返还借款本金2000元及利息，同时要求田小光承担本案诉讼费及律师费并支付精神损失费4000元。

庭审中，田小光坚称自己并没有收到李林的2000元借款，而且李林现在主张还款已经超过诉讼时效，因此拒绝还款并要求法院驳回李林的诉讼请求。

法院经审理认为，本案中李林提供了借条，证明双方存在借款关系，田小光虽然主张自己没有收到借款，但对于自己为什么没有收到借款就出具借条的行为，未能作出合理的解释，因此，法院认定李林与田小光之间的借贷关系成立。田小光出具的借条中写明还款时间为2011年3月15日，根据法

---

① 北京市海淀区人民法院立案庭（诉讼服务中心）。

律相关规定，本案诉讼时效应自2011年3月16日起计算。李林在起诉时已超出诉讼时效，且没有提交证据证明存在应当发生诉讼时效中止、中断和延长的情形。所以，田小光提出的李林的起诉已超出诉讼时效的抗辩有效，予以支持。现田小光明确拒绝还款，法院最终判令驳回原告李林的诉讼请求。

## 法理分析

本案的争议焦点有两个，一是李林与田小光之间的借贷关系是否成立？二是田小光关于诉讼时效的抗辩是否成立？下面我们来具体分析一下。

### （一）李林与田小光之间的借贷关系是否成立？

田小光否认自己与李林之间存在借贷关系，法院如何认定双方的借贷关系是否成立？

根据《最高人民法院关于审理民间借贷案件适用法律若干问题的规定》第二条第一款规定，出借人向人民法院提起民间借贷诉讼时，应当提供借据、收据、欠条等债权凭证以及其他能够证明借贷法律关系存在的证据。李林在起诉时提供了田小光书写的借条，但田小光未能就自己在没有收到借款却出具借条的行为作出合理性解释。根据法律相关规定，当事人对自己提出的诉讼请求所依据的事实或者反驳对方诉讼请求所依据的事实有责任提供证据加以证明，没有证据或者证据不足以证明当事人的主张的，由负有举证责任的当事人承担不利后果。因田小光否认借贷关系的抗辩没有提供事实依据，故法院对田小光的抗辩不予采纳，认定李林与田小光之间借贷关系成立。

### （二）田小光关于诉讼时效的抗辩是否成立？

提起诉讼是原告的权利，但是这个权利的行使期间也是有限的。关于诉讼时效的期限，《民法通则》第一百三十五条规定："向人民法院请求保护民事权利的诉讼时效期间为二年，法律另有规定的除外。"2017年10月1日实施的《民法总则》第一百八十八条规定，向人民法院请求保护民事权利的诉讼时效期间为三年，法律另有规定的，依照其规定。《最高人民法院关于适用〈中华人民共和国民法总则〉诉讼时效制度若干问题的解释》第三条规定：“民法总则施行前，民法通则规定的二年或者一年诉讼时效期间已经届满，当事人主张适用民法总则关于三年诉讼时效期间规定的，人民法院不予支持。”

根据上述规定，本案应当适用民法通则关于诉讼时效二年的规定。由于田小光出具的借条中还款时间为 2011 年 3 月 15 日，诉讼时效应自 2011 年 3 月 16 日起计算。因李林在起诉时已超出二年的诉讼时效，也没有提交证据证明存在应当发生诉讼时效中止、中断和延长的情形。据此，田小光提出的李林的起诉已超出诉讼时效并拒绝还款的抗辩有效，予以支持。因此，法院最终判令驳回了原告李林的诉讼请求。

## 知识拓展

### （一）诉讼时效的期限及起算

说到诉讼时效，一般人可能会觉得这是一个比较陌生的词汇，我们换个通俗点的说法，诉讼时效是主张合法权利的“保质期”，过了这个期限你的权利就不受法律的保护了。用法律语言表达出来就是：诉讼时效是指民事权利受到侵害的权利人在法定的时效期间内不行使权利，当时效期间届满时，债务人获得诉讼时效抗辩权。诉讼时效一般是应当履行义务的债务人提出来的抗辩理由，目的是免除自己的义务。当事人可以对债权请求权提出诉讼时效抗辩。请求权就是指法律关系的一方主体请求另一方主体为或不为一定行为的权利。我们常见的比如请求对方支付借款、货款、房租等，都属于请求权。

**1. 诉讼时效的期限**

关于诉讼时效的期限，《民法通则》第一百三十五条规定一般诉讼时效期间为二年，期限比较短。除此之外，还有短期诉讼时效的规定：对身体受到伤害要求赔偿、出售质量不合格的商品未声明、延付或者拒付租金、寄存财物被丢失或者损毁等四种情形仅规定了一年的保护期间。这很容易导致权利人一不留神就超过诉讼时效期间，不利于权利保护。为纠正《民法通则》的诉讼时效期间过短之弊，《民法总则》把诉讼时效期间延长为三年，且不再有短期诉讼时效的规定。《民法典》沿用了这一规定，其中第一百八十八条规定普通诉讼时效为三年。所以，现在只要记住：一般来说，向法院请求保护民事权利的诉讼时效期间为三年。法律另有规定的，依照其规定。

**2. 诉讼时效的起算**

为了明确诉讼时效的起算时间，《民法典》第一百八十八条第二款规定，诉讼时效期间自权利人知道或者应当知道权利受到损害以及义务人之日起计算。法律另有规定的，依照其规定。但是，自权利受到损害之日起超过二十年的，人民法院不予保护，有特殊情况的，人民法院可以根据权利人的申请决定延长。这里，“自知道或应当知道”的情况，可以根据生活常识或者其他事实推定来判断，比如，借款纠纷中，借款人出具的借条中承诺二年后还款，出借人称十年后才知道并主张权利，根据常识推定，在没有合理依据或其他特殊情况下，这种说法显然是不可采信的。

借款约定分期还款，诉讼时效又该如何起算呢？根据《民法典》第一百八十九条的规定，当事人约定同一债务分期履行的，诉讼时效期间从最后一期履行期限届满之日起计算。比如双方发生借款关系后约定分期还款，那么诉讼时效就要从最后一期履行期限届满之日起计算。未约定履行期限的合同，依照《民法典》第五百一十条、第五百一十一条的规定，可以确定履行期限的，诉讼时效期间从履行期限届满之日起计算；不能确定履行期限的，诉讼时效期间从债权人要求债务人履行义务的宽限期届满之日起计算，但债务人在债权人第一次向其主张权利之时明确表示不履行义务的，诉讼时效期间从债务人明确表示不履行义务之日起计算。[①]

## （二）诉讼时效届满的后果

诉讼时效届满，对义务人和权利人会产生不同的后果。

---

① 《最高人民法院关于审理民事案件适用诉讼时效制度若干问题的规定》第四条。

对义务人而言，诉讼时效届满后义务人可以提出诉讼时效抗辩。《民法典》第一百九十二条规定，诉讼时效期间届满的，义务人可以提出不履行义务的抗辩。诉讼时效届满后，义务人同意履行的，不得以诉讼时效期间届满为由抗辩；义务人已经自愿履行的，不得请求返还。需要提醒的是，诉讼时效抗辩是指当事人行使诉讼时效抗辩权的法律行为，应该在进入诉讼阶段后提出，而且必须在一审期间提出。当事人在一审期间未提出诉讼时效抗辩，在二审期间提出的，人民法院不予支持，但其基于新的证据能够证明对方当事人的请求权已过诉讼时效期间的情形除外[①]。据此，当事人在二审期间提出诉讼时效抗辩，需同时符合两个条件：一是该证据必须是新的证据，二是该证据能证明对方当事人的请求权已过诉讼时效期间。所谓新的证据指一审庭审结束后新发现的证据，以及当事人在一审举证期限届满前申请人民法院调查取证未获准许，二审法院经审查认为应当准许并依当事人申请调取的证据。

对权利人而言，时效届满以后，要求对方履行义务的权利和起诉的权利并不消灭，仍然可以提起诉讼，只不过，债务人引用诉讼时效进行抗辩的时候，债权人实体权利的实现就会受到影响。具体来讲，时效届满后，实体权利仍然存在，只是这种权利失去了法律强制义务人履行的效力，时效届满并不导致权利人诉权的消灭，权利人仍有权起诉，只要符合立案条件，法院就应受理。但是，一旦义务人在诉讼中援引诉讼时效抗辩，权利人的实体权利即失去了法律的保护，法院可以驳回其诉讼请求。

此外，超过诉讼时效起诉并不一定导致败诉，当事人也有胜诉的可能。《民法典》第一百九十三条规定，人民法院不得主动适用诉讼时效的规定。《最高人民法院关于审理民事案件适用诉讼时效制度若干问题的规定》第二条规定，当事人未提出诉讼时效抗辩，人民法院不应对诉讼时效问题进行释明。根据上述规定，在某些情形下，即便原告的起诉超过诉讼时效，其诉讼请求也有可能得到法院的支持：

一是被告应诉后，未提出诉讼时效抗辩的。如原告起诉借款纠纷已经超

---

① 《最高人民法院关于审理民事案件适用诉讼时效制度若干问题的规定》第三条。

过诉讼时效，但是被告并没有提出原告起诉超过诉讼时效。这种情况下，即使原告的起诉已经超过诉讼时效，法院也不应主动释明诉讼时效的问题，更不能以起诉超过诉讼时效为由，驳回原告的诉讼请求。

二是缺席裁判时，被告放弃诉讼时效抗辩的。在缺席裁判中，一方当事人缺席，意味着其对民事诉讼权利的放弃，也包括对诉讼时效抗辩权的放弃。因此，尽管原告起诉已经超过诉讼时效，其诉讼请求仍然有可能会得到法院的支持。实践中，有人不愿意当被告或者认为原告起诉没有道理从而不出庭，殊不知被告不出庭就不能及时针对原告的诉讼请求进行答辩，更失去了行使诉讼时效的抗辩权。

三是超过诉讼时效起诉后，义务人不主张诉讼时效抗辩的。比如，被告明知道原告的起诉超过诉讼时效，但并不以此提出抗辩，仍然同意履行义务。这种情况下，本着尊重当事人意思自治的原则，被告方主动同意履行义务，法院对此不会提出异议，原告的诉讼请求依然可以实现。

## （三）诉讼时效的中断和中止

诉讼时效的期间不是一成不变的，它也有一定的灵活性，具体表现为诉讼时效的中断和中止。

**1. 诉讼时效中断**

诉讼时效的中断是指在诉讼时效期间进行中，因发生一定的法定事由，致使已经经过的时效期间统归无效，待时效中断的事由消除后，诉讼时效期间重新起算。也就是说，发生某些事由后，已经经过的诉讼时效“清零”，重新起算。根据《民法典》第一百九十五条规定，诉讼时效中断具体包括以下情形：（1）权利人向义务人提出履行请求；（2）义务人同意履行义务；（3）权利人提起诉讼或者申请仲裁；（4）与提起诉讼或者申请仲裁具有同等效力的其他情形。

在这里解释一下，具有下列情形之一的，应当认定为“权利人向义务人提出履行请求”，产生诉讼时效中断的效力：（1）当事人一方直接向对方当事人送交主张权利的文书，对方当事人在文书上签名、盖章、按指印或者虽未签名、盖章、按指印但能够以其他方式证明该文书到达对方当事人的；（2）当事人一方以发送信件或者数据电文方式主张权利，信件或者数据电文到达或者应当到达对方当事人的；（3）当事人一方为金融机构，依照法律规定或者当事人约定从对方当事人账户中扣收欠款本息的；（4）当事人一方下落不明，对方当事人在国家级或者下落不明的当事人一方住所地的省级有影响的媒体上刊登具有主张权利内容的公告的，但法律和司法解释另有特别规定的，适用其规定①。

义务人作出分期履行、部分履行、提供担保、请求延期履行、制定清偿债务计划等承诺或者行为，比如，借款人承诺借款分期支付的，应当认定为“同意履行义务”。

**2. 诉讼时效中止**

诉讼时效中止，可以理解为某些法定事由发生后，诉讼时效“暂停”，待法定事由消除后继续计算。具体指在诉讼时效期间的最后六个月，因法定事由而使权利人不能行使请求权的，待法定事由消除后，诉讼时效期间自法定事由消除之日起六个月届满的制度。对此需要注意三点，一是诉讼时效中止是在诉讼时效期间的最后六个月发生，其他时间段不发生诉讼时效的中止；二是中止事由必须是法律规定的事由；三是自中止时效的原因消除之日起满六个月，诉讼时效期间届满。

根据《民法典》第一百九十四条的相关规定，引起诉讼时效中止的法定事由主要有：（1）不可抗力。不可抗力是指不能预见、不能避免并不能克服的客观情况。包括自然灾害，如台风、地震、洪水、冰雹；政府行为，如征收、征用；社会异常事件，如罢工、骚乱等。（2）无民事行为能力人或者限制民事行为能力人没有法定代理人，或者法定代理人死亡、丧失民事行为能力、丧失代理权。（3）继承开始后未确定继承人或者遗产管理人。（4）权利人被义务人或者其他人控制。（5）其他导致权利人不能行使请求权的障碍。法律之所以规定这些事由，是考虑到上述事由发生时，权利人存在行使请求权的客观障碍，可能无法及时行使请求权。

---

① 《最高人民法院关于审理民事案件适用诉讼时效制度若干问题的规定》第八条。

需要特别提醒的是，根据《民法典》第一百九十七条第一款的规定，诉讼时效的期间、计算方法以及中止、中断的事由由法律规定，当事人约定无效。因此，当事人违反法律规定，约定延长或者缩短诉讼时效期间、预先放弃诉讼时效利益，是没有法律效力的。比如：一方以合同中写明同意诉讼时效延长二十年为由主张诉讼时效延长，就是无效的，法院不予认可。

### （四）不适用诉讼时效的请求权

诉讼时效适用于请求权，但是并不是针对所有的请求权都可以提出诉讼时效的抗辩。根据《民法典》第一百九十六条的规定，以下情形不适用诉讼时效的规定：“（一）请求停止侵害、排除妨碍、消除危险；（二）不动产物权和登记的动产物权的权利人请求返还财产；（三）请求支付抚养费、赡养费或者扶养费；（四）依法不适用诉讼时效的其他请求权。”这是因为，以上请求权针对的是物权或者人身权等绝对权利，并非债权性质的请求权，同时针对的也往往是正在进行的侵害、妨碍以及正面临的危险，一般不发生超过诉讼时效期间的问题。所以，如果遇到以上情形，主张诉讼时效抗辩是无效的。

## 普法提示

法律保护权利人的正当权益，但是，倘若权利人怠于行使自己的权利，“躺在权利上睡觉”，在某些情况下法律也无能为力。法律规定，一般诉讼时效期间为三年，但是如果出现法定的事由，诉讼时效期间是可以中止或者中断的。诉讼时效届满并不丧失起诉权，权利人仍然可以起诉，只要符合法定立案条件，法院依然会受理。在案件审理过程中，法院不能主动向当事人释明诉讼时效问题，但是当事人如果以超过诉讼时效抗辩，且法院查明诉讼时效确已届满的，债权人的请求就无法得到法院的支持，即可能丧失胜诉权。

了解了关于诉讼时效的相关知识后，曾经“事实在，证据也在，欠债不还，法律怎么就不管了”的想法是不是已经发生改变了呢？其实不是法律不管，而是法律可以管的时候，您却“不在”。为了更好保护您的权益，避免因疏忽大意造成遗憾，我们作出以下提醒：

### （一）增强诉讼时效观念，及时行使权利

诉讼中，人们往往把注意力集中在事实和证据上，而忽视了诉讼时效。其实，诉讼时效也很重要。在对方怠于履行义务的时候，权利人应及时主张自己的权利，避免发生诉讼时效期间届满后，债务人援引时效抗辩，拒绝履行债务的情况。因为一旦被认定为已过诉讼时效，当事人即丧失了胜诉权。所以，债权人应该积极主动地主张自己的债权，以免超过诉讼时效，自食败诉苦果。

### （二）谨记时效适用法定，不可随意约定

诉讼时效的期间、提起和适用都有着非常严格的法律规定，当事人随意改变或作出与法律内容相悖的延长、缩短诉讼时效的约定都是无效的。如果与他人订立合同过程中发现合同中有相关条款，一定要及时指出并纠正。

### （三）注意保留维权证据，以防陷入被动

法律虽然规定了诉讼时效中断和中止的法定事由来保护债权人的权益，但是实践中，权利人往往不注重留存证据或没有保留有效的证据。考虑到诉讼时效中断的适用，建议债权人提前与债务人约定好日后催促履行义务的送达地址或者电子邮件地址，债务到期后及时通过以上方式送达催促履行债务通知；也可通过书面方式向义务人提出履行请求，并尽量让债务人签字确认；如果债务人明确拒绝或者联系不上债务人，应及时向法院或仲裁机构提起诉讼或者仲裁申请。此外，遇有诉讼时效中止事由发生的情形，如自然灾害台风、地震、洪水、冰雹等，也要留存好与事件发生时间、客观影响以及因事件发生导致自己面临行使权利障碍的证据，以免今后诉讼过程中，对方主张诉讼时效抗辩，自己因缺失证据而陷入被动。

图书在版编目 (CIP) 数据

诉讼立案审查典型案例解析 / 邵明艳主编 .—北京：
中国法制出版社，2021.6
（法官说法丛书）
ISBN 978-7-5216-1898-3

Ⅰ. ①诉… Ⅱ. ①邵… Ⅲ. ①民事诉讼—立案—法律
解释—中国 Ⅳ. ① D925.105

中国版本图书馆 CIP 数据核字（2021）第 108808 号

责任编辑：李宏伟　　封面设计：杨泽江

诉讼立案审查典型案例解析
SUSONG LI'AN SHENCHA DIANXING ANLI JIEXI
主编 / 邵明艳
经销 / 新华书店
印刷 / 三河市国英印务有限公司
开本 / 710 毫米 ×1000 毫米　16 开　　印张 / 18.5　字数 / 262 千
版次 / 2021 年 6 月第 1 版　　2021 年 6 月第 1 次印刷

中国法制出版社出版
书号 ISBN 978-7-5216-1898-3　　定价：58.00 元

北京西单横二条 2 号　邮政编码 100031　　传真：010-66031119
网址：http://www.zgfzs.com　　编辑部电话：010-63141798
市场营销部电话：010-66033393　　邮购部电话：010-66033288
（如有印装质量问题，请与本社印务部联系调换。电话：010-66032926）